Helmut Schiefer
Erik Schitterer

Prozesse optimieren mit ITIL

Aus dem Bereich IT erfolgreich nutzen

CAD mit CATIA® V5
von Michael Trzesniowski

CRM-Systeme mit EAI
von Matthias Meyer

Marketing-Kommunikation im Internet
von Dirk Frosch-Wilke und Christian Raith

B2B-Erfolg durch eMarkets und eProcurement
von Michael Nenninger und Oliver Lawrenz

SAP APO® in der Praxis
von Matthias Bothe und Volker Nissen

E-Mail-Marketing
von Lutz Labs

Website Marketing
von Sven Roddewig

Marketingkampagnen effizient managen
von Thomas Dold, Bernd Hoffmann und Jörg Neumann

Grundlagen des Software-Marketing
von Björn Wolle

IT-Projekte lenken – mit System
von Bogdan Lent

Controlling von Projekten
von Rudolf Fiedler

Netzarchitektur – Entscheidungshilfe für Ihre Investition
von Thomas Spitz

Kommunikationssysteme mit Strategie
von Peter Fidrich

Optimiertes IT-Management mit ITIL
von Frank Victor und Holger Günther

Chefsache Open Source
von Theo Saleck

Unternehmens-IT für Banken
von Andreas Krupinski

Chefsache IT-Kosten
von Theo Saleck

Handbuch Unternehmenssicherheit
von Klaus-Rainer Müller

Von der Unternehmensarchitektur zur IT-Governance
von Klaus D. Niemann

IT-Controlling realisieren
von Andreas Gadatsch

Beyond Compliance
von Ralf-T. Grünendahl und Peter H.L. Will

Outsourcing realisieren
von Marcus Hodel, Alexander Berger und Peter Risi

Die Praxis des Knowledge Managements
von Andreas Heck

Best-Practice mit SAP®
von Andreas Gadatsch und Reinhard Mayr

Process Modeling with ARIS
von Heinrich Seidlmeier

ARIS in IT-Projekten
von Jürgen Grief

Profikurs Microsoft Navision 4.0
von Paul M. Diffenderfer und Samir El-Assal jr.

Microsoft Navision 4.0
von Paul M. Diffenderfer und Samir El-Assal jr.

Controlling von Softwareprojekten
von Katrin Gruner, Christian Jost und Frank Spiegel

Bilanzanalyse mit MS ACCESS
von Jörg Hartung

Masterkurs Kostenstellenrechnung mit SAP®
von Franz Klenger und Ellen Falk-Kalms

Unternehmensführung mit SAP BI®
von Heinz-Dieter Knöll, Christoph Schulz-Sacharow und Michael Zimpel

Controlling für Industrieunternehmen
von Jürgen Bauer und Egbert Hayessen

Prozesse optimieren mit ITIL
von Helmut Schiefer und Erik Schitterer

www.vieweg.de

Helmut Schieferer
Erik Schitterer

Prozesse optimieren mit ITIL

Abläufe mittels Prozesslandkarte gestalten – Anforderungen erfüllen mit BS 15000/ISO 20000, ISO 9000, SOX

Mit 69 Abbildungen

Bibliografische Information Der Deutschen Nationalbibliothek
Die Deutsche Nationalbibliothek verzeichnet diese Publikation in der
Deutschen Nationalbibliografie; detaillierte bibliografische Daten sind im Internet über
<http://dnb.d-nb.de> abrufbar.

Die Wiedergabe von Gebrauchsnamen, Handelsnamen, Warenbezeichnungen usw. in diesem Werk berechtigt auch ohne besondere Kennzeichnung nicht zu der Annahme, dass solche Namen im Sinne von Warenzeichen- und Markenschutz-Gesetzgebung als frei zu betrachten wären und daher von jedermann benutzt werden dürfen.

Höchste inhaltliche und technische Qualität unserer Produkte ist unser Ziel. Bei der Produktion und Auslieferung unserer Bücher wollen wir die Umwelt schonen: Dieses Buch ist auf säurefreiem und chlorfrei gebleichtem Papier gedruckt. Die Einschweißfolie besteht aus Polyäthylen und damit aus organischen Grundstoffen, die weder bei der Herstellung noch bei der Verbrennung Schadstoffe freisetzen.

1. Auflage September 2006

Alle Rechte vorbehalten
© Friedr. Vieweg & Sohn Verlag | GWV Fachverlage GmbH, Wiesbaden 2006

Lektorat: Günter Schulz / Andrea Broßler

Der Vieweg Verlag ist ein Unternehmen von Springer Science+Business Media.
www.vieweg.de

Das Werk einschließlich aller seiner Teile ist urheberrechtlich geschützt. Jede Verwertung außerhalb der engen Grenzen des Urheberrechtsgesetzes ist ohne Zustimmung des Verlags unzulässig und strafbar. Das gilt insbesondere für Vervielfältigungen, Übersetzungen, Mikroverfilmungen und die Einspeicherung und Verarbeitung in elektronischen Systemen.

Konzeption und Layout des Umschlags: Ulrike Weigel, www.CorporateDesignGroup.de
Umschlagbild: Nina Faber de.sign, Wiesbaden
Druck und buchbinderische Verarbeitung: MercedesDruck, Berlin
Gedruckt auf säurefreiem und chlorfrei gebleichtem Papier.
Printed in Germany

ISBN-10 3-8348-0179-8
ISBN-13 978-3-8348-0179-1

Geleitwort

Dieses Buch vermittelt dem Leser einen fundiert Einblick in die komplexen Zusammenhänge einer effizienten Ablauforganisation. Den Autoren ist es gelungen anhand einer Prozesslandkarte die Wechselwirkungen und Einflüsse der Prozesse zueinander jederzeit im Blick des Betrachters zu halten. Darüber hinaus werden die Funktionen und Aufgaben der Prozessbeteiligten herausgearbeitet und klar formuliert, sowie die Projektauswirkungen auf die Organisationsstruktur beschrieben. Ein muss für Jeden, der seine Prozesse zertifizierungsfähig ausrichten und eine nachhaltige Kostenreduktion erreichen will.

Dr. Andreas Resch
Vorsitzender der Geschäftsführung des
Bayer Business Services

Vorwort

Optimale Unternehmensprozesse sind die Basis für die dauerhafte Gewinnerzielung einer Organisation. Zu Beginn einer Geschäftsidee steht die Improvisation einer Leistungserbringung. In den meisten Fällen wird die erste Produktidee, selbst bei einer Unterschreitung der variablen Kosten, auf dem Markt platziert. Gesetzliche Anforderungen werden dabei meist aus Unkenntnis oder auch aus der Problematik heraus „Wie kann ich die Anforderungen effizient umsetzen?" nicht beachtet.

Vielfältige Best Practice Ansätze können gerade bei Unternehmen, die Leistungen in der IT- oder Telekommunikationsbranche erbringen, eine erste Hilfestellung sein, wenngleich gesetzliche Anforderungen in diesen Ansätzen nur zum Teil berücksichtigt werden. Im Rahmen der Vorbereitung auf ein konkretes Projekt haben wir die vorhandene Literatur zu diesen Best Practice Modellen gesichtet und die vorhandenen Lücken analysiert.

Prozesse optimieren mit ITIL - eine strikte Umsetzung nach dem ITIL-Framework alleine reicht nicht aus. Gefordert ist eine Symbiose aus gesetzlichen Anforderungen, einem Best Practice Framework und einer nachhaltigen, bei den Mitarbeitern akzeptierten, Umsetzung. Nur wenn es gelingt diese Komponenten zu einem Management System zusammenzuführen, ist ein langfristiger, dauerhafter Erfolg sichergestellt, der es ermöglicht einen Return on Invest zu erzielen. Kurzfristige Aktionen, die eine Zertifizierung ermöglichen oder die lediglich dem ITIL „Hype" folgen, sind Kostentreiber, die keine nachhaltigen Einsparungspotentiale und kein effizientes Netzwerk mit den Kunden und Lieferanten einer Organisation sicherstellen.

In der vorliegenden Publikation haben wir alle wesentlichen Aspekte aufgearbeitet, die es ermöglichen vorhandene Prozesse nachhaltig zu optimieren bzw. eine Prozesslandschaft in einem Unternehmen zu etablieren, die ein Best Practice Framework und die Anforderungen nach Compliance verbinden.

Unser Dank gilt der Bayer Business Services GmbH, die es uns ermöglicht hat, die von uns erworbene Projekterfahrung in diesem Buch umzusetzen.

Leverkusen im Juni 2006

Inhalt

Vorwort		VI
1	Einleitung	1
2	ITIL – die Lösung der anstehenden Probleme?	3
2.1	Struktur	4
2.2	Nutzen	11
2.3	Nobody is perfect - auch ITIL hat Lücken	12
3	Die Prozesslandkarte	13
3.1	Dogma der Prozesslandkarte	13
3.2	Evolution der Prozesslandkarte	14
3.3	Die Prozesse	31
4	Prozesse nach Außen	34
4.1	Service Desk	35
4.2	Incident Management	44
4.3	Service Level Management	51
4.4	Relationship Process	64
5	Unerlässliche Kernprozesse	80
5.1	Change Management	81
5.2	Configuration Management	91
6	Betriebsprozesse	100
6.1	Release Management	101
6.2	Problem Management	111
6.3	IT Operation	119
6.4	IT Deployment	126
7	Optimierung interner Abläufe	132
7.1	Finance Management for IT-Services	134
7.2	Capacity Management	142
7.3	Availability Management	149
7.4	IT-Service Continuity Management	159
7.5	Security Management	170
8	Die Managementprozesse	181
8.1	Compliance	182
8.2	Anforderungen an die Managementprozesse	185
8.3	Effiziente Integration der Anforderungen	196
9	Zwischenbilanz I	199
10	Implementierung der Geschäftsprozesse	201
10.1	Fiktive Ausgangssituation	201
10.2	Das Projekt	204
10.3	Realisierung des Projektes	216
10.4	Restrukturierung der Aktivitäten	221
10.5	Critical Success Factor - Implementierung	226
11	Zwischenbilanz II	236
12	Nachhaltige Optimierung der Prozesse	239
12.1	Prozesse festigen	239

Inhalt

12.2	Prozesse leben	241
12.3	Aufbauorganisation und Outsourcing	243
12.4	Dauerhafter Mind Change	247
12.5	Optimierung und Zertifizierung BS15000/ISO20000	248
12.6	Kontinuierliche Verbesserung	255
12.7	Tools	256
13	Bilanz	258
13.1	Expansion der Prozesse	261
13.2	Marketing/Kundenbindung	262
13.3	Fazit	262
14	Autorenvorstellung	263
15	Glossar	265
16	Abbildungsverzeichnis	269
17	Sachwortverzeichnis	271
18	Quellenangaben / Literaurnachweise	273
18.1	Onlineservice zum Buch	273

1 Einleitung

Mit dem Ziel einen Leitfaden für Praktiker zu verfassen, haben wir uns bei der Erstellung des Buches die Randbedingung KISS - „**K**eep **i**t **s**imple **s**tupid" auferlegt. Um dieses Ziel zu erreichen, ist das Buch in drei Abschnitte aufgeteilt.

- Die Erläuterung der ITIL Philosophie und den zugehörigen Prozessen.

- Die Implementierung/Re-Organisation der Prozesse innerhalb einer Unternehmensorganisation.

- Die nachhaltige Optimierung der Prozesse und die Erzielung eines dauerhaften ROI[1].

Auf einen hohen Detaillierungsgrad der ITIL-Prozesse ist bewusst verzichtet worden, da diese in den Originalpublikationen[6-12] detailliert beschrieben sind. Entscheidender sind die Empfehlungen, die bei der Optimierung der Geschäftsprozesse in der täglichen Umsetzung gesammelt worden sind. Als wichtigster Bestandteil wird daher im ersten Teil eine Prozesslandkarte entwickelt, die der Dreh- und Angelpunkt einer Optimierung ist.

Im zweiten Teil wird die eigentliche Optimierung der Betriebs- und Geschäftsprozesse in Form eines fiktiven Projektes bearbeitet. Wir betrachten besonders die Situation der bereits bestehenden Abläufe und zeigen Wege auf, wie das Ziel der Optimierung möglichst effizient erreicht werden kann. Veränderung ohne Demotivation der Mitarbeiter ist in diesem Abschnitt der Schlüssel zum Erfolg.

Die Nachhaltigkeit der durchgeführten Veränderungen ist im dritten Teil von wesentlicher Bedeutung. Neben der kontinuierlichen Verbesserungen der Ablauforganisation werden die Auswirkungen auf die Aufbauorganisation erläutert.

---

[1] Return on Invest

1 Einleitung

Die Ausgangssituation

Die wenigsten Unternehmen starten auf der grünen Wiese, häufig sind bereits ISO 9001:2000 zertifizierte Prozesse implementiert oder eine anderweitig dokumentierte Ablauforganisation beschreibt die Aktivitäten der täglichen Leistungserbringung. In dieser Publikation wird daher von einer vorhandenen Ablauforganisation ausgegangen - der Inhalt der vorhandenen Ist-Prozesse ist eher nebensächlich, denn das Ziel ist eine Neuausrichtung der Prozesse am ITIL-Framework.

Wer kennt ihn nicht, diesen Spruch: „Wir führen ITIL ein[2]" oder „Wir haben uns entschlossen das ITIL-Framework einzuführen".

So, oder so ähnlich beginnt häufig eine Aufgabenbeschreibung, die mit einer Vielzahl von komplexen Unterzielen verknüpft ist.

---

[2] ITIL kann man nicht „einführen", doch davon später mehr

2 ITIL – die Lösung der anstehenden Probleme?

*IT-I*nfrastructure *L*ibrary (ITIL) – Der Weg zu einer effizienteren, stabileren IT oder ein neuer Hype für Berater und Zertifizierer? Eine weitere Erhöhung der Kosten und eine Potenzierung der Betriebsprozesse? Notwendiges Übel oder endlich der Ausweg aus einer komplexen Prozessproblematik der Vergangenheit?

Geschichte/Entstehung

Einige interessante Storys zur Entstehung der ITIL Philosophie finden sich bei einer Recherche im Internet. Allen gemeinsam ist der Verweis auf die britische Premierministerin Margaret Thatcher und somit England. Die ersten Bücher der Library sind der Thatcher-Ära zugeordnet. 1989 wurde das erste Werk der Reihe veröffentlicht. Es setzte sich mit der Abstimmung von Leistungserbringung zwischen Lieferanten und Kunden auseinander. Herausgeber war die „Central Computer and Telecommunications Agency" (CCTA) der britischen Regierung. Das Ziel der Kollegen in den 80ziger Jahren war es Mittel und Wege zu finden die permanent steigenden IT-Kosten der britischen Behörden in den Griff zu kriegen.

Recherchiert man die vorhandene Literatur auf dem Markt und die offiziellen OGC[3]-Bücher[6-12], so entdeckt man die Versionsnummer 2.x. Die Vorgängerversionen der OGC Publikationen mit der Version 1.x und den einzelnen Prozessclustern[4], sind jedoch nicht aufzufinden. Eine Analyse der Situation ergibt folgende Versionshistorie.

Bei der ersten Erstellung entstanden ca. 30 Einzelbände, die die Best Practices der IT beschrieben. Diese erste Sammlung der Publikationen wurde in den späten 90zigern überarbeitet und zu den heute bekannten Werken zusammengefasst. Somit unterscheidet man zwischen der ersten Ausgabe in Form von

---

[3] Office of Government and Commerce
[4] Prozesscluster: Entspricht einer ITIL-Domaine, z.B. Service Delivery

30 Bänden als ITIL- Version 1.x und die neuere Ausgabe als Version 2.x.

2.1 Struktur

Der Begriff ITIL summiert ein Management Framework für IT-Dienstleistungsbereiche, das in einer Sammlung von dokumentierten Vorgehensweisen die „Best-practices" der IT zusammenfasst. Diese Publikationen bleiben auch heute nicht konstant, sondern werden permanent weiterentwickelt, diskutiert und neuen Anforderungen angepasst. In der aktuellen Version sind derzeit folgenden Kategorien beschrieben:

- Service Delivery
- Service Support
- Information and Communication Technology - Infrastructure Management (ICT - IM)
- Security Management
- Planning to Implement
- The Business Perspective
- Application Management

Das ITIL-Framework definiert dabei lediglich Leitlinien. Neben den Abläufen werden mögliche Probleme bei Umsetzung, Key Performance Indikatoren und Rollen dargestellt. Die vorhandenen Leitlinien sind zum Teil allgemein gehalten und decken den benötigten Umfang hinsichtlich der gesetzlichen und normativen Vorgaben für eine Implementierung nur unvollständig ab.

2.1.1. Die Service Delivery-Prozesse

In dem Cluster Service Delivery sind alle Aktivitäten zur Planung von Lieferung und Leistung zusammengefasst. Ebenso werden in diesem Prozessblock die Rahmenbedingungen (SLA[5]) für die Leistungserbringung mit den Kunden abgestimmt.

In diesem Zusammenhang werden folgende Inhalte behandelt:

- Service Level Management
- Finance Management for IT-Services
- Capacity Management
- Availability Management
- IT-Service Continuity Management

2.1.2. Die Service Support-Prozesse

Das Themengebiet Service Support beinhaltet alle Aktivitäten, die für die Unterstützung eines geregelten Betriebes benötigt werden.

Folgende Themen werden in diesem Zusammenhang behandelt:

- Incident Management
- Problem Management
- Configuration Management
- Change Management
- Release Management
- Service Desk

Das Service Desk fällt bei den aufgeführten Punkten aus der Systematik heraus, da es sich in diesem Fall um eine Funktion und weniger um einen Prozess handelt. In seiner Funktion ist das Service Desk der „Single Point of Contact" für die Anwender. Es nimmt alle Störungsmeldungen und alle sonstige Anwenderanfragen entgegen und verteilt diese entsprechend der definierten

---

[5] Service Level Agreement

2 ITIL – Die Lösung der anstehenden Probleme

Abläufe an die vorgeschriebenen Funktionsbereiche innerhalb der Organisationsstruktur.

2.1.3. ICT Infrastructure Management

Die Abkürzung ICT steht für Information and Communication Technology. In diesem Cluster findet der eigentliche Betrieb der Infrastruktur statt. Die Informationen und Publikationen zu diesem ITIL-Cluster sind zurzeit leider telaziv dürftig, aktuell unterliegen die ITIL-Prozesse bzgl. des Betriebes einer gewissen Unschärfe hinsichtlich der Durchführung von Tätigkeiten. Dies ist abhängig von der Betrachtung des ICT Infrastructure Managements.

Die nachfolgenden Annahmen dienen der näheren Erläuterung. Entscheidend ist dabei das Prinzip, eine detaillierte Betrachtung der einzelnen Funktionen erfolgt zu einem späteren Zeitpunkt.

Beispiel 1:

In einem Server- oder Applikationsbetrieb werden die Ereignisse einer Applikation erfasst und als Report an das Service Level Management weitergeleitet.

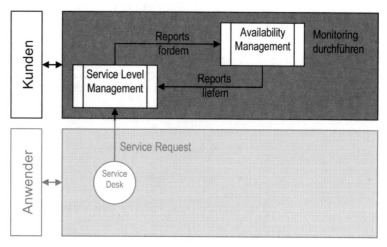

Abbildung 1 - Integriertes Operating

Wie in der Abbildung 1 dargestellt ist, werden in dieser Variante die notwendigen Aktivitäten im Availability Management durchgeführt, d.h. der Prozess Availability Management liefert nicht nur die notwendigen Parameter für das Monitoring, sondern führt es auch durch. Eine strikte Trennung von „Run" und „Planning" ist somit nicht möglich.

2.1 Struktur

Abbildung 2 - Separates Operating

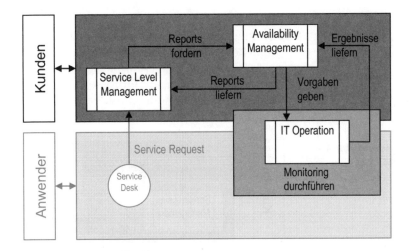

In der Abbildung 2 hingegen ist das Monitoring von Serversystemen in einem eigenen Prozess etabliert. Eine Trennung von „Run" und „Planning" ist hier nicht nur im Prozess, sondern auch in der späteren Organisationsstruktur möglich.

Betrachten wir die unterschiedlichen Ansätze in einem weiteren Beispiel.

<u>Beispiel 2:</u>

Der Service zu einem Kunden wird ausgedehnt. Die Installation eines weiteren Systems ist erforderlich.

Abbildung 3 - Ohne Deployment

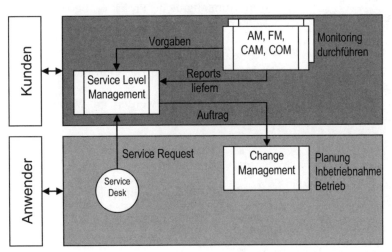

7

2 ITIL – Die Lösung der anstehenden Probleme

In der Abbildung 3 wird die Inbetriebnahme neuer Systeme über das Change Management abgewickelt. Alle erforderlichen Aktivitäten (Beschaffung, Inbetriebnahme und Betrieb) sind als einzelne Teilaktivitäten in diesem Prozess hinterlegt. Die Schnittstellen des Change Management Prozesses sind somit sehr komplex und vielfältig, da die Planung und Inbetriebnahme in diesem Fall von den Change Koordinatoren durchgeführt wird.

Abbildung 4 - Mit Deployment

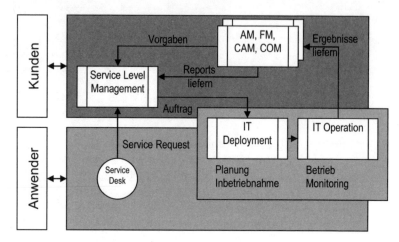

In der Abbildung 4 dagegen ist die Planung und Inbetriebnahme in einem eigenen Prozess integriert. Durch diese Vorgehensweise bleibt der Change Management Prozess schlank und auf die Kernaktivitäten fokussiert. Die Funktionen der Planung und Inbetriebnahme können durch kleinere „Mini Projekte" oder auch durch umfangreiche Projekte abgebildet werden. Dies orientiert sich entsprechend am Gesamtaufwand.

Die dargestellten Beispiele zeigen die grundsätzlichen Überschneidungen und Unschärfen im ITIL Framework auf.

Durch das ICT-IM werden im Wesentlichen die nachfolgenden Themengebiet abgedeckt:

- IT-Deployment
- IT-Operation
- IT-Design and Plan
- IT-Technical Support

2.1.4. Security Management

Die Informationssicherheit muss als unternehmensweites Konzept aufgebaut werden, denn die IT-Systeme und die Verfahrensanweisungen sind nur so sicher wie das schwächste Glied dieser Kette.

Die Hauptaufgaben der Informationssicherheit bestehen in dem kontrollierten zur Verfügung stellen von Informationen und dem Schutz vor unbefugtem Zugriff. Art und Umfang der benötigten Schutzmaßnahmen werden mit den Kunden im Vorfeld abgestimmt, ein funktionierendes Service Level Management ist somit eine Grundvorrausetzung. Auch im Security Management gilt: „As much as business need".

2.1.5. Planning to Implement

Das Buch „Planning to Implement Service Management" befasst sich mit der Planung, Einführung und fortlaufenden Verbesserung der ITIL-Prozesse. Die Einführung und Optimierung einer Prozesslandschaft ist nur von Erfolg gekrönt, wenn die Aufgabe kontinuierlich fortgeführt und nicht als einmalige Aktion angesehen wird. Bei der Planung und Einführung ist immer wieder zu analysieren, wo Bedarf an einer Optimierung besteht und wie dieser in die Prozesse einfließen kann. Ob die gewünschten Optimierungen den gewünschten Erfolg bringen ist anhand des IT-Reporting zu prüfen. Dafür ist die Definition von KPI's[6] erforderlich.

Zu den wichtigsten Aufgaben zählt es:

- den Ist-Zustand zu erfassen

- das Ziel zu definieren

- Meilensteine zu definieren und Verfahren, die zur Erreichung der Meilensteine dienen, zu erarbeiten

---

[6] Key Performance Indikatoren

2 ITIL – Die Lösung der anstehenden Probleme

Ausgangspunkt dafür ist:

- eine Geschäftsvision

- Informationen über das ITIL Framework, respektive BS15000/ISO20000

2.1.6. The Business Perspective

Die Publikation: „The Business Perspective" beschreibt, wie die Geschäftsbeziehung zwischen dem Kunden und dem Lieferanten der IT-Serviceleistungen effizient gestaltet werden kann. Wichtige Faktoren sind dabei:

- Die Schaffung einer gemeinsamen, einheitlichen Sichtweise auf die IT-Serviceleistungen mit dem Ziel die erforderlichen SLAs optimal abzustimmen.

- Die Definition der Schnittstelle zwischen den Geschäftsprozessen der Kunden und dem

    o   Service Management

    o   ICT Infrastructure Management

    o   Application Management und dem

    o   Security Management.

Die Analyse der Geschäftsprozesse des Kunden unter den Aspekten

    o   Business Continuity Management

    o   Business Improvement

    o   Anpassung/Veränderung von Business-Abläufen und Verfahren in Abhängigkeit der IT-Serviceleistung

2.1.7. Application Management

Die Entwicklungsbereiche stehen dem Thema Application Management durch ITIL häufig abwartend gegenüber. Bedingt durch die gut dokumentierten Richtlinien für die Softwareentwicklung, die in den meisten Softwarehäusern vorhanden sind, ist dies mit Sicherheit gerechtfertigt. Fasst man den Begriff Application Management jedoch weiter und fließt der Betrieb von Applikationen in die Betrachtung ein, so erzeugt die Implementation des ITIL-Framework einen Mehrwert.

Im Wesentlichen werden folgende Themengebiete zum jetzigen Zeitpunkt betrachtet:

- Software Life Cycle Support
- Testing IT-Services for operational use

2.2 Nutzen

Im ersten Semester eines BWL-Studiums wird die Frage nach dem Nutzen gestellt, die wir nur kurz aufgreifen. Nach unserer Erfahrung liegt der fassbare Nutzen in der Einführung eines standardisierten Prozessmodells.

Betrachtet man die Diskussion im Internet, auf Kongressen oder anderer Publikationen, so werden folgende Argumente zitiert:

- Anforderungsspezifische Leistungserbringungen
- Hohe Kundenzufriedenheit
- Eindeutige und effizientere Kommunikation durch Standardisierung von Prozessen und Begrifflichkeiten
- Minimierung des Aufwandes bei der Erstellung/Optimierung von Prozessen und Arbeitsanweisungen

Diese Liste kann nach Belieben um eigene Argumente erweitert werden. Aber, Hand aufs Herz, die erwähnten Vorteile liegen in erster Linie in der Nutzung bereits <u>dokumentierter</u> Best Practices.

2 ITIL – Die Lösung der anstehenden Probleme

Die Bergriffe ITIL und z.B. COBIT(TM)[7], MOF[8] sind in unseren Augen für die Optimierung einer vorhandenen Prozesslandschaft austauschbar. Wichtig ist es sich für ein Modell zu entscheiden, welches prozessorientiert beschrieben ist und Best Practices nutzt. Mit dem Prozessmodell eines Best Practices Ansatzes wird eine einheitliche Denkweise in einem Unternehmen und darüber hinaus erreicht. Dies führt zu Kostensenkung, höherer Kundenzufriedenheit und Kundenbindung gepaart mit einer deutlichen Qualitätssteigerung.

2.3 Nobody is perfect - auch ITIL hat Lücken

ITIL ist kein Dogma, Prozesse müssen individuell ausgestaltet werden um mögliche Lücken zu schließen. Das ITIL-Framework bietet die notwendige Flexibilität dafür. Compliance Anforderungen aus dem regulativen, normativen oder gesetzlichen Umfeld lassen sich in eigenen, den Prozessen zugeordneten Arbeitsanweisungen unterbringen.

Für eine mögliche ISO-Zertifizierung nach BS15000/ISO20000 reichen die ITIL Prozesse alleine nicht aus. Die notwendigen Erweiterungen werden in den entsprechenden Kapiteln vorgestellt.

Leitfaden

1. Verschaffen sie sich einen kurzen Überblick und entscheiden sie sich für ein mögliches Prozessmodel (BS15000/ISO20000, ITIL, COBIT, MOF, etc.).

---

[7] Control Objectives for Information and related Technology
[8] Microsoft Operation Framework

3 Die Prozesslandkarte

Think Big – Start Small

Dieser Satz erfasst das Wesentliche in wenigen Worten. Für eine effiziente Optimierung und Ausrichtung der Betriebsprozesse wird ein Überblick über alle Aktivitäten benötigt, die an der Erstellung der originären Leistung beteiligt sind und darüber hinaus aufzeigt wie diese ineinander greifen. Zusätzlich muss die Frage geklärt werden, ob die Prozesse des ITIL-Frameworks ausreichend sind oder ob weitere unterstützende Prozesse benötigt werden. Analysiert werden muss auch, welche Cluster des ITIL-Frameworks implementiert werden müssen, um die erforderliche Leistungskette abzubilden. Wenn ein Service Desk z.B. durch einen Dritten beigestellt wird, muss dies nicht implementiert werden. In diesem Fall müssen die wichtigsten Anforderungen (Verfügbarkeit, Vertraulichkeit etc.) durch entsprechende Verträge abgesichert sein.

3.1 Dogma der Prozesslandkarte

Eine auf die speziellen Anforderungen ausgerichtete Prozesslandkarte bewirkt die notwendige Transparenz, die bei einer späteren Implementierung benötigt wird. Dies wird im Folgenden an den Prozessen Change Management, Service Level Management und IT-Operation kurz erläutert.

Fall 1:

In einer laufenden Umgebung wird für den Kunden A ein weiteres Serversystem benötigt. In diesem Fall ist die Situation relativ eindeutig. Im Rahmen des Change Management Prozesses wird der Change koordiniert, dem Change Advisory Board zur Freigabe vorgelegt und anschließend die Implementierung verantwortet. Die entscheidende Frage ist jedoch: Wo wird die Implementierung (Installation/Inbetriebnahme und die Abnahmetests) durchgeführt und in welchem Prozess werden diese Aktivitäten beschrieben?

Eine mögliche Lösung: Die erforderlichen Aktivitäten für die Implementierung werden als Teilaktivität im Change Management Prozess beschrieben.

Fall 2:

In einem neuen Gebäude wird eine komplett neue Infrastruktur in Betrieb genommen. Es werden neue Netzwerkkomponenten installiert. Es ist dort keine Infrastruktur vorhanden, die über einen Change geändert werden könnte. Der Kontakt und die Koordination zu dem Kunden inkl. der benötigten Aktivitäten zur Bestellung wird über das Service Level Management koordiniert und abgewickelt

Eine mögliche Lösung: Die erforderlichen Aktivitäten für die Neuinstallation (Deployment von IT-Komponenten) werden als Aktivität im Service Level Management abgewickelt.

Eine effizientere Variante ist jedoch die Beschreibung und Abwicklung der aufgeführten Fälle in einem eigenständigen Prozess-Cluster, dem ICT-IM.

Wie in diesen Fällen ersichtlich, gibt es für die Abwicklung mehrere mögliche Lösungen, die in dem ITIL-Framework nicht eindeutig definiert sind. Die eindeutige Klärung der dargestellten Varianten ist für die Implementierung der neuen Prozesse von immenser Bedeutung. Eine Festlegung auf alle erforderlichen und zu implementierenden Prozesse muss vor einem Projektstart und vor einer Information an die Mitarbeiter erfolgen. Wird dies nicht im Vorfeld geklärt, so sind permanente, kostentreibende Diskussionen die Folge.

3.2 Evolution der Prozesslandkarte

Die entscheidende Fragestellung „Wie erstellt man eine Prozesslandkarte, die auf ein Unternehmen passt?" lässt sich relativ einfach beantworten.

„Orientierung an der bisher genutzten Leistungskette"

3.2 Evolution der Prozesslandkarte

KISS

- **So viel wie nötig, so wenig wie möglich – Vorgaben ergeben sich durch gesetzlich Anforderung, Normen und regulative Vorgaben von Verbänden der einzelnen Branchen.**
- **Die Planung erfolgt vom Entwurf zur detaillierten Spezifikation.**
- **Orientieren sie sich an der bisher genutzten Leistungskette**

Im Nachfolgenden werden drei verschiedene Modelle einer Prozesslandkarte dargestellt und deren Grundüberlegungen erläutert. Allen Modellen ist die Grundlage des ITIL-Frameworks gemeinsam. Bei den Modellen gibt es kein „falsch" oder „richtig", sondern nur eine gute oder weniger gute Abbildung der benötigten Funktionen der Leistungserstellung und des dazugehörigen Vertriebs und der Betreuung.

3.2.1. Funktionsblöcke der Prozesslandkarte

In einer ersten Iterationsstufe werden die erforderlichen Funktionsblöcke definiert und auf Vollständigkeit geprüft.

Abbildung 5 - ITIL Framework

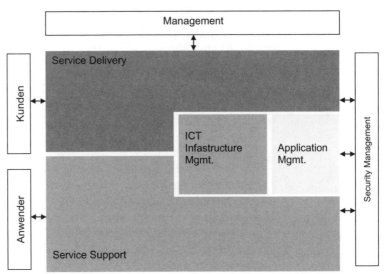

3 Die Prozesslandkarte

In der Abbildung 5 sind die Grundstrukturen des ITIL-Frameworks deutlich zu erkennen.

Die gewählten Funktionsblöcke orientieren sich an den Themen:

- Service Delivery
- Service Support
- Application Management
- Infrastructure Management
- Security Management

Ziel der Zuordnung ist es, die originären Themen zu erfassen und zu beschreiben. Auf diese Weise wird ein Hilfsmittel geschaffen, dass es ermöglicht, die einzelnen Tätigkeiten an einem Entwurf zu spiegeln, ohne eine Detaildiskussion zu beginnen.

Hilfreiche Fragestellungen sind dabei:

- Wo findet die Tätigkeit XY statt?
- Ist der Lebenszyklus eines Systems abgedeckt?
- Ist der Lebenszyklus einer Kundenanfrage, einer Beschwerde abgedeckt?
- Wie werden neue Technologien in die Infrastruktur eingebracht? (Technical Support)
- Wie können Optimierungen in die Infrastruktur eingebracht werden?

Alle erforderlichen Tätigkeiten der Ablauforganisation müssen sich in der Prozesslandkarte wiederfinden, d.h. im Vorfeld muss ein Anforderungskatalog entstehen, der zur Plausibilitätsprüfung der Landkarte genutzt werden kann. Neben den bereits bekannten Anforderungen der vorhandenen Ablauforganisation sollten die üblichen Techniken (Brainstorming, Mindmapping etc.) zur Ideenfindung eingesetzt werden, um die Vollständigkeit des Kataloges zu gewährleisten.

3.2 Evolution der Prozesslandkarte

Die nächsten Schritte bedürfen der Detaillierung der „High-Level-Funktionsblöcken".

Abbildung 6 - Service Delivery

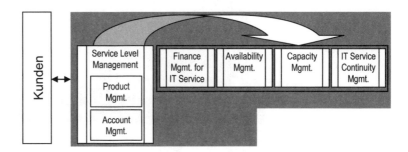

Die Abbildung 6 gliedert den Funktionsblock Service Delivery in einzelne Prozessblöcke auf. Je nach den Erfordernissen des Anforderungskataloges ist es obligatorisch die Landkarte um eigene Prozesse zu erweitern. Für die folgende Abbildung ist der Funktionsblock „Service Delivery" um zwei weitere Prozesse erweitert worden, die eine Forderung der Norm BS15000/ISO20000[9] abbilden. Deutlich erkennt man an dieser Situation, wie wichtig es ist, den Anforderungskatalog an der Prozesslandkarte zu spiegeln. Generell gilt, dass der Anforderungskatalog von der Granularität zu dem Detaillierungsgrad der Prozesslandkarte passen muss, d.h. auf diesem Aggregationsniveau dürfen keine detaillierten Anforderungen der einzelnen Prozesse aufgeführt sein.

Abbildung 7 - Service Delivery mit Relationship Prozess

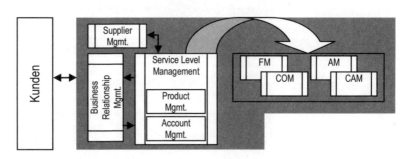

Eine weitere, interessante Sicht auf die erforderlichen Prozessblöcke ergibt sich durch die Fragestellung des Outsourcings. Wie in Abbildung 7 ersichtlich ist, kann ein Business Relationship

---

[9] Eine detailliertere Betrachtung der Anforderungen der Norm folgt zu einem späteren Zeitpunkt

3 Die Prozesslandkarte

Management in Zusammenarbeit mit dem Supplier Management die IT-Bedürfnisse eines Kundenbereiches erfassen, bewerten und anschließend extern einkaufen. Die eigentliche IT-Dienstleistung kann somit durch Dritte erbracht werden.

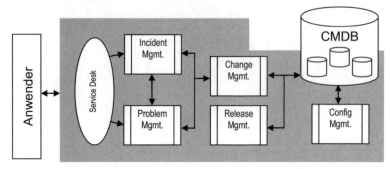

Abbildung 8 - Service Support

Die Abbildung 8 zeigt die Basisüberlegungen für den Funktionsblock Service Support auf, die wiederum mit den benötigten Ansprüchen aus dem Anforderungskatalog verglichen werden muss.

Bei der Durchführung der Plausibilitätsprüfung muss die Zuordnung der einzelnen Abläufe zu den Prozessen konsequent festgehalten werden.

Abbildung 9 - Zuordnung von Tätigkeiten

	A	B	C
1	**Tätigkeit**	**Prozess**	**Status**
2	Datenbestandspflege der CMDB	Change Management	eingeführt
3	Aktualitätsprüfung CMDB	Configuration Management	offen
4	Erstellen von Installationsanleitungen	Release Management	eingeführt
5	Funktionstest durchführen	Release Management	eingeführt
6	Ticketanalyse auf Auffälligkeiten	Release Management	offen
7	. . . . .		

Neben der Prüfung dient die in Abbildung 9 dargestellte Liste der Orientierung der Mitarbeiter. Es wird eine Transparenz zwischen den ITIL-Begriffen und einzelnen Tätigkeiten erzeugt, die dazu dient, Unsicherheiten und Ängste der Mitarbeiter bzgl. des anstehenden Veränderungsprozesses zu minimieren.

3.2 Evolution der Prozesslandkarte

Abbildung 10 - ICT - Information Management

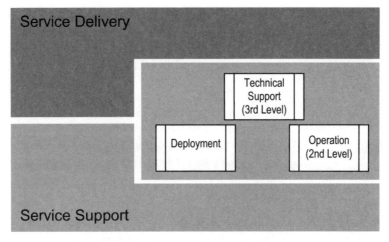

Die Abbildung 10 gliedert den Funktionsblock des ICT-IM in die einzelnen Aktivitäten. Zur Erinnerung: ICT-IM steht für „Information and Communication Technology Infrastructure Management". Dieser Funktionsblock ist in der ITIL Standardliteratur zurzeit nicht durchgängig beschrieben, eine Implementation jedoch unumgänglich. Neben den genau definierten Schnittstellen, die für eine effiziente Reorganisation oder ein Outsourcing benötigt werden, wird eine Doppelung von Aktivitäten in verschiedenen Prozessen vermieden. Die Inhalte der Prozesse des ICT-IM werden in Kapitel 6 beschrieben.

Abbildung 11 - Application Management

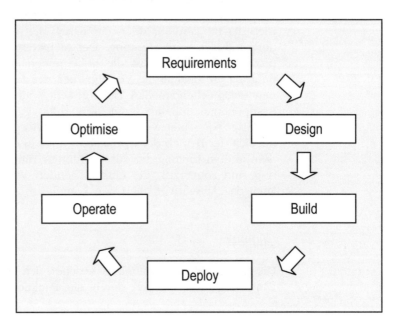

19

3 Die Prozesslandkarte

Die Abbildung 11 differenziert die Aktivitäten des Application Managements. Die Tätigkeiten „Requirements, Design und Build" summieren die Aspekte der Softwareentwicklung, die in der Literatur hinreichend beschrieben sind. Auf eine weitergehende Beschreibung wird daher bewusst verzichtet.

Wesentlich wichtiger ist die Betrachtung der Aktivitäten „Deployment, Operate und Optimize". In der bereits erarbeiteten Landkarte ist eine Integration dieser Funktionen ohne weitere Anstrengung bereits gegeben.

Deployment:

Das Deployment von neuen Applikationen kann equivalent der Vorgehensweisen der Infrastruktur durchgeführt werden. Typischerweise existieren für die Implementation von Softwarekomponenten ebenfalls Abstimmungen mit Kunden, Lieferfristen und „Post Implementation Reviews" als Abnahmenverfahren. Eine Unterscheidung zwischen einem Softwaredeployment und der Ausbringung eines neuen Serversystems ist somit nicht erforderlich.

Operate

Die Funktion des qualifizierten Betriebes einer Applikation ist lediglich für Application Service Provider relevant. Neben dem Betrieb der Infrastruktur steht der Betrieb der Anwendung im Vordergrund der Serviceleistung. Der Mehrwert für die Geschäftsprozesse der Kunden ist die hohe Integration der Gesamtleistung, da im Idealfall die Verfügbarkeit der Applikation durch einen entsprechenden SLA sichergestellt wird. Die unterlagerten Komponenten müssen somit vom Auftraggeber nicht mehr detaillierter betrachtet werden. Für den Serviceprovider unterscheidet sich der Betrieb der Applikation nicht in den Prozessen, sondern in dem Umfang der durchgeführten Tätigkeiten. Im Monitoring sind somit z.B. die entsprechenden Verfügbarkeiten oder auch das Antwortverhalten von komplexen Applikation zu prüfen.

Optimize

Die Aktivitäten des „Optimize" beziehen sich in der Regel auf ein „Bugfixing" und werden durch die Funktionen des Problem-,

3.2 Evolution der Prozesslandkarte

Change- und Release Management abgebildet. Echte Erweiterungen oder Änderungen des Funktionsumfanges werden grundsätzlich über das SLM eingestellt. Als Ausgangssituation kommen die beiden Punkte:

- Beauftragung durch einen Kunden

- Beauftragung durch das SLM mit dem Ziel der Kostenoptimierung, neuer Produktvarianten oder einer Erhöhung der Verfügbarkeit

in Betracht.

Eigenständige Optimierungen durch die Entwickler dürfen nicht durchgeführt werden, da sonst die Herstellkostenkalkulationen nicht mehr zutreffend sind.

Für die Abwicklung von Reklamationen, Kundenanfragen und die Steuerung von Patches werden für das Application Management wiederum alle anderen Prozesse benötigt, bilden diese doch die Schnittstelle zum Kunden. In der erstellten Prozesslandkarte gehen daher die im ITIL-Framework beschriebenen Aktivitäten Deployment, Operate und Optimize in der Gesamtlandkarte auf und nur die eigentlichen Entwicklungstätigkeiten Requirements, Design und Build verbleiben in der Prozesslandkarte in dem Funktionsblock des Application Managements.

Abbildung 12 - Erweitertes ITIL-Framework

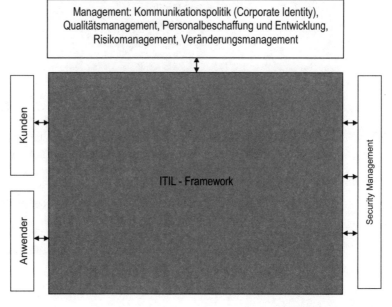

3 Die Prozesslandkarte

Wie in der Abbildung 12 dargestellt, wirken die Prozesse des IT-Managements im Wesentlichen auf den Funktionsblock des Service Delivery ein.

In den Managementprozessen werden u.a. die Themen:

- Kommunikationspolitik (Corporate Identity)
- Qualitätsmanagement
- Personalbeschaffung und Entwicklung
- Risikomanagement
- Veränderungsmanagement

beschrieben.

Neben der Optimierung der Ablauforganisation stellen die Managementprozesse die Erreichung der benötigten Compliance Anforderungen sicher. Der Inhalt und die genauen Anforderungen werden in dem Kapitel 8.2 detailliert bearbeitet.

Wie in der Abbildung 12 zu sehen ist, hat der Securityprozesse insbesondere Wechselwirkungen mit den Funktionsblöcken des

- Service Delivery
- Service Support
- Application Management

und nicht auf den Prozess IT-Operation.

Der Securityprozess definiert und prüft die Rahmenbedingungen, nach denen die Serviceleistungen erbracht werden, in Abstimmung mit dem SLM. Das SLM erarbeitet mit dem Kunden die Kernpunkte, die für diesen von Bedeutung sind. Dies kann u.a. die Anforderung an die Verschlüsselung von Daten oder der kontrollierte Zugriff auf Information und Applikationen betreffen. Der Security Managementprozess geht bei seiner Betrachtung umfassend vor. Der Diebstahl von Endgeräten muss z. B. unter

3.2 Evolution der Prozesslandkarte

dem Aspekt Datenschutz nicht beachtet werden, wenn sämtliche Daten nur auf Serversystemen abgelegt werden.

Betrachtet man die Landkarte umfassend, so ist ersichtlich, warum das Operating in den Prozess nur am Rande eingebunden ist.

Ein Beispiel:

Die Vorgaben für die Konfiguration (Abschaltung von Diensten, Einstellung von Limits, etc.) von Systemen werden im Release Managementprozesses erarbeitet und die zugehörigen Funktionsprüfungen entsprechend dokumentiert. Das Operating ist bei der Beschreibung nicht eingebunden und betreibt die Systeme somit nur nach Vorgaben, die in den anderen Prozessen entwickelt worden sind.

Die Abbildung 13 zeigt die Prozesslandkarte in einer nahezu ausgereiften Form. Neben den Prozessen sind dort die wichtigsten Kommunikationsbeziehungen/Schnittstellen dargestellt.

KISS

Die entworfene Prozesslandkarte muss publiziert werden. Zu diesem Zweck bietet sich eine Intranetdarstellung oder ein großformatiger Ausdruck an, der an einem exponierten Standort ausgehangen werden kann. Diese Vorgehensweise vertieft das Verständnis der Mitarbeiter und integriert die ITIL Nomenklatur in die tägliche Kommunikation.

Info: www.prozesse-fuer-it.de/map.html

3 Die Prozesslandkarte

Abbildung 13 - Die Prozesslandkarte

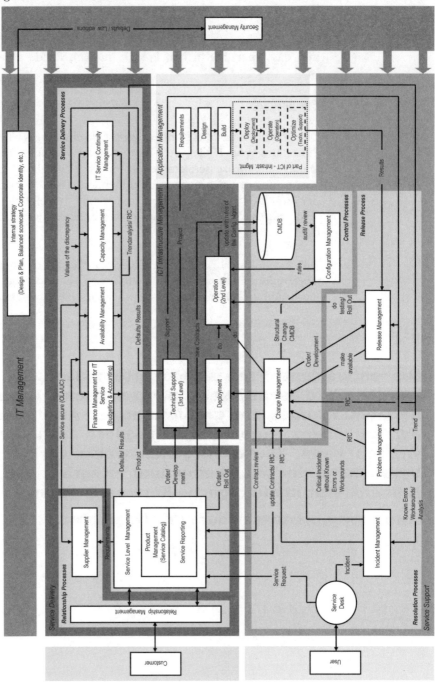

3.2 Evolution der Prozesslandkarte

Neben dem erarbeiteten Lösungsweg sind auf dem Markt vielfältige Varianten einer Prozesslandkarte verfügbar. Exemplarisch sind in den nächsten beiden Abschnitten die Produkte der Firma BOC (AdoIT®) und Unilog Avinic (IT-Fabrik®) dargestellt, um weitere Varianten aufzuzeigen.

3.2.2. Prozesslandkarte IT-Fabrik®

Ähnlich, der erarbeiteten Prozesslandkarte, beginnt die Landkarte der Firma Unilog Avinci GmbH auf einer hohen Aggregationsstufe.

Abbildung 14 - Prozesslandkarte IT-Fabrik®

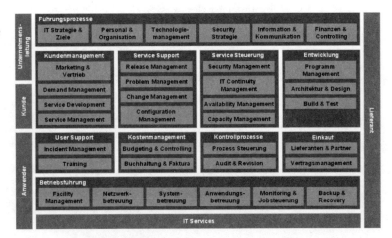

Wie in der Abbildung 14 ersichtlich, sind die Prozesse des ITIL-Framework u.a. um Führungsprozesse, Steuerungsprozesse und die Entwicklungsprozesse erweitert worden. Der Bereich des System- und Applikationsbetriebes ist durch die Aktivitäten

- Facility Management
- Netzwerk Betreuung
- System Betreuung
- der Anwenderbetreuung
- Monitoring und Job Steuerung
- Backup & Recovery

3   Die Prozesslandkarte

beschrieben. Im Gegensatz zu der erarbeiteten Landkarte, die einen Teil der Tätigkeiten (Systembetreuung, Netzwerkbetreuung etc.) innerhalb des ITIL-Framework abbildet, sind hier diese Aktivitäten in eigenständige Prozesse verlagert worden.

Entscheidend bei der Abbildung der Ablauforganisation ist, dass vor einem Einsatz im Unternehmen und vor der Publikation bei den Mitarbeitern geprüft wird, ob die eigenen Betriebsprozesse in hinreichender Genauigkeit berücksichtigt werden, bzw. ob diese eingearbeitet werden können.

Optimal ist der Ansatz des Drill Downs in der Landkarte der IT-Fabrik, ermöglicht diese doch eine detaillierte Darstellung der einzelnen Prozessschritte. In der folgenden Darstellung ist dies am Beispiel des Kontrollprozesses „Prozess Steuerung" aufgezeigt.

Abbildung 15 - Prozesssichten

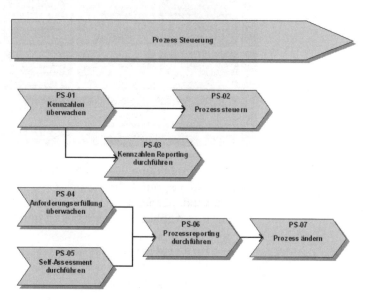

Neben der grafischen Ansicht besteht die Möglichkeit, die Beschreibung und die Rollenmodelle entsprechend nachzulesen. Dies ist in der folgenden Abbildung dargestellt.

3.2 Evolution der Prozesslandkarte

Kontrollprozesse → Prozesssteuerung → Prozess Steckbrief

Prozessbeschreibung

Im Rahmen der Prozesssteuerung wird die interne Ablauforganisation der IT Service Organisation einer kontinuierlichen Verbesserung zugeführt. Die Verbesserungen beziehen sich auf folgende Gesichtspunkte:

- Befähigung der IT Service Organisation im Hinblick auf
    - Erreichung der durch die Geschäftsleitung gesetzten Ziele
    - Umsetzung von Strategien und Richtlinien
- Effizienz im Umgang mit Ressourcen
- Effektivität in der Regelung der notwendigen Arbeitsabläufe

Im Rahmen der Prozesssteuerung werden

- die von den Prozessverantwortlichen festgelegten Kennzahlen überwacht (Monitoring)
- die einzelnen Prozesse regelmäßig auf Schwachstellen und Verbesserungspotentiale überprüft (Assessments und Audits)
- Prozessverbesserungen ausgearbeitet und zusammen mit den Prozessverantwortlichen umgesetzt.

Nutzen und Wirkung

Prozesse sind ständigen Veränderungen unterworfen. Diese Veränderungen können gewünscht sein (z.B.: um geänderte Rahmenbedingungen zu kompensieren) oder versehentlich geschehen.

Durch die Prozesssteuerung werden die Änderungen an der internen Ablauforganisation gesteuert und koordiniert. Durch die Prozesssteuerung wird zum einen eine kontinuierliche Verbesserung der IT Service Organisation gefördert und zum anderen sichergestellt, dass das Zusammenspiel der Prozesse durch Änderungen / Verbesserungen an einzelnen Abläufen nicht gestört wird.

Verantwortlichkeiten	Kennzahlen
<ul><li>Sicherstellung von periodischen Messungen der Prozesse</li><li>Durchführung von Assessments und Audits</li><li>Auswertung der Messungen, Audits und Assessments</li><li>Ausarbeiten von Prozessverbesserungen</li><li>Einführung von Prozessanpassungen</li><li>Assessment der Gesamtorganisation</li></ul>	<ul><li>Bewertung der Organisation entsprechend EFQM</li><li>Akzeptanz des Workflow (Ergebnisse werden unter Verwendung der Workflow-Funktionalitäten erzeugt)</li><li>Impact der Prozesssteuerung auf den Geschäftsablauf</li><li>Anzahl und Qualität der vorgeschlagenen Maßnahmen</li></ul>

Auslöser	Subprozesse	Arbeitsergebnisse	Rollen
<ul><li>Periodisch</li><li>Änderungen an Zielen, Strategien oder Richtlinien</li><li>Gesetzesänderungen</li></ul>	<ul><li>Kennzahlen überwachen</li><li>Prozess steuern</li><li>Kennzahlen Reporting durchführen</li><li>Anforderungserfüllung überwachen</li><li>Self-Assesment durchführen</li><li>Prozessreporting durchführen</li><li>Prozess ändern</li></ul>	<ul><li>Prozessbericht</li><li>Maßnahmen Katalog</li><li>Prozessdokumentation</li><li>Workflow</li><li>Assessment Bericht</li></ul>	<ul><li>Prozessverantwortlicher</li><li>Qualitätsmanager</li><li>Organisator</li></ul>

Abbildung 16 - Prozess-Steckbrief

3 Die Prozesslandkarte

Die Visualisierung der Prozessabläufe, Arbeitsanweisungen und Rollen ist entscheidend für die spätere Awareness. Es muss eine Darstellungsart verfügbar sein, die es ermöglicht, die Prozesse mit einer hohen Akzeptanz täglich zu leben. Zugriffe müssen einfach möglich und in einer Nomenklatur beschrieben sein, die für Mitarbeiter leicht verständlich ist.

3.2.3. Prozesslandkarte ADO*it*®

Die Betrachtung der Landkarte der Firma BOC zeigt eine ähnliche Funktionalität auf. In dem Tool ADO*it*® sind die wesentlichen Elemente des ITIL-Frameworks ebenfalls deutlich zu erkennen.

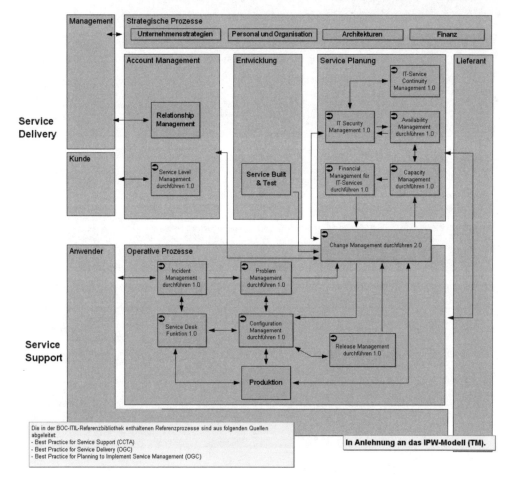

Abbildung 17 - Prozesslandkarte ADOit®

3.2 Evolution der Prozesslandkarte

In der dargestellten Landkarte ist der Block Infrastructure Management nicht ausgeprägt. Der ITIL-Prozess-Cluster Application Management ist durch die Funktionalität „Service Built & Test" dargestellt.

Allen Darstellungen gemeinsam ist die Erweiterung des ITIL-Frameworks um die erforderlichen Managementprozesse, die für eine Leistungserstellung und Zertifizierung benötigt werden. Als weitere wichtige Merkmale kristallisieren sich die Punkte

- Visualisierung (Übersichtlichkeit, Eindeutigkeit)
- Aktive Gliederungskomponenten (Drill Down auf Aktivitätenebene)
- Rollenbeschreibungen
- ITIL-Sprachstiel

heraus. Die auf dem Markt vorhandenen Tools können sehr gut für einen Abgleich der eigenen, betrieblichen Abläufe/Anforderungen genutzt werden.

KISS

Die Akzeptanz der Mitarbeiter muss sichergestellt sein – eine einfache Navigation durch alle Prozesse der Ablauforganisation mit einer „Drill Down" Navigation bis auf eine Detaillierungsebene von Checklisten und Rollen ist erforderlich.

3 Die Prozesslandkarte

Abbildung 18 - Prozessdetaillierung

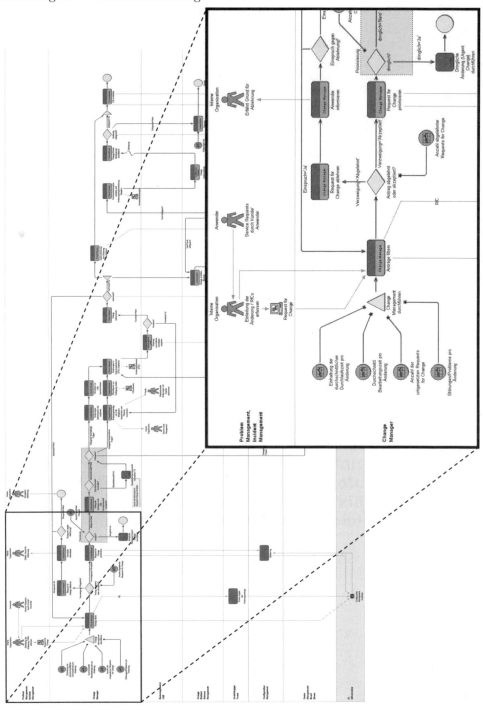

3.3   Die Prozesse

Die Abbildung 18 stellt den Change Managementprozess des ADO*it*® Tools in einer hohen Detaillierungsstufe dar. Neben den einzelnen Arbeitsschritten sind die erforderlichen Rollen und notwendige Key Performance Indikatoren berücksichtigt. Abgesehen von den Aktivitäten, die dem ITIL-Framework entsprechen, ist in diesem Ablauf die Möglichkeit gegeben, eigene, notwendige Prozessschritte hinzuzufügen.

Leitfaden

1. **Verschaffen sie sich einen kurzen Überblick und entscheiden sie sich für ein mögliches Prozessmodell (BS15000/ISO20000, ITIL, COBIT, MOF, etc.).**

2. **Entwickeln sie eine Prozesslandkarte, die die Leistungserstellung komplett abbildet.**

3. **Spiegeln sie die gewählte Prozesslandkarte ausgiebig und optimieren sie diese bei Bedarf, bevor eine Publikation bei den Mitarbeitern erfolgt.**

3.3   Die Prozesse

Für die Entwicklung der erarbeiteten Prozesslandkarte sind Grundkenntnisse im ITIL-Framework unumgänglich, die im Folgenden herausgearbeitet werden. Das ITIL-Framework wird hier nicht 1:1 zitiert, sondern um entscheidende Faktoren aus einer realen Implementierung erweitert. Die Inhalte der Prozesse orientieren sich an den Vorgaben der OGC-Publikationen und werden zum Teil durch Ablaufdiagramme ergänzt. Zusätzlich sind einige Prozesse, die für eine Zertifizierung nach BS15000/ISO20000 erforderlich sind, in den zugehörigen Funktionsblock aufgenommen.

Die wichtigste Rahmenbedingung für eine funktionierende Ablauforganisation ist eine klare Definition der Aufgaben und Verantwortlichkeiten. Zunächst werden daher die allgemeinen Rollen und die damit verbunde Verantwortung betrachtet. Die Analyse der Inhalte der einzelnen Rollen ergibt zum Teil eine recht

3 Die Prozesslandkarte

unklare Rollenbeschreibung im ITIL-Framework. Ebenso ist eine klare Trennung der Verantwortung für den Prozess zur Verantwortung bei der Durchführung der einzelnen Tätigkeiten zum Teil nicht gegeben.

Mit dem Ziel einheitliche Rollen und Inhalte für alle Prozesse zu schaffen, sollten die Rollen wie im Folgenden beschrieben ausgeprägt werden.

Der Prozessmanager:

Jeder Prozess benötigt einen Prozessmanager, der sich um seinen Prozess kümmert. Er ist verantwortlich für die qualitative Abwicklung des Prozesses. Neben der Implementierung führt er die Verbesserung, die Bewertung und das Reporting für den Prozess durch.

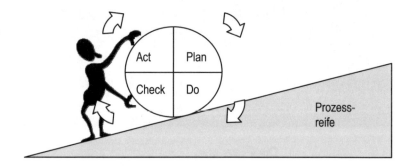

Abbildung 19 - Der Prozessmanager

Der Prozesskoordinator:

Die zweite grundsätzliche Rolle in jedem Prozess ist der Koordinator. Diese Rolle führt sämtliche inhaltlichen Aktivitäten durch. Diese Mitarbeiter erfüllen somit den DO-Quadranten des in Abbildung 19 dargestellten „Deming Cycle".

In den nachfolgenden Kapiteln sind die ITIL-Prozesse entsprechend der notwendigen Priorität der Einführung dargestellt, entscheidend sind die Quick-Wins für die Leistungserstellung und die damit einhergehende Kostenreduktion bzw. die Steigerung der Akzeptanz bei den Mitarbeitern.

Die Prozesslegende visualisiert bei allen weiteren Schritten die entsprechenden ITIL-Prozesse.

3.3 Die Prozesse

 Service Desk (Funktion)

 Availability Management

 Incident Management

 Capacity Management

 Problem Management

 IT-Service Continuity Management

 Change Management

 IT-Deployment

 Configuration Management

 IT-Operation

 Release Management

 IT-Security Management

 Service Level Management

 Business Relationship Management

 Finance Management for IT Service

 Supplier Management

4 Prozesse nach Außen

Der Anwender einer Leistung bestimmt den „Ruf" einer Organisation, die möglichen Konkurrenten sind in der derzeitigen, wirtschaftlichen Situation meist nur einen Mausklick entfernt. Aus diesem Grund sind die „Prozesse nach Außen" mit der höchsten Priorität in unserem Leitfaden versehen. Eine Standardisierung der Abläufe dieser Schnittstelle bedeutet Quick Wins sowohl auf Kunden/Anwenderseite, als auch auf der Seite des Lieferanten. Dies stärkt die Motivation und trägt maßgeblich zum Erfolg einer Implementierung bei. Alleine die in ITIL beschriebene Unterteilung in *Anwender* und *Kunde* bringt erhebliche Vorteile. Die Kommunikation zwischen dem Kunde und dem Mitarbeiter des Business Relationship Managements kann auf die wesentlichen Serviceaspekte, wie die Ausarbeitung der Vertragsdetails, Zahlungsmodalitäten, Reporting, Service-Reviews, usw. beschränkt bleiben. Der Kontakt der Anwender über einen Service Desk entlastet zusätzlich die 2nd Level Mitarbeiter, da diese nicht mehr direkt mit dem Anwender im „Erstkontakt" stehen.

Bei den „Prozessen nach Außen" handelt es sich um das:

- Service Desk (Funktion)
- Incident Management
- Service Level Management
- Relationship Management
- Supplier Management

Abbildung 20 - Übersicht „Prozesse nach Außen"

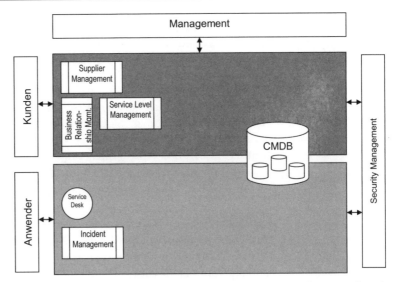

Die Abbildung 20 greift die entwickelte Prozesslandkarte auf und zeigt die Prozesse mit den Kunden- und Anwender-Schnittstellen. Die einzige Ausnahme bildet dabei das Service Desk.

4.1 Service Desk

Der Anwender ist in der Regel an der Funktionsfähigkeit einer bestimmten Anwendung interessiert, diese Anwendung steht im Vordergrund. Die unterlagerten Komponenten (Netzwerke, Serversysteme etc.) sind für den Anwender von nachgelagerter Bedeutung. Aus diesem Grund möchte der Anwender auch meist mit der Person sprechen, die sich mit dieser Software am Besten auskennt. An dieser Stelle beginnt jedoch meist das Übel, folgende Varianten sind denkbar:

- Mittlerweile ist der Entwickler in einem anderen Projekt tätig, eine Unterbrechung seiner Tätigkeit führt häufig zu kostenintensiven Verschiebungen anderer Projekte.

- Aus der Sicht des Entwicklers ist die Software in Ordnung, der Anwender wird gebeten beim Serverbetrieb anzurufen. Der Serverbetrieb empfiehlt dem Anwender beim Netzwerkbetreiber nachzufragen.

4 Prozesse nach Außen

Die aufgeführten Punkte lassen sich beliebig erweitern, Anfragen und Meldungen werden nicht zentral erfasst, nicht vollständig abgearbeitet, Informationen zu Störungen werden nur auf "Zuruf" verbreitet etc..

Die Einführung eines Service-Desk soll Informationsdefizite der einzelnen Mitarbeiter zu Störungen beseitigen und die Anwenderzufriedenheit steigern. Dafür ist eine klare Trennung von Anwender und Kunde erforderlich, ein Service Desk "kümmert" sich um die Belange der Anwender und nicht um Vertrags- und Abrechnungsfragen der Kunden.

4.1.1. Ziel/Mission

Das Service Desk ist die zentrale Schnittstelle (SPOC - Single-Point-Of-Contact) zwischen den Anwendern und dem IT-Service Management. Er befasst sich mit den Anfragen der Anwender, die an dieser Stelle Incident Requests oder einen „Request for Service" platzieren können. Ein Incident stellt eine Störung der vertraglich vereinbarten Leistung dar, ein „Request for Service" stellt in der Regel eine Erweiterung der Dienstleistung hinsichtlich Art und Umfang dar, die durch einen Rahmenvertrag bereits im Vorfeld abgestimmt wurde.

Die Funktion des Service Desks stellt somit die <u>überaus wichtige</u> Schnittstelle im Falle einer Störung für alle IT-Service Aktivitäten zwischen den Anwender und dem IT-Dienstleister dar. Der Mitarbeiter ist dabei in der Funktion des 1st Level Support im Incident Management Prozess tätig.

Einige essentielle Vorteile, die dabei erzielt werden, sind:

- einheitliche Kontaktadresse zu den Anwendern
- lückenlose Störungskontrolle
- gezielter Einsatz von Spezialisten
- höhere Anwenderzufriedenheit
- kein "Ping-Pong" Effekt durch klare Verantwortungszuweisung

4.1 Service Desk

- transparente Erfassung der Aufwändungen

- mittelfristige Kostenersparnis durch kürzere Lösungszeiten

- aussagekräftige Managementinformationen

Wenn sie sich bereits intensiv mit der Einführung eines Service Desks beschäftigt haben, sind die nachfolgenden Herausforderungen für sie mit Sicherheit nichts Neues. Den Lesern unter uns, die nach der Lektüre dieses Buches einer Einführung eines Service Desk nicht mehr widerstehen können, sollen die nachfolgenden Hinweise als kleine Anregung dienen, weitere Literatur oder externe Beratung zu dem Thema zu nutzen. Bei der Einführung müssen die folgenden Punkte näher betrachtet werden.

- Die fehlende Management Unterstützung

  Für die effiziente Einführung eines Service Desk ist die Schaffung einer eigenen Abteilung oder eines eigenen Teams ratsam. Zusätzlich muss das Service Desk mit entsprechenden Kompetenzen ausgestattet sein, um auf die Ressourcen des IT-Betriebes (Prozesse des IT-Operation) zurückgreifen zu können.

- Der Widerstand gegen veränderte Arbeitsabläufe

  Informationsveranstaltungen und Schulungen müssen den „Mind Change" der Mitarbeiter stützen und helfen die Vorbehalte gegen diese Funktion und die Veränderung der Arbeitsabläufe aufzugeben. Das Interesse bei den Mitarbeitern kann durch effektivere Tools in diesen Arbeitsabläufen geweckt werden. Die Mitarbeiter an der Kundenschnittstelle müssen hoch motiviert sein und ihre Tätigkeit als echten Mehrwert empfinden

- Falsche oder fehlende Ressourcen und Fähigkeiten

  Die Service Desk Mitarbeiter müssen anhand ihrer Fähigkeiten gezielt eingesetzt werden und in der Lage sein, durch entsprechende Dokumentationen (Kochbücher – Knowledge Base) mögliche Störungen zügig beheben zu können.

- Unzureichendes Budget

  Ein Service Desk ist eine Querschnittsfunktion und muss auf die entsprechenden Produkte umgelegt werden. Mögliche Modelle zur Umlage der Kosten sind Finanzierung über die Anzahl der Calls, den Umsatz der Produkte oder die Gesamtzeit aller Calls/Produkt. In den entsprechenden Publikationen werden diese Modelle detailliert bearbeitet.

- Falsches oder unsachgemäßes Marketing des Service Desks.

  Die Bedeutung der Funktion des Service Desk muss im Unternehmen herausgestellt werden. Die Freundlichkeit und Kompetenz der Mitarbeiter gegenüber einem verärgerten Anwender/Kunden entscheidet über Erfolg und Misserfolg in der Anwender / Kundenbindung. Von der Reaktion „Toll hier werden sie geholfen" bis „Unmöglich – wie unfreundlich, kaum sind die Verkäufer durch die Tür ….." ist alles möglich.

4.1.2. Strukturen eines Service Desk

Wie sieht das ideale Service Desk aus?

Ist es eine eigene organisatorische Einheit? Wird ein Service Desk am besten in einer Matrixorganisation geführt? Funktional wäre es dann dem Service Desk Leiter unterstellt und in der Linie den leistungserbringenden Teams, um den Kontakt zwischen dem First- und dem Second Level ideal auszuprägen.

Zentraler Service Desk

Der Zentrale Service Desk ist die Anlaufstelle für alle Anwender. Alle Anfragen werden aufgenommen, erfasst und klassifiziert. Durch die Einrichtung einer "Operations-Bridge" wird eine direkte Kommunikationsmöglichkeit zwischen dem Service Desk und dem operativen Betrieb (2nd Level) erreicht. Dieses Vorgehen ermöglicht eine schnelle Reaktion auf Anfragen, die vom Service Desk selbst nicht gelöst werden können. Weiterhin wird zwischen Unskillt und dem Skillt Service Desk unterschieden. Der Unskillt Service Desk ist nur ein "erfassender" Service Desk, der die Anfragen lediglich registriert und dokumentiert. Der Skillt Service Desk hingegen versucht, neben Erfassung und Dokumentation, mit seiner Fachkenntnis die Anfragen zu lösen.

4.1 Service Desk

Dabei stehen sich die Vor- und Nachteile eines zentralen Service Desk gegenüber.

Vorteile

- Zentrale Anlaufstelle zum Anwender (One Face to User)
- Zentrale Dokumentation der Anfragen
- Schnelle Reaktion auf Anfragen durch die Einrichtung einer Operations-Bridge

Nachteile

- Mögliche, multilinguale Besetzung des zentralen Service Desk.
- Anonymität zwischen Anwender und Service Desk Mitarbeiter (Kundenbindung)
- Zusätzlicher Aufbau eines Vor-Ort-Service

Lokaler Service Desk

Der lokale (dezentrale) Service Desk hat sein „Ohr" direkt am Anwender und erzeugt somit einen echten Mehrwert für den Serviceprovider, denn evtl. vorhandene Unstimmigkeiten oder Bestrebungen zu einem Outsourcing werden frühzeitig erfasst. Zusätzlich werden Störfaktoren (Stromausfälle, Netzwerkstörungen, Umbauten etc.) vor Ort deutlicher eher erkannt und auch abgewendet, als in einer zentralen Organisationsform - es entsteht ein funktionierendes Netzwerk. Weiterhin ergeben sich gerade bei überregional tätigen Organisationen kulturelle und sprachliche Vorteile.

Als Nachteile können aufgeführt werden:

- Keine zentrale Erfassung aller Anfragen
- Mögliche globale Auswirkungen von Störungen auf alle Niederlassungen werden später erkannt
- Mögliche Sprachbarrieren zwischen den einzelnen lokalen Service Desks

4 Prozesse nach Außen

Da bei größeren Organisationen eine Vielzahl von kleineren, dezentralen Service Desks benötigt werden, ist durch ein entsprechendes Tool und regelmäßige Kommunikation ein „lockerer" Verbund sicherzustellen.

Virtueller Service Desk

Eine weitere Variante ist der virtueller Service Desk. Bei dieser Organisationsform werden die lokalen Service Desks, nach dem „Follow the Sun"-Prinzip vernetzt. Diese Variante wird häufig bei einem benötigten 7x24h Support gewählt. Die Vorteile des bereits erwähnten lokalen Supports werden mit dem Vorteil der ständigen Verfügbarkeit verbunden, wenngleich eine Anfrage aus einer entfernten Region wieder zur gleichen Anonymität der zentralen Lösung führt. Einige weitere Vorteile sind:

- Optimale Nutzung aller Ressourcen eines lokalen Service Desk
- Keine (arbeits-)zeitliche Bindung
- Zentrale Anlaufstelle zum Anwender (One Face to the User)
- Keine erhöhten Kosten durch eine notwendige Rufbereitschaft

Nachteile

- Vor-Ort-Support in den lokalen Standorten ist zusätzlich erforderlich.
- Multilinguale Fähigkeiten der Mitarbeiter erforderlich
- Multilinguale Tools erforderlich
- Weltweit funktionierende und abgestimmte Prozesse erforderlich

4.1.3. Einführung eines Service Desk

Nichts geht ohne den Anwender. Dieser Satz muss besonders bei der Einführung des Service Desks beachten werden – natürlich ist die IT ohne Anwender viel schöner und effizienter – aber für einen Service Provider aus betriebswirtschaftlichen Gründen keine wirkliche Alternative.

Die Einführung des Service Desk muss sukzessive erfolgen. Neben der Unterstützung des Managements müssen die Anwender eingebunden werden um eine unmittelbare Akzeptanz zu schaffen. Um eine zügige und hohe Zufriedenheit der Anwender in einem möglichst engen Zeitrahmen bei der Einführung eines Service Desk zu erreichen, ist die Reihenfolge maßgebend. „Ähnlich wie bei den Mitarbeitern, muss auch bei den Anwendern ein Mind Change („Ich verliere meinen vertrauten, direkten Ansprechpartner" zu „Ich kontaktiere eine zentrale Hotline und erhalte schnellstmöglich einen qualifizierten Rückruf") erfolgen. In Informationsveranstaltungen oder Informationsbriefen können die Vorteile einer „zentralen" Anlaufstelle aufgezeigt werden.

Bei der Inbetriebnahme des Service Desk dürfen nicht alle Applikationen von allen betreuten Anwendern gleichzeitig migriert werden. Dies kann unter Umständen zu einem Kampf an allen Fronten führen. Wenn nur <u>eine</u> Unzulänglichkeit in dem Ablauf oder in einem Tool übersehen wird, so wirkt sich diese auf alle Kunden und Applikationen aus. Daher – Step by Step – starten, nur EINE Applikation oder nur mit EINEM Kunden.

Neben der richtigen Vorgehensweise sind zwei weitere Faktoren für den Erfolg entscheidend – ein Tool und die ordnungsgemäße Schulung der Mitarbeiter. Kein Service Desk ohne Tool. Das erste Tool, dass in einem möglichen Veränderungsprozess eingesetzt wird, muss mit besonderer Sorgfalt ausgewählt werden. Gerade zu Beginn einer Veränderung in der Ablauforganisation werden die ersten Aktionen sehr kritisch betrachtet, eine Fehlentscheidung kann die Akzeptanz des gesamten Veränderungsprozesses nachhaltig beeinflussen.

Jede Applikation, die von einem „Skilled Service Desk" betreut werden soll, muss den Mitarbeitern bekannt sein, daher sind entsprechende Kurzschulungen unumgänglich. Zusätzlich muss das Wissen der Mitarbeiter durch eine Knowledge Base gestützt

4   Prozesse nach Außen

werden, d.h. sämtliche wiederkehrende Fragen könnten z.B. in einer FAQ[10]-Liste aufgearbeitet werden.

Ist die Betreuung der ersten Applikationen erfolgreich in das Service Desk integriert? – Dann darf die Erfolgsmeldung nicht vergessen werden, IT braucht ein Mindestmaß an Marketing. Positive Veränderungen an lfd. Betriebsprozessen müssen publiziert und „Quick Wins" herausgestellt werden. Als Beispiel könnten die Anzahl der Tickets, die Lösungszeit oder Ähnliches einem ausgewählten Kundenkreis reported werden.

Neben der fachlichen Schulung der Mitarbeiter und der richtige Entscheidung für ein Tool wird ein Rollen- und Verantwortungsprofil benötigt.

4.1.4.   Rollen

Service Desk Manager

Wird der Service Desk als eigene Abteilung in der Organisation aufgestellt, so sollte der Abteilungsleiter die Rolle des Service Desk Manager wahrnehmen bzw. in letzter Konsequenz verantworten. Neben dieser organisatorischen Verantwortung muss er die Rolle des Prozessmanagers in dem Incident Management Prozesses innehaben, da ein Großteil der Abläufe des Incident Prozesses organisatorisch im Service Desk abgewickelt werden.

Die Aufgaben des Service Desk Manager sind u.a.:

- Auswahl der Mitarbeiter mit dem entsprechenden Skill (fachlich sowie methodisch), Freundlichkeit ist meist der Schlüssel zum Erfolg.

- Reporting der Kennzahlen des Service Desk

- Werbung: Bewusstsein schaffen für die verantwortungsvolle Aufgabe des Single Point of Contact

- Koordination der Aktivitäten

---

[10]   Frequently Asked Question

4.1 Service Desk

- Implementation und ständige Verbesserung des Service Desks

Service Desk Mitarbeiter

Die Rolle des Service Desk Mitarbeiter nimmt in dem Prozess u.a. folgende Aufgaben wahr,

- Erreichbarkeit im Rahmen der zugesicherten Service Level

- Höfliche und angemessene Reaktion auch bei „schwierigen Gesprächspartnern"

- Dokumentation aller Anrufe und Meldungen von Anwendern und Kunden

- Direkte Beantwortung von einfachen Anfragen und Beschwerden

- Erste Einschätzung der gemeldeten Anfragen

- Gemäß dem Service Level einen ersten Versuch zur Behebung von Incidents durchführen und ggf. das Incident fachlich an den 2nd Level eskalieren

- Die Anwender über den Status und den Fortschritt ihres Incidents informieren

Der Service Desk Mitarbeiter erfüllt die Rolle des Incident Koordinator in dem Incident Management Prozess, doch davon später mehr.

KISS

Alte Kommunikationswege müssen aufgelöst und Anwender an eine neue Anlaufstelle mit qualifizierten Ansprechpartnern gewöhnt werden.

Das Service Desk muss Anfragen kompetent und umgehend bearbeiten oder zügig weiterleiten.

4   Prozesse nach Außen

Betrachten wir den zentralen Prozess mit dem das Service Desk betrieben wird – den Incident Management Prozess.

4.2　Incident Management

Kennen sie LEO? Die Webseite www.leo.org listet als Erklärung für „das Incident" die Schlagwörter „das Ereignis" oder auch der „Zwischenfall" auf. Das Incident Management ist also nichts anders als der Umgang mit dem „Ereignis" oder dem „Zwischenfall" bezogen auf die vertraglich vereinbarte Serviceleistung.

4.2.1.　Ziele/Mission

Das Incident Management dient der schnellstmöglichen Wiederherstellung der normalen Services bei minimaler Störung des Geschäftsbetriebes. Damit ist gemeint, dass das bestmögliche Niveau der Verfügbarkeit aufrechterhalten wird.

Die wesentlichen Vorteile sind:

- Geringere Auswirkungen auf die Geschäftsprozesse durch zügige Behebung der Incidents

- Effektivere Überwachung der Einhaltung von SLAs

- Effektiverer Einsatz der Ressourcen

- Reduzierung der nicht dokumentierten Incidents

- Größere Zufriedenheit der Anwender

- Erstellung und Aktualisierung einer Known-Error DB

- Effiziente Trennung zwischen Störungsbehebung (Incident Management) und langfristige Problembearbeitung (Problem Management)

4.2.2. Aktivitäten (Control)

Die Aktivitäten des Prozesses gliedern sich in folgende Schwerpunkte

- Annahme und Erfassung von Incidents
- Klassifizierung von Incidents
- Entscheidung, ob ein SR[11] vorliegt
- Untersuchung, ob ein Störungsmuster vorliegt
- Untersuchung und Diagnose / Behebung und Wiederherstellung
- Abschluss und Katalogisierung

Annahme und Erfassung

Die Annahme und genaue Erfassung jedes Incidents ist die Grundlage für eine detaillierte Dokumentation, die für die nachgeschalteten Management Prozesse, wie z.B. Problem Management, die Baseline für die Weiterbearbeitung darstellt. Der Service Desk Mitarbeiter, der das Incident erfasst hat, trägt die Verantwortung für dieses Incident. Er muss den Status und den Fortschritt dem betroffenen Anwender berichten und die Einhaltung der Service Level erreichen.

Klassifizierung von Incidents

Eine genaue und richtige Klassifizierung verhindert ein falsches Priorisieren und Zuordnen des Incidents. Durch falsche Zuordnung (an die 2nd Level Bereiche) oder durch falsche Priorisierung (Abschätzung von Auswirkung auf den Service) geht wertvolle Zeit zur Wiederherstellung des Service verloren. Daraus resultieren höhere Bearbeitungskosten pro Incident und ggf. Konventionalstrafen durch den Endkunden aufgrund der Nichteinhaltung der Service Level.

---

[11] Service Request

4 Prozesse nach Außen

Entscheidung, ob ein SR vorliegt

Sollte es sich bei einem Incident um die Erweiterung oder Änderung eines Services handeln, so ist das Incident als Service Request zu behandeln und an den zuständigen Service Level Mitarbeiter zwecks Servicevertragsverhandlungen weiter zu leiten.

Untersuchung auf Störungsmuster

Der Service Desk Mitarbeiter muss Zugriff auf die Problem- bzw. Known Error Datenbank haben, um festzustellen, ob ein Workaround für dieses Incident exisitiert oder ob das gemeldete Incident als Known Error bekannt ist. Dies hat wesentliche Auswirkungen auf die Bearbeitungszeit und somit auf die Bearbeitungskosten.

Untersuchung und Diagnose / Behebung und Wiederherstellung

Der Service Desk Mitarbeiter versucht anhand seiner fachlichen Kenntnisse und unter Beachtung des Service Levels das Incident zu lösen. Sind fehlende Fachkenntnisse ersichtlich oder droht eine Verletzung der Service Level, so kann er das Incident fachlich an den 2nd Level eskalieren. Aus diesem Grund müssen klar definierte Schnittstellen zwischen dem Service Desk und dem 2nd Level Support der einzelnen Leistungsfelder (Betriebsteams/Technical Support) existieren.

Abschließen und Katalogisieren

Hat der <u>Anwender</u> die Lösung des Incidents bestätigt, so kann der Service Desk Mitarbeiter das Incident abschließen und katalogisieren. Bei der Katalogisierung wird nochmals geprüft, ob die Klassifizierung des Incidents rückblickend korrekt war und das Incident ausreichend dokumentiert wurde.

4.2.3. **Rollen**

Bei der Betrachtung der Rollen und Verantwortlichkeiten beziehen wir uns auf das eingangs erwähnte Rollenbild. Dies bedeutet in der konkreten Umsetzung für unser Incident Management folgende Rollenbeschreibung mit den entsprechenden Aufgaben:

4.2 Incident Management

Incident Manager

Der Incident Manager hat die Aufgabe,

- den Prozess zu implementieren und ständig zu verbessern (Kontinuierlicher Verbesserungsprozess - KVP)

- die entsprechenden und ausreichenden Ressourcen zu planen

- Kommunikation mit den anderen Prozessmanagern zu betreiben

- die Aktualität der Incident-DB zu gewährleisten

- die effektive Nutzung und Pflege der eingesetzten Tools sicherzustellen

- Managementberichte zu erstellen

Der Leiter des Service Desk sollte in Personalunion ebenfalls die Rolle des Incident Managers wahrnehmen, da die fachlichen Inhalte die gleichen Ziele verfolgen.

Incident Management Mitarbeiter (Koordinator)

Die Kernaktivitäten des Incident Koordinators sind:

- Annahme, Erfassung und Dokumentation von Incidents

- Klassifizierung von Incidents

- Direkte Beantwortung von Fragen und Meldung

- Statusreport über „seine" Incidents zu Anwender, Kunden und Service Level Koordinatoren

- Zustimmung des Kunden zur Lösung einholen

- Incidents abschließen und katalogisieren

- ggf. fachliche Eskalation des Incidents an den 2nd Level Support

- entsprechend der Service Level Incidents hierarchisch zu eskalieren.

Regulative oder normative Forderungen könnten darüber hinaus weitere Rollen erforderlich machen. Die möglichen Inhalte dieser speziellen Anforderungen werden in dem Kapitel 8 bearbeitet. Generell ist z.B. die Rolle des Eskalation Managers denkbar, der alle Eskalationen überwacht.

4.2.4. Critical Success Factors (CSFs)

Folgende Problemstellungen sind bei der Einführung des Incident Managements zu erwarten.

- Fehlen von qualifizierten Service Level Agreements (SLAs)
- Fehlen von Wissen oder Ressourcen zum Beheben von Incidents
- Umgehen der definierten Prozesse

Neben den angesprochenen Problemen sind folgende Einführungs- und Betriebskosten zu erwarten:

- Implementierungskosten des Service Desk
- Betriebkosten (Wartungskosten für Hard- und Software des Incident Managements)

Nach der Einführung können die Aufwendungen für die erforderliche Bearbeitung eines Incident transparent erfasst und dargestellt werden. Die erfassten Incidents ermöglichen darüber hinaus eine Zuordnung der Kosten nach dem Verursacherprinzip.

Nach der Implementierung kann die Fragestellung: „Läuft der Prozess entsprechend der Vorgaben oder werden Anwenderanfragen schlechter bearbeitet als bisher?" einen ersten Einblick in den Reifegrad des Prozesses geben.

4.2 Incident Management

Messbare Erfolgsfaktoren sind dabei u.a.:

- Schneller Abschluss von Incidents
- Beibehaltung der IT-Service Qualität
- Steigerung der IT- und Geschäftsproduktivität
- Beibehaltung der Anwenderzufriedenheit

4.2.5. Key Performance Indicators (KPIs)

Oder auch Prozesskennzahlen genannt, beschreiben die wesentlichen Kenngrößen für die Qualität des Prozesses. Bei der Definition muss „KISS" die Rahmenbedingung sein - lieber wenige, aber dafür die wirklich wichtigen Kennzahlen anstatt die allumfassende Lösung, die zwar alle Anforderungen abdeckt, aber aufgrund der Menge nicht regelmäßig berichtet werden kann. Einige Beispiele für Kennzahlen im Incident Management Prozess sind:

- *% Verringerung der Annahmezeit eines Anrufes beim Service Desk -*
  Direkte Steigerung der Anwenderzufriedenheit.

- *% Verringerung der falsch zugeordneten Incidents -*
  Bedingt durch das Fehlen einer CMDB[12] oder einer nicht aktuellen CMDB ist eine Klassifizierung auf CI-Level äußerst schwierig und birgt Gefahren (und somit Kosten) der falschen Zuordnung.

---

[12] Configuration Management Database

4 Prozesse nach Außen

- *% Verringerung der falsch priorisierten Incidents -*

    Bedingt durch das Fehlen von qualifizierten SLAs ist die Bestimmung der Auswirkung eines Incidents auf den Service in Bezug auf die Zeit sehr schwierig. Mit der Erfassung des Einflusses des betroffenen Services (Bestandteil eines guten SLA) auf den Geschäftsprozess des Kunden wird direkt die Ressourcenzuordnung definiert. Durch falsch priorisierte Incidents stimmt oft die Ressourcenzuordnung nicht und das Incident wird nicht (innerhalb einer bestimmten Zeit) zur Anwenderzufriedenheit gelöst.

- *% Verringerung der Bearbeitungszeit zur Behandlung von Incidents -*

    Die Bearbeitungszeit pro Incident kann über eine Nutzung der Know-how Datenbanken aus dem Problem Management und der CMDB gesenkt werden. Dadurch senken sich auch die Bearbeitungskosten.

KISS

MindChange: Im Incident Management darf KEINE langwierige Problembearbeitung und Lösungssuche gestartet werden, lediglich der Service muss wieder verfügbar sein. Lösungen wären auch: Standby System aktivieren oder provokant dargestellt – den Service mit Papier und Bleistift abbilden.

4.3 Service Level Management

-oder auch Vertragsgestaltung. Für einen Vergleich übertragen wir die Vorgehensweise einer Automobilwerkstatt auf ein IT-Unternehmen. Übergibt man ein Auto einer Werkstatt, regelt ein Vertrag welche Punkte bei einer Inspektion abgearbeitet werden und welche finanzielle Obergrenze existiert. Bei Überschreitung dieser Grenze wird eine Rückfrage ausgelöst. Die Werkstatt klärt gemeinsam mit dem Kunden die weitere Vorgehensweise. Die meisten Unternehmen erbringen ihre Leistungen in Übereinstimmung mit dieser Vorgehensweise, selbst IT-Leistungen werden vielfach nach diesem Muster erbracht.

Im Gegensatz dazu steht die Fragestellung im Raum: „Wie werden neue Versionen (HW/SW) in die Infrastruktur eingebracht? Werden diese bei einer Störung direkt auf den neusten Stand gebracht, unabhängig davon ob die Störung damit behoben ist?". In der Regel machen sich die oft sehr technisch orientierten Mitarbeiter keine Gedanken darüber, welche Kosten damit bei den Anwendern induziert werden können. Keiner hat je erfasst, wie hoch der wirtschaftliche Schaden ist, der durch ein geändertes „Look and Feel" unter Umständen bei den Anwendern verursacht wird (Eine Menüleiste hat sich verändert/eine Funktion ist verschoben worden).

Betrachten wir erneut die Automobilbranche. Kennen sie eine Werkstatt, die einen neuen Motor einbaut, nur weil es eine neuere Version gibt oder wie geht die IT-Branche mit Aktivitäten auf Zuruf um? „Hey Joe, installiere mir doch bitte die neueste Office Version". In der Werkstatt würde der Dialog lauten: „Wenn mein Auto in der Werkstatt ist, bau mir doch mal eben ein neues Radio ein?" – Hand aufs Herz, kennen sie eine Werkstatt, die in dieser Form arbeitet? Oder gibt es bei den meisten Werkstätten ein geregeltes Vorgehen, mit Abstimmung der Tätigkeiten, Abschluss eines Vertrages, Reporting (Rechnung) der erbrachten Leistung und einer geregelten Übergabe. Teilweise werden Kundenbefragungen durchgeführt und entsprechend auf Reklamation agiert, noch agiler sind die Firmen meist in der Definition neuer Produkte – dies jedoch nicht ohne eine Marktanalyse.

Der IT-Service muss äquivalent vorgehen. Produktdefinitionen, die sich am Bedarf des Kunden orientieren, müssen erstellt werden und die neusten Updates, die nur installiert werden, weil die Techniker es einspielen wollen, müssen in der Schublade verschwinden. Es muss eine Fokussierung durchgeführt werden, die sich auf ein wesentliches, wirtschaftliches Prinzip bezieht: „Ein abgestimmtes Ziel, mit dem geringsten Einsatz von Mitteln zu erreichen!", das Ziel ist dabei die Funktion, die der Business Prozess des Kunden wünscht/benötigt und nicht die technisch optimale Lösung, die von IT'lern häufig vorgeschlagen wird. Betrachten wir die Inhalte des Prozesses.

4.3.1. Ziele/Mission

Das Service Level Management arbeitet an der Erhaltung und Verbesserung der auf die Kundenwünsche abgestimmten IT-Service Qualität. Durch die Abfolge: „Abstimmung, Überwachung, Bericht und Review", bezogen auf die Leistungen des IT-Services, sowie durch Ergreifen von Maßnahmen zur Beseitigung eines unzureichenden IT-Service, wird der Erfolg sichergestellt. Darüber hinaus hat das SLM ein „Ohr" am Markt, evaluiert und definiert neue Produkte, überarbeitet die vorhandenen Produkte und führt diese auf dem Markt ein. Durch klare Definition wird, neben teuren und langwierigen gerichtlichen Auseinandersetzungen mit evtl. verbundenen Schadensersatzansprüchen, vermieden, dass ein Kunde in Zukunft einen anderen Anbieter wählt, denn „der nächste Lieferant ist nur einen Mausklick entfernt".

Darüber hinaus können alleine durch die Erbringung der vertraglich vereinbarten Leistung hohe Kosten eingespart werden, denn im Qualitätsmanagement heißt es:

Qualität ist, wenn die Dienstleistung oder die Ware in ausreichender Menge und Güte zur richtigen Zeit am richtigen Ort zur Verfügung gestellt wird.

Die wichtigsten Vorteile stellen sich wie folgt dar:

- Beide Seiten haben ein klares Verständnis ihrer Pflichten und Zuständigkeiten

- exakte, spezifische Serviceziele sind definiert

4.3 Service Level Management

- Exakte Spezifikation der benötigten IT-Ressourcen
- Die Definition von SLAs als Grundlage für die anderen Service Management Bereiche
- Überwachung des Service und Reviews ermöglichen das Erkennen von Schwachstellen
- Reduzierung von unvorhersehbarem Bedarf
- Erhöhung der Kundenzufriedenheit

4.3.2. Aktivitäten (Control)

Die nachfolgende Abbildung zeigt das Prinzip des SLM-Prozesses exemplarisch an einem Flussdiagramm auf. In dieser oder einer ähnlichen Form muss eine Organisation die Ablauforganisation für die Mitarbeiter darstellen.

Abbildung 21 - Der SLM Prozess

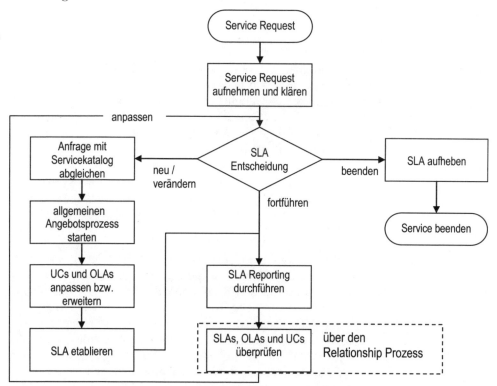

Wie aus der Abbildung 21 ersichtlich, gliedert sich der SLA-Prozess in mehrere Aktivitäten.

- Planung und Implementierung
- Vertragswesen
- Überwachung / Monitoring
- Berichtwesen
- Review
- Service Improvement Programm (SIP)
- Business Impact Analyse

Bei der späteren Betrachtung von normativen Anforderungen wird hier bereits deutlich, dass in den einzelnen Aktivitäten des SLA-Prozesses Forderungen von Normen erfüllt werden. In diesem Fall ist es unter anderem die Forderung der Norm ISO9001 zur Einbindung des Kunden.

Planung und Implementierung

Bevor Gespräche mit potentiellen Kunden über Anforderungen und Wünsche an einen IT-Service geführt werden, muss ein Servicekatalog über die möglichen Services vorhanden sein. Dieser sollte in einer kundenverständlichen Sprache die wichtigsten Details eines Services, wie Art und Umfang, Preis und Abrechnungsangaben, enthalten.

Der erste Schritt ist die Aufnahme der Kundenwünsche, den Service Level Requirements (SLR). Diese Requirements werden in einem Dokument festgehalten und von beiden Vertragspartnern unterschrieben.

Der zweite Schritt ist die Übersetzung der SLR in interne Standards. Damit ist gemeint, dass die Erwartungen und Anforderungen des Kunden mit den Konsequenzen für die IT-Organisation im Einzelnen ausgearbeitet werden und im so genannten Service Specsheet (SSS) festgehalten werden. Dabei beruft sich das Service Level Management auf Informationen zur technischen Realisierung vom Availability-, Capacity-, Continuity-, Finance- und Security Management. Der Servicekatalog setzt sich in der Regel aus diesen SSS zusammen.

4.3 Service Level Management

Danach wird ein Service Quality Plan (SQP) erstellt, indem alle KPIs und Spezifikationen für interne und externe Dienstleister aufgeführt werden.

Wenn es gelungen ist, mit dem Kunden den benötigten Service zu beschreiben, dann ist die erste Hürde überwunden. Der Service kann auf den Kunden ausgerichtet, alle überflüssigen Rückversicherungen können abgeschaltet und evtl. redundante Infrastrukturen können effizienter genutzt und somit Kosten gespart werden. Aber kann ein Kunde überhaupt sagen, was er benötigt oder besteht er aus falsch verstandenem Sicherheitsdenken auf die Forderung: „Ich brauche grundsätzlich 7x24h". Diese Vorgehensweise erfordert häufig umfangreiche, gemeinsame Betrachtungen mit dem Kunden, um die wahren Anforderungen herauszuarbeiten. Der Kunde muss aus der Sicht seiner Business-Prozesse beraten werden, damit die Anforderungen der Serviceleistungen an diesen ausgerichtet werden können.

Der nächste Schritt ist die Übertragung der summarischen Anforderungen aus dem SLA auf die IT-Infrastruktur. Die Beziehung der IT-Komponenten untereinander muss bekannt sein, um beispielsweise die Forderung 7x24h auf der Infrastruktur abzubilden. Die Zusammenhänge müssen dabei aus der Sicht des gesamten Services betrachtet werden.

Vertragswesen

Nach Abschluss der Planungs- und Implementierungsphase sind die Anforderungen des Kunden erfasst und ausgewertet. Auf dieser Grundlage werden nun folgende Dokumente erstellt bzw. aktualisiert:

Service Level Agreement (SLA)

Grundsätzlich sollte eine Grundstruktur von SLAs aufgebaut werden. Man unterscheidet zwischen Services, die von allen Kunden genutzt werden und Services, die nur von einem Kunden genutzt werden. Es gibt drei Arten von SLAs:

- Service based

  Ein Service based SLA liegt vor, wenn ein Service für alle Kunden zur Verfügung steht. Dies hat den Vorteil, dass die Anzahl an SLAs gering ist, führt aber bei individuellen Wünschen eines Kunden zu Problemen, da diese mit allen Kunden abgesprochen werden müssen.

- Customer based

Ein Customer based SLA liegt vor, wenn alle benötigten IT-Services für einen Kunden oder eine Kunden-Gruppe in einem SLA beschrieben sind. Dies hat den Vorteil, dass individuell auf die Wünsche des Kunden eingegangen werden kann, erhöht aber den Aufwand auf der Provider-Seite.

- Multi Level SLA

Das Multi Level SLA ist eine Kombination aus Customer und Service based SLA, ergänzt um einen generischen Teil, der die grundlegende Zusammenarbeit zwischen Kunde und IT-Organisation beschreibt. Es besteht aus drei Leveln:

  o Company Level

  Es werden allgemeine, generische Rahmenbedingungen beschrieben, die Service unabhängig sind und somit seltener geändert werden. Dieser Abschnitt wird als Framework bezeichnet.

  o Customer Level

  Dieser Level spiegelt das Customer based SLA und beschreibt kundenspezifische Anforderungen. Dieser Abschnitt im Multi Level SLA wird auch als Specific Level bezeichnet.

  o Service Level

  Dieser Abschnitt fasst alle Services zusammen, die für alle Kunden gelten.

Der Inhalt eins SLA ist von mehreren Aspekten abhängig:

- Umfang der vereinbarten Leistungen

- Komplexität, nur einzelne Komponenten oder Application Services

- geografische Streuung / kulturelle Aspekte

- Ausrichtung der IT-Organisation (Profit, Costcenter etc.)

- Allgemeine Begriffe und Bestimmungen

4.3 Service Level Management

- Security und Continuity Bestimmungen

- Ansprechzeiten für Service und Support

Operational Level Agreements (OLA[13]) und Underpinning Contract (UC[14])

Während der Abstimmung des Vertrages müssen bestehende OLAs und UCs angepasst oder neu erstellt werden. Für die IT-Organisation und für die Zulieferer muss klar ersichtlich sein, welchen Beitrag sie zur Erbringung des IT-Services leisten müssen.

Die OLA's bzw. UC orientieren sich streng an den Vorgaben der Kunden-SLAs, denn die mit Dritten abgestimmten Supportverträge sind die Rückversicherungen bei Hardwaredefekten oder Softwareproblemen. Wenn ein Service 7x24h verkauft wird, wird im „Backend" der entsprechende Servicevertrag benötigt, der die Verfügbarkeit sicherstellt.

Servicekatalog

Der Servicekatalog sollte nach jedem Vertragsabschluss auf seinen Inhalt hin geprüft und ggf. angepasst werden. Folgende Inhalte sollten in einer kundenverständlichen Sprache beschrieben sein:

- Name des Services

- Umfang und Inhalt des Services

- Preis

- Lieferzeiten

- ggf. Zuordnung/Abhängigkeit zu allgemeinen Geschäftsprozess des Kunden

Die Beschreibungen dürfen nicht zu detailliert sein und müssen die Bedürfnisse des Kunden treffen. Im Vordergrund sollten die

---

[13] Operational Level Agreement

[14] Underpinning Contract

Serviceleistungen unter dem Begriff Application Service Providing betrachtet werden, unterlagerte Einzelkomponenten, die als Teilmenge eingehen, aber keinen Mehrwert bringen, müssen aus der Beschreibung ausgeklammert sein.

Überwachung / Monitoring

Für die Überwachung des Services müssen die Service Level klar definiert und im SLA dokumentiert sein. Die Überwachung erfolgt permanent und wird entsprechend der Vorgaben der Service Delivery Prozesse (Continuity Management etc.) ausgewertet.

Berichtswesen

Die aus den Service Delivery Prozessen gemeldeten Berichte über Leistung und Abweichungen werden in Leistungsberichten zusammengefasst und dem Kunden in regelmäßigen Abständen, bzw. wie im SLA vereinbart zur Verfügung gestellt. Diese Berichte vergleichen die vereinbarten Service Level mit den gemessenen aktuellen Werten. Die Berichte können unter anderen enthalten:

- Verfügbarkeit und Ausfallzeit über einen bestimmten Zeitraum

- Antwortzeiten bei Spitzenbelastungen

- Transaktionsgeschwindigkeit

- Anwenderzahlen

- Zahl der Versuche die Sicherheitsstandards zu umgehen

- Auslastung des Services

- Anzahl und Stand der genehmigten Änderungen

4.3 Service Level Management

Review

Periodische Service Review Meetings (SRM) müssen zwischen dem Kunden (oder einem Vertreter) und dem Service Level Management stattfinden, um die Service Leistung des letzten Zeitraums zu überprüfen und für die nächste Periode zu bewerten. Erreicht ein IT-Service den vereinbarten Service Level nicht, sind entsprechende Maßnahmen und Aktionen zu ergreifen, um diese Schwächen zu beseitigen. Jede Aktion muss protokolliert werden, um deren Fortschritt beim nächsten Meeting entsprechend prüfen zu können. Mögliche Maßnahmen sind die

- Zuteilung von zusätzlichen Mitarbeitern
- Angleichung der Service Level im SLA
- Anpassungen von Verfahren
- Anpassungen von OLAs und UCs
- Entwicklung eines Service Improvement Programms

Service Improvement Programm (SIP)

Beim SIP werden in Zusammenarbeit mit dem Problem- und Availability Management Ursachen erforscht und Maßnahmen abgeleitet, weshalb ein Service nicht, wie vertraglich vereinbart, erbracht worden ist. Stellt sich dabei z.B. heraus, dass die Anwender und/oder Support Mitarbeiter weitere Schulungen benötigen oder Releases vor ihrer Implementierung umfangreicher getestet werden müssen, so werden die erforderlichen Maßnahmen durchgeführt und protokolliert. Die entstehenden Kosten müssen dabei über die Produkte finanziert werden.

Diese Aktivitäten müssen in den Herstellungskalkulationen berücksichtigt werden, bzw. über Nachkalkulation in die Produkte eingerechnet werden, um die tatsächlichen Produktkosten ermitteln zu können. Diese Vorgehensweise ist ein weiterer Meilenstein in der Optimierung der Betriebsprozesse, da die wichtige Veränderung von den IT-Budgets zu Produktherstellkosten in den betrieblichen Ablauf einfließt. Durch eine konsequente Umsetzung dieser Vorgehensweise gelingt es nachhaltig entsprechende Deckungsbeiträge zu erwirtschaften.

Business Impact Analyse (BIA)

Die Durchführung der Business Impact Analyse (BIA) ist im Kapitel 7.4.2 in den Aktivitäten des IT-Services Continuity Management Prozesses detaillierter beschrieben. Das SLM koordiniert die entsprechenden Aktivitäten.

4.3.3. Rollen

Skizzieren wir kurz die benötigten Rollen, die die folgenden, wichtigen Funktionen abbilden:

Der Service Level Manager

Der Service Level Manager hat u.a. die Aufgabe:

- den Prozess zu implementieren und ständig zu verbessern (KVP)

- die entsprechenden und ausreichenden Ressourcen zu planen

- Kommunikation mit den anderen Prozessmanagern zu betreiben

- Erstellung, Review und Pflege des Servicekataloges

- Grundinhalte (Verfügbarkeit, Ausfallsicherheit etc.) von SLAs zu definieren

- Managementberichte zu erstellen

Service Level Management Mitarbeiter (Koordinator)

Der Service Level Management Mitarbeiter hat die Aufgabe:

- Pflege des Servicekatalogs

- der Dokumentation und Pflege von Service Level Requirements

- Bekanntmachung von SLAs

4.3 Service Level Management

- das Service Level Reporting durchzuführen

- Dokumentation der Abweichung zwischen den erreichten und geplanten Service Leveln

- die Service Review Meetings zu koordinieren

- Reviews der vereinbarten Service Level zur Anpassung an geänderte, geschäftliche Anforderungen oder zur Behebung größerer Serviceproblemen durchzuführen

- der Verbesserung der Service Level mittels eines Service Improvement Programm (SIP)

- Kosten der Servicebereitstellung zu ermitteln

- der Festlegung von Verrechnungsmodalitäten (Bonus/Malus)

- der Erstellung eines Service Quality Plans

Weitere mögliche Rollen sind in Abhängigkeit der Firmengröße unter Umständen erforderlich. Denkbar wäre z.B. der Produktmanager, der Koordinator für den Servicekatalog etc. Eine Aufgliederung muss mit Bedacht erfolgen, eine weitergehende Detaillierung mit einer Verteilung der Aufgaben auf mehrere Rollen ist leichter möglich, als detailliert zu beginnen und dann die Rollen zu homogenisieren. Beachten sie - jede Rolle benötigt eine Beschreibung, Mitarbeiter, Schulungen und, und ....

4.3.4. CSFs

Keine Vorteile ohne Herausforderungen und Kosten bei der Einführung. Skeptiker würden von Problemen und Schwierigkeiten reden, wir bleiben lieber bei den Herausforderungen und Ansätzen für mögliche Verbesserungen. Doch wie sehen diese aus?

- Es muss sichergestellt werden, dass die Kundenwünsche und Ziele erreichbar sind.

- Die Kundenwünsche und Ziele sind richtig definiert, d.h. diese Punkte müssen messbar sein.

- Fehlerhafte Messungen der erreichten Service Level werden vermieden, bzw. festgestellt und behoben. Kunde und Lieferant müssen von den Begriffen Verfügbarkeit und Servicezeit das gleiche Verständnis haben.

- Die SLAs sind zu detailliert oder zu knapp beschrieben.

- Falsches Bewustsein auf der Anwender- / Kundenseite. Dienstleister und Kunde müssen hinter den abgestimmten Verträgen stehen. Stimmt der Kunde einem 48h Ausfall zu, dann muss er dies im Ernstfall akzeptieren.

- Kosten bei der Implementierung, z.B.

    o Kosten für die Erstellung von Service Improvement Programmen

    o Kosten für die Einführung und den Betrieb eines Tools, mit dem die entsprechenden SLA dokumentiert und überwacht werden.

Wenn es gelingt den SLM-Prozess einzuführen und diesen konsequent zu leben, dann hat eine Organisation einen wichtigen Meilenstein auf dem Weg einer Optimierung der Prozesse erreicht. Nach der Einführung der SLAs ist definiert, was der Kunde unter „ausreichender Menge und Güte" versteht, im Anschluss können die Folgeprozesse und Systeme optimiert werden. Die Aussage für die Optimierung lauten daher: Verfügbare Mittel müssen nach den Vorgaben der Business Impact Analyse investiert werden und nicht entsprechend der „gefühlten" Verfügbarkeit der Administratoren.

4.3.5. KPIs

Super, es ist geschafft! Mit dem Kunden ist definiert, welche Leistung benötigt wird. Um den Service Level Management Prozess nachhaltig zu verbessern, können die nachfolgenden KPIs genutzt werden.

- *% Verringerung der nicht erreichten SLA Ziele -*

    Durch konsequente Umsetzung der Kundenanforderungen in interne Spezifikationen können reale SLA Ziele ausgehandelt werden. Bei Nichterreichen dieser Ziele

4.3 Service Level Management

müssen die Ursachen z.B. durch ein SIP analysiert werden.

- *% Verringerung der SLA Verletzungen durch unzureichende OLAs oder UC Absicherung -*

  Die IT muss die SLAs frühzeitig durch OLAs und UCs absichern. Die geschlossenen Absicherungsverträge dürfen für die benötigte Leistung nicht schlechter sein, als die in den SLA definierten Ziele. Auch bei SLA Verhandlungen sind die Absicherungsverträge daraufhin zu prüfen, ob evtl. erweiterte Anforderungen abgedeckt sind.

- *% Vergrößerung der Anzahl genehmigter SLAs vor der produktiven Phase der Serviceleistung -*

  Häufig ist der Übergang von der Systementwicklung zum Betrieb nicht eindeutig geregelt. Einige Systeme werden schon produktiv genutzt, obwohl noch kein freigegebenes SLA vorhanden ist. Dies kann durch klar beschriebene Schnittstellen zwischen dem SLM und dem Betrieb gelöst werden (Abnahmeformulare intern/extern).

KISS

„One Face to the Customer" – Der Kunde wird es danken.

Kunden und Mitarbeiter müssen daran gewöhnt werden, dass der Kommunikationsweg bezüglich Vertragswesen, SLA usw. nur noch über eine definierte Schnittstelle erfolgen darf.

Keine Serviceleistung ohne entsprechende, richtige Kostenkalkulation – konsequente Vermeidung von Produktkalkulationen, die vorhandene Mitarbeiterkapazitäten (FTE - Full Time Equivalence) flach auf die Produkte umlegen.

Keine Investition ohne Business Impact Analyse – Investitionen nur dort, wo es die Analyse erfordert.

4 Prozesse nach Außen

4.4 Relationship Process

Der Relationship Prozess ist Bestandteil der BS15000/ISO20000 und schließt die Lücke im Beziehungsmanagement, die das ITIL-Framework offen lässt. Nach ITIL werden diese Tätigkeiten in das Service Level Management eingelagert oder als Stützprozesse vorausgesetzt. Besteht eine Compliance-Anforderung, die besagt, dass eine Zertifizierung BS15000/ISO20000 erreicht werden soll, müssen die Prozesse implementiert werden. Die Anforderungen der Norm werden im Laufe der Publikation betrachtet. In der vorgestellten Landkarte sind die entsprechenden Anforderungen bereits abgebildet. Der Relationship Prozess gliedert sich in zwei Bereiche, das Business Relationship Management, in dem die Kundenbeziehungen beschrieben werden und das Supplier Management, welches die Lieferantenbeziehungen abbildet.

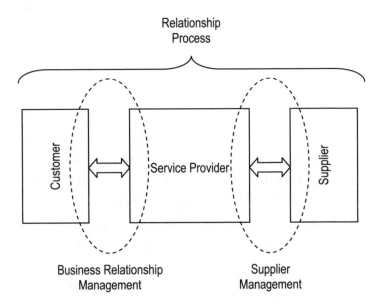

Abbildung 22 - Relationship Prozess [2]

4.4.1. Business Relationship Management

Der Grundgedanke des Business Relationship Management (BRM) ist der Aufbau und die Pflege der Kundenbeziehung. Neben den typischen Aktivitäten des Pre-Sales spielen die Themenfelder Marktbeobachtung, Marketing und Kommunikation mit dem Kunden die wesentliche Rolle. Auch wenn diese Faktoren hauptsächlich dem Themengebiet der Absatzwirtschaft entsprechen, lassen sich die Aktivitäten nicht auf diesen Umfang reduzieren. Das Business Relationship Management geht deutlich darüber hinaus. Dies begründet sich in der Tatsache, dass IT-Prozesse in den meisten Fällen sehr tief in die Geschäftsprozesse der Kunden integriert sind.

Betrachten wir das Beispiel der Rechnungsstellung, des Rechnungsversandes und möglicher digitaler Signaturen. Ein Großhandel möchte die Rechnungsstellung und den Versand durch einen externen Dienstleister erbringen lassen. Zu diesem Zweck werden die Rechnungsdaten an einen Dritten übergeben, von diesem gedruckt oder digital signiert und per Post oder Email an den Kunden versendet. Im Falle eines elektronischen Versandes, muss der Kunde die digital signierte Rechnung entsprechend elektronisch archivieren. Ein Papierarchiv ist in diesem Fall, nach dem Gesetz der ordnungsgemäßen Buchführung, nicht zulässig. Bietet der Dienstleister ein entsprechendes elektronisches Archiv an, so werden die Geschäftsprozesse des Lieferanten, wie auch des Endkunden optimal gestützt, es entsteht ein entsprechender Mehrwert. Muss der Endkunde sich jedoch selbst um ein entsprechendes elektronisches Archiv kümmern, so wird er die Möglichkeit der elektronischen Rechnung nicht annehmen – ein Mehrwert wird nur minimal erreicht.

Wie in diesem Fall dargestellt, können durch die Betrachtung des Objektes „Rechnung" und der Aktivitäten, bezogen auf dieses Objekt, die Geschäftsprozesse des Lieferanten über einen Dritten (dem IT-Serviceprovider) mit den Geschäftsprozessen des Kunden verknüpft und optimiert werden.

4 Prozesse nach Außen

4.4.1.1. Ziele/Mission

Das BRM vereint das typische Customer Relationship Management (CRM), das sich gezielt um die Kundenpflege kümmert, mit den Vorteilen des Outsourcings von kompletten Betriebsprozessen. Es wird folglich nicht nur der Kunde gesehen, sondern die Leistungserstellung des Kunden in seiner Gesamtheit. Daraus leitet sich das Ziel ab, einem Kunden eine auf seine Bedürfnisse abgestimmten Service anbieten zu können. Dieser wird aus dem Produktkatalog des bereits beschriebenen Service Level Management zusammengesetzt.

Der weitere Nutzen lässt sich in folgende Punkte zusammenfassen:

- Hohe Transparenz der Kundendaten für die Mitarbeiter des Service Level Management

- Klassifizierung der Kunden in A-,B- und C-Kunden im Bezug auf Umsatz und Kosten.

- Individualisierte Kundenbetreuung; Anpassung an die geschäftlichen Bedürfnisse des Kunden

Schaffung eines Mehrwert für die Kunden durch integrierte Prozesse mit definierten Schnittstellen

Meinungsverschiedenheiten zwischen dem Kunden und dem IT-Service Provider werden vermieden bzw. Zielgerichtet bearbeitet

Business Impact Analyse (BIA) und die damit verbundene Risikoanalyse lässt sich effizienter durchführen.

Das Business Relationship Management orientiert sich bei der täglichen Umsetzung an den Unternehmenszielen. Durch die entsprechenden Vorgaben ist das Dienstleistungs- /Fertigungsportfolio der Organisation definiert.

4.4.1.2. Aktivitäten (Controls)

Die wichtigsten Teilaktivitäten der Absatzwirtschaft

4.4 Relationship Process

- Portfolioanalyse
- Akquisition/Werbung
- Kundenbindung
- Reklamation
- Kundenrückgewinnung

gehören dementsprechend zu den grundsätzlichen Tätigkeiten des Prozesses. Ein kurzer Überblick stellt die wesentlichen Anforderungen heraus.

Portfolioanalyse

Durch vorhandene Informationen aus Akquiseprojekten bzw. aus entsprechenden Marktbeobachtungen muss ein Produktportfolio entworfen und mit dem SLM abgestimmt werden. Besondere Beachtung verdienen dabei die Geschäftsprozesse der A-Kunden. Eventuell können diese durch eine Veränderung des eigenen Portfolios effizienter unterstützt werden. Unter Umständen erzwingt eine Portfolio Verschiebung bei den A-Kunden auch eine Überarbeitung der eigenen Produkte. Bei der Portfolioanalyse steht das „Business Relationship" im Vordergrund, da die IT-Dienstleistung einen wichtigen Mehrwert zur Leistungskette des Kunden liefern muss. Weitere Aspekte wie z.B. Analyse des Produktlebenszyklus und die darauf abgestimmten Marketingstrategien etc. können an dieser Stelle nicht erschöpfend betrachtet werden, würde diese doch genügend Themen liefern, um ein eigenes Buch zu füllen. Ähnlich verhält es sich mit folgenden Themen.

Akquisition

Unter dem Begriff der Kundenakquisition summieren sich alle Aktivitäten, die im Rahmen des Pre-Sales erforderlich sind. Neben den Standardaktivitäten der Penetration des Marktes, wie dies bei der Absatzwirtschaft üblich ist, sollten Workshops in den Vordergrund gestellt werden, die mit potentiellen Kunden einen Mehrwert in den Geschäftsprozessen erarbeiten.

Kundenbindung

Unter dem Begriff Kundenbindung/Bestandskundenpflege verstehen viele Firmen und Organisationen die Kundenzufriedenheit bzw. die Reklamationsbearbeitung. Wenn diese Punkte im Rahmen eines Anweisungssystems abgedeckt oder durch entsprechende Reklamationstools unterstützt werden, so sind zumindest die Anforderungen der Norm ISO9001 erfüllt.

Nach einer Optimierung der Betriebsprozesse ergeben sich zur Kundenbindung jedoch wesentlich mehr Möglichkeiten als z.B. die Abfrage der Kundenzufriedenheit. Durch den Service Level Management Prozess ist eine Organisation in der Lage fortlaufende Informationen über die Einhaltung des Services weiterzugeben. Die Service Review Meetings können dazu genutzt werden, die häufigsten Incidents zu berichten und die daraus abgeleiteten Maßnahmen vorzustellen. Ebenfalls kann in den Abstimmungsgesprächen die Situation des Business Continuity Management erörtert werden.

Ein weiterer, sehr wichtiger Punkt für die Kundenbindung ist die Kommunikation. Je enger die Geschäftsprozesse eines Kunden mit den Prozessen eines Dienstleisters verzahnt sind, um so effizienter müssen die Kommunikationskanäle sein. Eine Störung in der Infrastruktur muss dem Kunden kommuniziert werden, bevor dieser die Störung an das Service Desk meldet. Diese Maßnahme dient besonders der Vertrauensbildung zu den Operation Prozessen (Monitoring) eines Application Service Provider.

Reklamationen/Eskalation

Das Business Relationship Management beinhaltet ferner die „Reklamationsabteilung" eines IT-Dienstleisters. Eine besondere Relevanz kommt dieser Funktion nach einer Optimierung der Betriebsprozesse zu. Wenn die entwickelten Abläufe im Rahmen der Spezifikation funktionieren, müssten alle Störungen und außergewöhnliche Betriebssituationen über das Service Desk oder das Monitoring erfasst und bearbeitet werden. Werden dennoch Reklamationen an dieser Stelle offenkundig, deutet dies daraufhin, dass die Prozesse fehlerhaft sind oder die Service Keys in den Produkten die Anforderungen des Kunden nicht widerspiegeln. In beiden Fällen ist eine umgehende Aktion erforderlich,

denn dann, wie schon beschrieben, haben die Standardverfahren versagt.

Kundenrückgewinnung

Die Rückgewinnung verlorener Kunden ist meist einfacher zu gestalten, als die Akquise neuer Kunden. Bei den verlorenen Kunden sind in der Regel Informationen über die Geschäftsprozesse des Kunden verfügbar und die Gründe für den Verlust des Kunden sind häufig dokumentiert. Evtl. kann ein verändertes Produktportfolio oder eine Änderung in der Ablauforganisation das Leistungsspektrum für einen Kunden wieder interessant machen. Ist ein Unternehmen beispielsweise in der Vergangenheit nicht in der Lage gewesen Systeme entsprechend bestimmter Compliance Richtlinien zu betreiben, so kann dieser Umstand im Rahmen einer Neuausrichtung des Produktporfolios unter Umständen beseitigt und der Kunde zurückgewonnen werden.

4.4.1.3. Rollen

Die Inhalte der Rollen des BRM orientieren sich zum Teil an den typischen Tätigkeiten der Absatzwirtschaft. Darüber hinaus ist in der ausführenden Rolle (Koordinator) ein hohes Wissen in der Modellierung von Betriebsprozessen erforderlich. Betrachten wir die Rollen im Detail.

Business Relationship Manager

Der Business Relationship Manager hat u.a. die Aufgaben

- den Prozess zu implementieren und ständig zu verbessern (KVP)

- die entsprechenden und ausreichenden Ressourcen zu planen

- Abstimmung mit dem Management bzgl. der strategischen Ausrichtung des Portfolios

- Erstellung, Review und Pflege des Produktportfolios

- Auswahl und Pflege des Tools für das Customer Relationship Management

4 Prozesse nach Außen

- Kommunikation mit den anderen Prozessmanagern pflegen

- Managementberichte zu erstellen

Business Relationship Management Mitarbeiter (Koordinator)

Der Business Relationship Management Mitarbeiter hat die Aufgabe:

- der Dokumentation des Produktportfolios

- Vorbereitung und Durchführung von Kundenbefragungen und Benchmarks

- Organisation von Events und Workshops mit Kunden

- Pflege und Erfassung von Kundendaten

- Analyse der Geschäftsprozesse der Kunden

- Mittler zwischen den Anforderungen der Geschäftsprozess des Kunden und dem Service Management

- Mitarbeit an den Service Review Meetings

- Eskalationsmanager bei Reklamationen auf Geschäftsprozessebene

- Ansprechpartner des Managements auf Kunden- und Lieferantenseite für die Serviceleistung.

4.4.1.4. CSFs

Der größte „Critical Success Faktor" ist die Methodenkompetenz der Mitarbeiter. Diese Kompetenz entscheidet, ob eine Abteilung des Business Relationship Management „eine typische Verkaufsabteilung" ist oder ob es gelingt den hohen Anforderungen an das Business Relationship gerecht zu werden. Idealerweise haben die Mitarbeiter Kernkompetenzen in den Bereichen

- Betriebswirtschaft

- Projektmanagement
- Prozessmodellierung
- Kundenorientierung
- IT-Kenntnisse
- Branchenspezifische Kenntnisse

Dieses sehr umfassende Profil erklärt sich aus den Erfordernissen Prozessconsulting/Prozessmodellierung, die die Mitarbeiter durchführen müssen, wenn die Geschäftsprozesse der Kunden effizient unterstützt werden sollen.

4.4.1.5.   KPIs

Bei der Definition der KPIs muss wiederum beachtet werden, dass diese primär der Optimierung des Prozesses dienen und nicht der Verbesserung der eigentlichen Leistung. Die Optimierung der Leistung ergibt sich als „Abfallprodukt" aus einer hohen Prozessqualität.

- *Korrektur des Produktportfolios als Reaktion auf mögliche Kundenanforderungen -*

  Sind Korrekturen am Produktportfolio als Reaktion auf Kundenanforderungen möglich, so ist die Feedbackschleife zum Management sichergestellt. Werden dagegen keinerlei Veränderungen am Portfolio auf Kundenwunsch durchgeführt, so deutet dies daraufhin, dass keine Einbindung des BRM in die strategische Planung erfolgt.

- *Anzahl der Reklamationen, die über den BRM eingebracht werden. -*

  Je höher die Anzahl der Reklamationen ist, die über den BRM-Prozess in die Infrastruktur eingebracht werden, je ineffizienter ist die Funktion der Service Desk Strukturen, der Service Review Meetings etc. Diese Reklamationen müssen sehr genau betrachtet werden, um die entsprechenden Prozesse zu optimieren.

4.4.2. Supplier Management

A-, B- und C-Lieferanten, diese Begriffe sind den meisten Lesern aus der Materialwirtschaft bekannt. Mit der Fragestellung, ob ich nur bei einem „Preferred Supplier" einkaufe oder ob mindestens 3 verschiedene Lieferanten benötigt werden, um eine reibungslose Lieferungskette sicherzustellen, beschäftigt sich das Supplier Management (SuM). Wenngleich die Fragestellung in der IT nicht mit den Fragestellungen der typischen „Just in Time" Lieferketten vergleichbar ist. In der Regel entstehen durch eine Lagerung von IT-Komponenten nicht die typischen Kapitalbindungskosten, denn diese werden durch einen Capacity Management Prozess gesteuert und durch die Nutzung der „Shared Service Technologien" vermieden. Im Vordergrund der IT steht eher die Fragestellung der Verfügbarkeit von Dienstleistern und dem technischen Know-How der beteiligten Mitarbeiter im Falle einer Betriebsstörung.

In einer zweiten, weit gefassten Variante spielt das Thema selektives Outsourcing eine Rolle. Nach der Durchführung einer Optimierung der Betriebsprozesse und einer Bereinigung der Abteilungsstrukturen, bietet die Möglichkeit des <u>selektiven Outsourcings</u> ein hohes Potenzial zur Kostenoptimierung. Die Verträge, Leistungen und Verfügbarkeiten werden ebenfalls über das Supplier Management gesteuert. Eine Steuerung der externen Dienstleister ist jedoch nur effizient möglich, wenn die erforderlichen Parameter von dem Problem Management geliefert werden. Eine Verzahnung der Prozesse tritt an dieser Stelle deutlich hervor.

4.4.2.1. Ziele/Mission

Das Supplier Management (SuM) umfasst die Planung und Steuerung von Beziehungen eines Unternehmens zu seinen Lieferanten/Dienstleistern. Je nach Größe einer Organisation werden die Tätigkeiten zur Beschaffung der Leistung unter dem Supplier Management als Subprozess implementiert oder als eigenständiger Beschaffungsprozess abgebildet.

Die Kernaufgabe lässt sich mit dem Satz: „Eine benötigte Ware oder Dienstleistung am richtigen Ort in der geforderten Güte zum richtigen Zeitpunkt zur Verfügung stellen", am besten beschreiben.

4.4 Relationship Process

Durch ein effizientes Supplier Management lässt sich der nachstehende Nutzen optimieren:

- Ein Lieferantennetzwerk stellt Lieferungen selbst bei kritischen Liefersituationen sicher.

- Die benötigte Ware/Dienstleistung kann auf den eigenen Business Prozess abgestimmt werden (evtl. werden Systeme bereits vorinstalliert geliefert).

- Benötigte OLAs und UCs können auf die Business Prozesse des eigenen Kunden abgestimmt werden.

- Existierende Unstimmigkeiten und Informationen aus dem Problem Management können konsolidiert an den entsprechenden Lieferanten weitergeleitet werden.

- Abgeschlossene Rahmenverträge stellen entsprechende Rabattierungen sicher.

- Ein größeres Mengengerüst ermöglicht einen höheren Einfluss auf die Lieferanten.

- Ein Überblick der eingesetzten Softwarepakete ermöglicht eine Konsolidierung und somit eine Kostenoptimierung.

- Ein zentraler Beschaffungsprozess ermöglicht ein zentrales Lizenzmanagement und die Erstellung eines Lizenzpools – hohes Einsparpotential.

Ein Mehrwert und somit ein nachhaltiger ROI entsteht durch die Konzentration des gesamten Wissens über Einkaufsdaten und Bezugsquellen, die allen Anwendungen einer Systemlandschaft zur Verfügung gestellt werden können. Um die beschriebenen Vorteile nutzen zu können, müssen die Kernfunktionalitäten des ITIL-Frameworks implementiert sein. Ohne Zugriff auf eine CMDB sind die Mitarbeiter im Supplier Management blind im Hinblick auf die vorhandenen Mengengerüste und Lizenzen und

4 Prozesse nach Außen

können somit einen Economy of Scale[15] für die effizienten Verhandlungen nicht nutzen. Ebenfalls sind Service Review Meetings mit den Lieferanten ohne einen Problem Management und ohne ein Monitoring der vereinbarten OLAs wirkungslos.

4.4.2.2. Aktivitäten (Controls)

Die Aktivitäten des Supplier Management Prozesses beinhalten die folgenden Tätigkeiten:

- Lieferantenauswahl/Bewertung
- Absicherung/Vertragswesen
- Beschaffung
- Review der Leistungen

Die ersten Tätigkeiten sind aus der Beschaffung im Allgemeinen ohnehin bekannt. Besonders bei Outsourcingverträgen kommt dem Review der regelmäßig gelieferten Leistungen ein besonderer Stellenwert bei. Betrachten wir die Aktivitäten im Detail.

Lieferantenauswahl/Bewertung

Anhand der Vorgaben aus dem Service Level Management (Produktkatalog) und der Vorgaben des Finance Management for IT-Services (Kalkulation der Herstellkosten), werden die potentiellen Lieferanten/Dienstleister ausgewählt. Das wesentliche Kriterium ist, dass die zugelieferte Leistung um die eigene Leistung veredelt und im Rahmen eines SLAs mit dem Endkunden weiter vertrieben wird. Daher haben die Risikobetrachtung und die Risikobewertung für den Verkauf von Serviceprodukten einen sehr hohen Stellenwert. Weitere Kriterien sind:

---

[15] Economy of Scale = Wirtschaftlichkeit durch Großserie / Massenproduktion

4.4 Relationship Process

- Güte und Qualität der Lieferungen
- Konditionen
- IT-Security
- Firmengröße und Umsatz
- Regionale Bindung
- Branche

Absicherungen/Vertragswesen

Alle Services, die der Service Provider erbringt, müssen durch die Lieferanten unter Umständen (in Abhängigkeit davon, ob der Service in sich redundant aufgebaut ist) abgesichert sein. Dies geschieht in erster Linie über OLAs mit dem Lieferanten/Dienstleistern. Sie haben die gleichen Rahmenbedingungen, wie die SLAs mit den eigenen Kunden, wobei die entsprechenden Service Keys um Pufferzeiten ergänzt werden müssen.

Neben den typischen Service Keys dürfen notwendige Compliance Anforderungen nicht außer Acht gelassen werden. Arbeitet der Dienstleister nach der erstellten Prozesslandkarte und den erstellten Prozessen, so ist durch die gleichartige Vorgehensweise und durch die vorgeschriebene Dokumentation aus den eigenen Prozessen, die Compliance sichergestellt. Wird dagegen der Dienstleister für ein Business Prozess Outsourcing genutzt, muss eine evtl. benötigte Compliance durch Audits bei den Lieferanten sichergestellt werden.

Bei der Vertragsgestaltung ist der Abschluss von Rahmenverträgen eine besonders interessante Form, ermöglicht diese Vertragsart doch den Einkauf weiterer benötigter Kapazitäten sozusagen „On Demand" aus dem Capacity Management heraus. Die Warngrenzen können bei einem funktionierenden Supplier Management deutlich niedriger gehalten werden, somit reduzieren sich die Kapitalbindungskosten.

Neben diesen Aktivitäten werden vielfach folgende Punkte in den Verträgen fixiert:

- Bonus- und Malusregelungen
- Mengengerüste und Toleranzregelungen
- Remanenzkosten
- Eskalationsverfahren
- Benannte Ansprechpartner
- Definierte Reaktions- und Lieferzeiten
- Kündigungsfristen

Beschaffung

Der eigentliche Beschaffungsprozess kann entsprechend der abgeschlossenen Rahmenverträge im Idealfall "On Demand" durchgeführt werden. Bei einer effizienten Abwicklung kann der Beschaffungsprozess jedoch einen erheblichen ROI erzeugen. Gelingt es die Daten, die bereits bei der Beschaffung benötigt werden, und die Daten, die später bei der Lieferung entstehen, in eine CMDB einzupflegen, dann ist z.B. der erste Schritt für ein Lizenz Management vollbracht. Alle bestellten Softwarelizenzen werden erfasst. In der gesamten Ablauforganisation werden später die überflüssigen Lizenzen in einen Lizenzpool verschoben und somit erübrigt sich möglicherweise eine Neubeschaffung von Lizenzen.

Review der Leistungen

In Abhängigkeit der gelieferten Volumina und der Auswirkung auf die eigenen Geschäftsprozesse müssen regelmäßige Reviewmeetings mit dem Lieferanten/Dienstleistern durchgeführt werden. In diesen Beratungen werden die Incidents-, die in der Abwicklung mit der benötigten Serviceleistung entstanden sind, genauso betrachtet, wie die Trendanalysen, die das zukünftige Geschäft bestimmen. Die durchgeführten Besprechungen schaffen ein entsprechendes Netzwerk, um auf evtl. kritische Situationen effizient reagieren zu können.

4.4.2.3. Rollen

Der Supplier Management Prozess ist deutlich komplexer, als er an dieser Stelle dargestellt wird. Eine Beschaffung muss entsprechend der gesetzlichen Vorgaben (Abgabenordnung, GDPdU etc.) ausgeführt werden. Die Betrachtung der Rollen findet daher idealisiert statt. Die Besetzung der Rollen mit Mitarbeitern, die das entsprechende Skillprofil mitbringen, stellt sicher, dass alle wesentlichen Aspekte berücksichtigt werden. Betrachten wir die typischen Rollen aus der Sicht des BS15000/ISO20000 Frameworks.

Supplier Manager

Der Supplier Manager hat u.a. die Aufgaben

- den Prozess zu implementieren und ständig zu verbessern (KVP)
- die gesetzlichen Anforderungen zu berücksichtigen
- die entsprechenden und ausreichenden Ressourcen zu planen
- die Auswahl und Pflege eines Supplier Management Tools sicher zustellen
- Kommunikation mit den anderen Prozessmanagern zu betreiben
- Managementberichte zu erstellen

Supplier Management Mitarbeiter (Koordinator)

Der Supplier Management Mitarbeiter hat die Aufgabe:

- die Abstimmung mit den Lieferanten und Dienstleistern durchzuführen
- die Definition der Preferred Supplier.
- der Organisation von Workshops mit Lieferanten
- der Vorbereitung und Durchführung von Benchmarks

- die Vertragsverhandlungen mit den Lieferanten/Dienstleistern zu führen

- der Organisation/Mitarbeit an den Service Review Meetings

- des Eskalationsmanagers bei Reklamationen zwischen dem SLM und den Lieferanten/Dienstleistern.

4.4.2.4. CSFs

Die Schnittstelle zwischen dem Service Level Management/Supplier Management und dem Change Management/Supplier Management ist der kritische Erfolgsfaktor im Supplier Managementprozess. Eine optimale „Versorgung" mit Waren und Dienstleistungen kann nur so gut funktionieren, wie die Kommunikation zwischen denen, die den Bedarf haben und denen, die versuchen diesen Bedarf zufrieden zu stellen. An dieser Stelle trafen in der Vergangenheit die Welten „Betriebswirtschaft" und „Technik" aufeinander. Bedingt durch die Optimierung der Betriebsprozesse sind diese Schnittstellen bereits entschärft. Ein Bedarf ergibt sich in dem aufgezeigten Prozessmodell entweder aus dem Service Level Management/Deployment (neue Serviceleistung) oder aus dem Change Management (Änderung/Erweiterung der Leistung). Von der Kernfunktionalität dieser Prozesse muss ein betriebswirtschaftliches Know-how bei den Mitarbeitern vorausgesetzt werden, damit diese Prozesse entsprechend der Vorgaben optimal ausgeführt werden können.

Ein weiterer, kritischer Faktor ist meist ein fehlender oder unvollständiger Datenbestand. Für eine optimale Einbindung des Supplier Managements müssen Informationen über Probleme in der Kunden/Lieferantenbeziehung, über die Mengengerüste, die Verfügbarkeitsanforderungen etc., bekannt sein. Ein Zugriff auf die CMDB ist aus der Sicht des Supplier Managements unumgänglich.

4.4.2.5. KPIs

Die erforderlichen KPIs müssen, entsprechend der „Critical Success" Faktoren, in erster Linie die Schnittstellen zwischen den Prozessen verbessern und die Einbindung des Service Level Managements optimieren. Vorstellbar sind folgende KPIs:

4.4 Relationship Process

- *Anzahl der Abstimmungsgespräche zwischen dem Supplier Management und dem Service Level Management. -*

  Wenn in regelmäßigen Gesprächen zwischen dem Service Level Management und dem Supplier Management die Erfordernisse diskutiert und abgestimmt werden, kann das Beschaffungsmanagement z.B. seine Aktivitäten auf die A-Kosten in den kalkulierten Herstellkosten fokussieren. Die Leistung kann somit deutlich günstiger erbracht werden. Die Anzahl der Gespräche und die resultierenden Maßnahmen sollten für eine Verbesserung der Prozesse dokumentiert werden.

- *Anzahl der Abstimmungsgespräche zwischen dem Supplier Management und dem Problem Management. -*

  Das Problem Management muss den Kontakt zu dem Supplier Management sicherstellen. Einen besonderen Stellwert hat diese Aktion bei einem Outsourcing kompletter Betriebsfunktionen. Wiederkehrende Schwierigkeiten werden über das Problem Management erkannt und unter Umständen über das Supplier Management aufgehoben.

- *Anzahl und Bewertung in den durchgeführten Lieferantenumfragen. -*

  Kundenumfragen werden von den meisten Unternehmen durchgeführt, Lieferantenumfragen in der Regel nie. Eine Umfrage bei den Lieferanten hilft aber meist die eigenen Prozesse zu optimieren. Fragestellungen wie: „An welchen Stellen werden Anfragen ohne das Supplier Management durchgeführt?" oder „Wie vollständig sind die Ausschreibungsunterlagen?", können dazu dienen, die eigenen Prozesse deutlich zu verbessern. Reduziert man diese Umfragen auf die A-Lieferanten und Dienstleister, so hält sich der Aufwand in entsprechenden Grenzen.

- % Verbesserung in der Einsparung von Lieferkosten -

  Durch die Einbindung des Capacity Managements als Informationsgeber kann das Supplier Management frühzeitig über Neuanschaffungen informiert werden. Somit ist der Spielraum für Lieferverhandlungen und Preisnachlässen größer als bei Ad Hoc Beschaffungen.

5 Unerlässliche Kernprozesse

Nachdem ein homogenes Gesicht nach Außen erzeugt worden ist und die Anforderungen der Kunden beschrieben sind, müssen die inneren Abläufe durchleuchtet werden. Die Aktivitäten, die einen reibungslosen und stabilen IT-Betrieb gewährleisten, könnten in einer existierenden Struktur unter einem Prozess „System betreiben" geführt sein. Wie immer diese Aktivitäten in einem momentanen, betrieblichen Umfeld genannt werden, im Wesentlichen werden die ITIL-Funktionen

- Change Management
- Configuration Management

abgedeckt. Wie in der Abbildung 23 dargelegt ist, sind die beiden wichtigen Kernprozesse in der Prozesslandkarte im Service Support aufgeführt. Ohne eine Einführung dieser Prozesse und ohne die zugehörigen Tools ist ein Return on Invest nicht realisierbar.

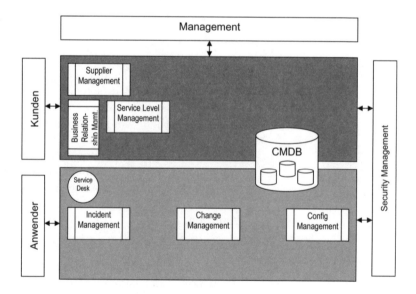

Abbildung 23 - Einbindung Change und Configuration Management

5.1 Change Management

5.1 Change Management

„Wir ändern heut, wir ändern morgen, wir ändern stets und ohne Sorgen" wäre eine mögliche Variante. Immer nach dem Motto „Stillstand ist Rückschritt" wird die IT-Infrastruktur auf dem neusten Stand gehalten. Selbst die Hersteller schreiben vor: „Support gibt's nur, wenn der aktuelle Patchstand eingespielt ist", vielfach geschieht dies durch automatisierte Updateprozeduren.

Der wirklich erfahrene Systembetreiber erinnert sich eher an den Spruch „Never touch a running system". Den Betriebswirtschaftlern unter uns passt dieses Weltbild, denn Veränderungen sind meist mit Kosten verbunden. Muss Veränderung wirklich sein? – Ja – aber nie ohne dass eine konkrete Anforderung vorliegt. Nur wenn die Einhaltung des SLAs gefährdet ist oder die gleiche Leistung effizienter und somit kostengünstiger erbracht werden kann, machen Veränderungen Sinn.

5.1.1. Ziele/Mission

Das Change Management ist für die effiziente und kostengünstige Implementierung autorisierter Changes, mit minimalem Risiko für die IT-Infrastruktur, verantwortlich.

Bedingt durch eine sorgfältige Planung, Autorisierung und kontrollierte Abwicklung ergeben sich eine Reihe von Vorteilen für die Implementierung von Änderungen. Diese sind unter anderem:

- geringere Beeinträchtigung des IT-Betriebes durch die Zusammenfassung anstehender Changes

- transparentere Kommunikation mit dem Kunden / Anwender

- Erfassung der Kosten im Vorfeld der geplanten Änderung

5 Unerlässliche Kernprozesse

- effizienteres Problem-, Availability- und Supplier- Management durch Rückgriff auf vorliegende Planungsinformation

- stabiler IT-Betrieb durch eine geringere Anzahl von Incidents aufgrund effizienter Planung, Freigabeverfahren und Abnahmen

- zielgerichtete Besetzung des Service Desk (z.B. nach einem größeren Change an einem Wochenende kann das Service Desk mit speziellen Ressourcen entsprechend ausgestattet werden)

- Reduzierung nachteiliger Auswirkungen der Änderungen für den IT-Service durch effizientes Risikomanagement bezogen auf die Geschäftsprozesse

5.1.2. Aktivitäten (Control)

Nachdem die Ziele des Change Management Prozesses kurz dargelegt und mögliche Hindernisse angesprochen worden sind, betrachten wir die wichtigsten Aktivitäten und stellen mögliche Auswirkungen dar.

- Erfassung - vorab Bewertung - Akzeptierung

- Klassifizierung

- Genehmigung

- Implementierung

- Post Implementation Review (PIR)

Erfassung - vorab Bewertung - Akzeptierung

Bei der Erfassung wird die Vollständigkeit des Request for Change (RfC) sichergestellt. Anschließend wird eine grobe Bewertung des RfC vorgenommen, indem die Anfrage auf Plausibilität geprüft und mögliche doppelte Anträge mit gleichem Inhalt aussortiert werden. Sind alle Voraussetzungen für einen Change gegeben, wird der RfC akzeptiert. Dies bedeutet, es wird ein Change Datensatz erstellt und eine eindeutige ID vergeben.

5.1 Change Management

Klassifizierung

Die Aktivität „Klassifizierung" unterteilt sich in die Punkte „Bestimmung der Priorität" und „Festlegung der Kategorie". Beides hat Auswirkungen auf die Zuteilung von Ressourcen und die Reaktionszeit in der Umsetzung.

Priorisierung

Die Priorität beschreibt die Wichtigkeit der Änderung und leitet sich, wie in Abbildung 24 zu sehen, aus der Auswirkung der Störung auf den IT-Service und aus der Dringlichkeit ab.

Abbildung 24 - Ermittlung der Priorität eines Changes

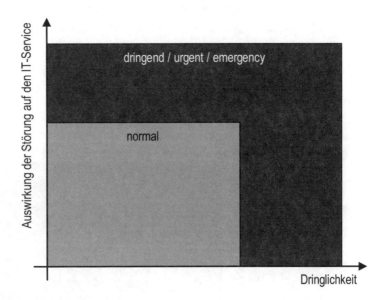

Die Y-Achse bezeichnet dabei die Auswirkung einer Störung auf die Infrastruktur z.B. einen aktuellen Virenbefall. Die X-Achse die Dringlichkeit z.B. einen aktuellen Virenausbruch, der zurzeit noch keine aktuelle Auswirkung zeigt aber in Kürze die IT-Infrastruktur befallen könnte.

Die Priorisierung wird auf der Grundlage der Änderungsauswirkung (im Fehlerfall) auf den Service und der benötigten Ressourcen bestimmt.

5 Unerlässliche Kernprozesse

Dabei empfiehlt sich eine Unterscheidung in zwei Prioritäten:

- Dringend (Urgent / Emergency)

  Bei dieser Priorität handelt es sich um eine Störung, deren Auswirkung auf den Service so groß ist, dass der Change zeitlich nicht aufgeschoben werden kann. Auch auf eine zeitintensive, detaillierte Planung und ggf. auf einen Funktionstest wird in diesem Fall verzichtet. Diese Priorität bildet eine Ausnahme und sollte nicht zur Gewohnheit werden.

- Normal

  Changes, die nicht als „Emergency"- Change eingestuft wurden, werden mit der Priorität „Normal" bearbeitet.

Kategorisierung

Bei der Kategorisierung bewertet man den Änderungsaufwand des Changes bezogen auf den Einfluss (die Auswirkung) auf den IT-Service.

Abbildung 25 - Kategorisierung eines Changes

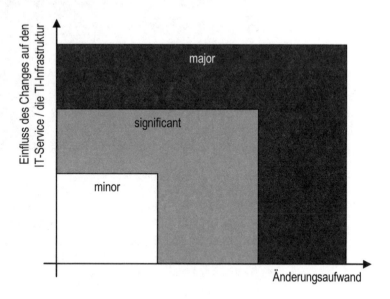

Dabei müssen mindestens drei Kategorien unterschieden werden:

- Minor

    Geringe Auswirkungen auf die betroffenen IT-Services. Der Änderungsaufwand ist gering. Der Change kann ohne Risiko durchgeführt werden.

- Significant

    Deutliche Auswirkung auf die betroffenen IT-Services. Der Änderungsaufwand ist groß. Der Change birgt ein nicht zu verachtendes Risiko.

- Major

    Erhebliche Auswirkung auf die betroffenen IT-Services. Der Änderungsaufwand ist sehr hoch. Es besteht ein erhebliches Risiko.

Die Klassifizierung bestimmt die Genehmigung im weiteren Changeworkflow.

Genehmigung

Je nach Klassifizierung der Änderung gibt es verschiedene Genehmigungsarten und Gremien. Ein Gremium ist das so genannte Change Advisory Board (CAB). Es besteht aus Vertretern der Kunden/Anwender, der Fachkompetenz der IT-Abteilung und den Produktverantwortlichen (Einhaltung SLA/Kostenrechnung), die anhand der Vorplanung und Risikobetrachtung den RfC bewerten.

In der Planungsphase werden alle Änderungen in einem Änderungskalender (Forward Schedule of Changes - FSC) eingestellt und verfolgt. Die Planung sämtlicher Ressourcen erfolgt unter finanziellen und technischen Aspekten. Sollte sich bei der Planung herausstellen, dass mehrere Änderungen zu einem Thema vorliegen, so können diese RfCs zu einem "Release" zusammengefasst werden.

Ein Standardchange benötigt keine erneute Genehmigung.

Implementierung

Die Implementierung setzt sich aus den Tätigkeiten Koordination und Installation zusammen.

Bei der Koordination werden die genehmigten Änderungen für die Erstellung an die Entwickler bzw. an die IT-Spezialisten weitergeleitet. Vor der Realisierung, müssen die Änderungen getestet werden. <u>Dies geschieht im Release Management.</u> Neu entwickelte Releases sind vor der ersten Implementierung freizugeben. Liegen fertige, freigegebene Releases für die Änderung vor, so können diese direkt verwendet werden.

Bei der Installation werden die genehmigten und koordinierten Änderungen gemäß dem RfC durch die entsprechenden IT-Spezialisten bzw. den Mitarbeitern der Betriebsteams durchgeführt.

Post Implementation Review (PIR)

Mit dem PIR werden die Ergebnisse des Changes mit den Vorgaben des RfCs verglichen. Sind die Ergebnisse entsprechend der Erwartung, so wird der Change geschlossen und abschließend dokumentiert.

Bei Abweichungen werden Maßnahmen ergriffen, die die Abweichungen dokumentieren, die Gründe für die Abweichung evaluieren und dann in einen neuen RFC einfließen lassen.

5.1.3. Rollen

Neben den typischen Rollen (Change Manager, Change Koordinator) im Change Management Prozess gibt es weitere Wichtige, die in diesem Prozess im wahrsten Sinne des Wortes eine Rolle spielen. Wie bei den Aktivitäten schon beschrieben, muss ein Vertreter des Kunden evtl. Änderungen an seinem Service zustimmen. Unter Umständen nimmt er selber an den entsprechenden Abstimmungsrunden teil oder benennt bei Bedarf einen Vertreter. Hieraus ergeben sich die Rollen CI[16]-Owner oder CI-Verantwortlicher. Darüber hinaus kennt die Organisation unter

---

[16] Configuration Item

5.1 Change Management

Umständen noch den Leistungsfeldverantwortlichen, der die entsprechende Fachkompetenz in das CAB einbringt.

Wie an diesem Beispiel aufgezeigt, müssen die benötigten Rollen im Change Management intensiv durchdacht werden. Der Umfang der benötigten Rollen ist von der Größe der betrachteten Organisation und der Art der Leistungserbringung abhängig. Sehen wir uns im Folgenden die Rollen des ITIL-Frameworks an.

Change Manager

Der Change Manager hat die Aufgabe:

- den Prozess zu implementieren und ständig zu verbessern (KVP)
- die entsprechenden und ausreichenden Ressourcen zu planen
- die effektive Nutzung und Pflege der eingesetzten Tools zu gewährleisten
- Kommunikation mit den anderen Prozessmanagern zu betreiben
- die Aktualität der Change DB zu gewährleisten
- Managementberichte zu erstellen

Change Management Mitarbeiter (Koordinator)

Der Change Management Mitarbeiter hat die Aufgabe,

- Die RfCs zu erfassen, vorab zu bewerten und zu akzeptieren
- Einschätzung von Auswirkungen (Impact Analyse)
- CAB Sitzungen vorzubereiten und zu leiten
- Initiierung und Dokumentation der Änderungen

- Entwicklungs- und Implementierungsfortschritt zu überwachen

- Genehmigung und Freigabe entwickelter Änderungen

- Prüfung und abschließende Bearbeitung von RfCs

5.1.4. CSFs

Um es gleich vorweg zu nehmen, der Change Management Prozess gehört zu den wichtigsten Prozessen bei einer Restrukturierung nach ITIL, aber leider auch zu den Komplexesten. Viele IT-Spezialisten sind in diesen Prozess eingebunden und die Mehrzahl derer kommt sich belehrt, kontrolliert oder herabgesetzt vor, wenn ihre Arbeitsweise plötzlich in Frage gestellt und „gemanagt" wird. Schauen sie in die Gesichter derer, die in dem Prozess mitarbeiten und sie werden den Ausdruck sehen „Wie? Haben wir in der Vergangenheit etwa Fehler begangen?"

Eine Empfehlung - lassen sie fünf verschiedene Mitarbeiter aufschreiben, wie sie einen Change definieren. ...

Wie erwartet, erhalten sie verschiedene Antworten zur Definition eines Changes. Je nach Erfahrung der Mitarbeiter werden nur umfangreiche Änderungen an der Infrastruktur als Change definiert, evtl. nur Major Release Updates oder sogar nur HW-Changes (Tausch einer defekten Festplatte). Wird die erste Beschreibung zu detailliert durchgeführt, so besteht die Gefahr, dass sich „bürokratische" Effekte einstellen. Die Mitarbeiter stellen sich unter Umständen auf den Standpunkt, alles ist ein Change und muss durch ein CAB freigegeben werden. Wenn selbst geringe Konfigurationsänderungen unter den Begriff Change summiert werden, kann dies dazu führen, dass ein unverhältnismäßig hoher Aufwand für Dokumentation, Beurteilung und Freigabe erzeugt wird. Neben den hohen Kosten, die mit dieser Vorgehensweise erzeugt werden, werden die Mitarbeiter diesen Prozess unter Umständen umgehen. Wird dagegen der Begriff Change zu weit gefasst, kann das dazu führen, dass der gewünschte Effekt der kontrollierten Änderungen an der Infrastruktur nicht erreicht wird.

5.1 Change Management

Bei einer strittigen Diskussion über die Definition eines Changes kann eine Risikoanalyse helfen. Eine mögliche Fragestellung wäre: "Welche Auswirkungen sind absehbar, wenn ein Change nicht dokumentiert wird?". Unter Umständen existieren auch rechtliche Anforderungen (z.B. GxP[17]), die keinen Handlungsspielraum lassen oder eine Ermittelung möglicher Folgekosten zeigt auf, dass eine nachvollziehbare Dokumentation unumgänglich ist. Die Definition des Changes muss für den Mitarbeiter transparent und nachvollziehbar sein.

Weitere Anlaufschwierigkeiten können darüber hinaus die folgenden Punkte sein:

- unvollständige Systemdokumentation, fehlende Ansprechpartner pro System und Applikation, bzw. ein nicht geklärtes Rollenverständnis machen Change Impact Analysen schwierig

- veraltete Informationen in der CMDB erschweren die Change Impact Analysen

- mangelnde Kontrolle von dringenden Änderungen

Neben den möglichen Anlaufschwierigkeiten werden häufig folgende Kosten als problematisch angeführt:

- Anschaffungskosten für Hard- und Software (Change Management Tool)

- CAB Sitzungen

Betrachtet man diese Kosten jedoch genauer, so fällt auf, dass das Change Management keine zusätzlichen Kosten verursacht, da

- das Zusammenfassen von Changes die Kosten reduziert.

- weitere wichtige Information für die Produkt-/Servicekalkulation gewonnen werden.

---

[17] Anforderungen der Food and Drug Administration, wird in einem späteren Kapitel detailliert betrachtet

5.1.5. KPIs

Wenn der Prozess beschrieben und die Mitarbeiter und Kunden überzeugt sind, stellt sich die Frage nach der langfristigen Steuerung des Prozesses. Neben einem ersten Audit, 6-9 Monate nach der Einführung, sollten einige wenige Key Performance Indikatoren festgelegt sein, die es ermöglichen den Prozess zu optimieren. Auch hier gilt die Devise „weniger ist manchmal mehr". Einige mögliche KPIs sind:

- *Verringerung der Anzahl von ungenehmigten Changes–*

  Nicht genehmigte Changes werden durch die Aktivität „Verfication and Audit" im Configuration Management Prozess aufgedeckt. Über diese Kennzahl kann die Durchdringung des Prozesses bei den Mitarbeitern ermittelt werden. Neben den evtl. erforderlichen Schulungen können weitere Präzisierungen im Anweisungssystem die Folge sein.

- *Verringerung der durchschnittlichen Bearbeitungszeit-*

  Wenn eine CMDB zentral und aktuell gepflegt wird, kann eine schnelle und genaue Impact-Analyse im Bezug auf die genutzten Applikationen gewährleistet werden. Dies verkürzt die Bearbeitungszeit und vermeidet Nachbesserungen bei durchgeführten Änderungen. Zur Aktualität einer CMDB trägt auch das Change Management bei, im es die für die Richtigkeit der eingepflegten Konfigurationsänderungen verantwortlich ist.

- *Verringerung der Anzahl von Changes, die infolge fehlerhafter Changes ausgelöst wurden -*

  Steigt nach einem Change die Anzahl der Incidents zu diesem Service stark an, ist dies ein Indiz dafür, das der durchgeführte Change Incidents hervorruft und diese durch einen neuen Change behoben werden müssen.

- *Verringerung der Anzahl von dringenden Changes -*

  Durch die Erfassung und Genehmigung von RfCs sollen die Änderungen auf "Zuruf" eingedämmt werden. Störungen, die zu Emergency Changes geführt haben, sind genau zu analysieren (Problem Management) um Lösungen zu finden, die diese dauerhaft reduzieren.

- *Verringerung der Anzahl von Changes, die realisiert, aber nicht getestet wurden -*

Der Change Coordinator ist für die Änderungen, die eingeführt werden, verantwortlich. Es sollte in seinem Interesse liegen, dass die Änderungen im Vorfeld getestet wurden. Sollte wegen der Dringlichkeit (Emergency Changes) ein Test nicht möglich sein, ist es das Ziel, diese Art von Changes zu minimieren und somit ausreichend Zeit für Tests zur Verfügung zu haben.

KISS

In den Anweisungen muss exakt definiert sein, wann eine Änderung ein Change ist!

Die Mitarbeiter empfinden das Change Management mit seiner Dokumentationspflicht als zusätzliche Aufgabe. Es muss plausibel sein, warum eine ausführliche Dokumentation erforderlich ist.

Im Sarbanes-Oxley Umfeld kann der PIR als „User Acceptance Test" nach einem Change genutzt werden.

5.2 Configuration Management

Hinter diesem Begriff verbirgt sich die zweite zentrale Komponente des ITIL-Frameworks. Einige Leser werden sagen: „Haben wir schon!", andere vielleicht „Brauchen wir nicht, denn es bietet keinen direkten Mehrwert.". Die BWL-Fraktion wird sagen: „Wo ist der ROI. Eine Configuration Management Database (CMDB) ist nicht umsonst, hohe Kosten sind meist mit der Einführung verbunden und der Prozess steuert mehr als nur 1:N Datenbanken.

Die Prozesse Incident-, Problem-, Change-, Availability Management, eigentlich alle Prozesse können nur dann einen nachhaltigen ROI erzeugen, wenn dieser Prozess implementiert ist. Die wichtigste Eigenschaft des Configuration Managements ist das

5 Unerlässliche Kernprozesse

Beziehungsmanagement der IT-Komponenten untereinander. Es ist mehr als ein IT-Inventory, denn es verwaltet im Wesentlichen die <u>relevanten</u> Beziehungen der Assets untereinander.

Ein kurzes Beispiel soll die aufgestellte These belegen.

Investitionen in die IT-Infrastruktur stehen an, die Summe X eines Budgets kann in einen Server investiert werden, der einen wichtigen Kunden abbildet. Diese Investition kommt der Kundenbindung zu diesem speziellen Kunden zugute. Alternativ kann geprüft werden, welcher Service Level überhaupt für dieses System vereinbart wurde, welche Komponenten in die Erbringung der Leistung für diesen Kunden einfließen und ob nicht die Investition in eine unterlagerte Komponente (z.B. ein NAS[18] Filer) einen höheren Vorteil für die Gesamtstruktur bringt und die Kosten senkt. Eine Entscheidung für die richtige Investition kann nur auf Basis der Beziehungen (welche Komponente hat auf welchen Service welchen Einfluss - welche Ursachen für welche Incidents und Problems können damit behoben werden, bzw. für die Zukunft reduziert werden) sinnvoll durchgeführt werden. Für die BWL'er unter uns: „Welche zentrale Komponente hat in meinem Netz (Server, Storage, Netzwerk etc.) der IT-Infrastruktur die effizienteste Kostensenkung zur Folge, ohne die abgeschlossenen Service Level zu verletzen?".

5.2.1. Ziele/Mission

Das Configuration Management stellt in Form einer Datenbank ein logisches Modell der IT-Infrastruktur zur Verfügung. Dies geschieht durch das Identifizieren, Kontrollieren, Pflegen und Verifizieren der Versionen aller existierender Konfigurationselemente (CI-Configuration Items).

Die zentrale Komponente des Prozesses ist die Configuration Management Database (CMDB). Der Begriff CMDB beschreibt dabei nicht die EINE Datenbank, sondern die Summe der vorhandenen Datenbanken und Dokumente.

Das Configuration Management in Verbindung mit einer CMDB

---

[18] Network Attached Storage

5.2 Configuration Management

- bildet die Basis für alle IT-Service Prozesse
- ermöglicht die Risikoanalyse im Vorfeld des Change Prozesses
- ist als Lizenzmanagement verwertbar
- ist als Assetmanagement verwertbar
- zeigt nicht genehmigte Changes auf (Abweichung „Ist" zu „Soll")
- ermöglicht die SLA gesteuerte Investitionsplanung
- ist für die Einhaltung gesetzlicher und vertraglicher Compliance Anforderungen nutzbar
- bietet ein Reporting aller IT-Komponenten
- bietet eine effiziente Unterstützung des Eskalationsmanagement

Diesen Vorteilen stehen zum Teil recht hohe Kosten für die Implementierung und den Betrieb einer CMDB gegenüber. In den meisten Unternehmen ist zudem eine umfangreiche Evaluierungsphase für ein geeignetes Tool erforderlich. Folgende Tipps können dennoch helfen, ein Configuration Management möglich zu machen, bzw. die Kosten in einem erträglichen Rahmen zu halten.

- Think big, Start small
    - Detaillierungsgrad nicht zu hoch wählen
    - Nur die relevanten Beziehungen abbilden

5 Unerlässliche Kernprozesse

- Quick Wins erreichen

    o Tool/Datenbank muss den Change Management Prozess unterstützen

    o Tool/Datenbank muss das Vertragsmanagement unterstützen

    o Tool/Datenbank muss das Asset- und Lizenzmanagement abbilden

Neben den bereits erwähnten Vorteilen und Tipps, existiert eine Reihe von Punkten, die schwierig zu quantifizieren sind, beispielsweise der reibungslose Ablauf von Fragen zur genutzten Infrastruktur, eine Fehlervermeidung im Vorfeld (welcher Patch auf welchem System erforderlich ist), Unterstützung von Eskalationsverfahren u.s.w.

5.2.2. Aktivitäten (Control)

Die erforderlichen Aktivitäten des Change Management Prozesses setzen sich aus den entsprechenden Teilschritten zusammen:

- Planung
- Identifikation
- Control
- Status Accounting
- Verifikation und Audit

Planung

Bei der Planung wird die Strategie, der Zweck, der Umfang und die Priorität einer stufenweisen Einführung des Configuration Management Prozesses mit dem IT-Management abgestimmt.

Es wird ein Datenbank-Modell entworfen und die Relationen zwischen den CIs festgelegt, darüber hinaus sind die Pflichtattribute der CIs zu definieren, um die relevanten Beziehungen zwischen den CI's zu gewährleisten.

5.2 Configuration Management

Identifikation

Bei der Identifikation werden alle benötigten Informationen zu einem CI gesammelt und dokumentiert. Der Dokumentationsgrad der CIs ist den Anforderungen der anderen Service Managementprozesse anzupassen.

Die Identifikation untergliedert sich in die Bereiche:

- Scope

    Festlegung des Umfangs der CMDB anhand der SLA's. Dabei wird definiert, welcher Bereich der IT-Infrastruktur durch das Configuration Management abgebildet werden muss.

- Relationship

    Festlegung der Relationen, in denen die CIs zueinander stehen. Es werden zwei Arten unterschieden:

    o physische Beziehungen:

    Ist Bestandteil von: die "parent-child" Beziehung des CI, z.B. ein Diskettenlaufwerk ist Bestandteil von einem PC.

    Ist verbunden mit: z.B. die Maus ist verbunden mit dem PC

    o logische Beziehungen:

    Ist eine Kopie von: Eine Kopie eines Standardmodells oder eines Programms

    Bezieht sich auf: z.B. Bedienungsanleitungen, Dokumentationen

    Ist erforderlich für: z.B. eine bestimmte Hardwarekomponente, die zur Durchführung einer Anwendung notwendig ist (z.B. Scanner)

- Detaillierungsgrad

    Bei der Definition des Detaillierungsgrades (CI-Level) wird eine Hierarchie von Komponenten erstellt. Es werden die Parent-CIs und die Anzahl der CI-Ebenen festgelegt. Die höchste Ebene ist die IT-Infrastruktur selbst. Die Ebenenanzahl und Abhängigkeiten müssen aufgrund der Datenpflege mit Augenmaß gewählt werden.

5 Unerlässliche Kernprozesse

Sinnvoll ist die Ausrichtung an den Erfordernissen der Geschäftsprozesse.

- Bezeichnung

Jedes CI muss eine eindeutige Bezeichnung erhalten. Dies geschieht meistens durch eine einfache Nummerierung der sogenannten CI-ID. Zusätzlich muss jedes CI zur CI-ID einen definierten Bezeichnungsschlüssel besitzen (z.B. Namenskombinationen aus Hersteller, Größe, etc.), damit die CIs eindeutig und schnell von anderen Managementprozessen identifiziert werden können.

- Eigenschaften

Mit Hilfe der Eigenschaften werden Informationen gespeichert, die für das betreffende CI relevant sind. Man unterscheidet bei den Eigenschaften zwischen zwei Attributtypen:

   o Globale Attribute

   sind Attribute, die jedes CI in seiner Kategorie besitzt. Dies sind meistens auch die Pflichtattribute, ohne die eine Beziehung zu anderen CIs nicht funktioniert.

   o Lokale Attribute

   sind Attribute, die nur für diesen CI-Typ notwendig sind.

- Baselines

Baselines sind Ausgangskonfigurationen und bestehen aus "eingefrorenen" CI-Informationen. Die Baselines können wie folgt verwendet werden:

   o Standard CI zur Erfassung von Kosteninformationen für Kalkulationen von Standardkomponenten

   o Ausgangspunkt für alle Change- und Auditaktivitäten

   o Fixpunkt, falls sich bei Konfigurationsänderungen Probleme ergeben

   o Standard für die Auslieferung von Konfigurationen an den Anwender, z.B. "der Standardarbeitsplatz"

5.2 Configuration Management

Erfassung

Die CMDB wird zunächst mit vorhandenen Daten aus dem verfügbaren Datenbestand gefüllt. Dabei ist darauf zu achten, dass nur Daten geladen werden, die für die IT-Infrastruktur identifiziert wurden.

Control

Die Aktivität Control definiert die Regeln, die sicherstellen, dass kein CI ohne die entsprechende Kontrolldokumentation, also z.B. Request for Change (RfC) oder anderer Spezifikationen, hinzugefügt, modifiziert, ersetzt oder entfernt wird. Sie legt fest, in welchem Zeitraum und mit welchen Hilfsmitteln Daten in der CMDB, nach zuvor erteilter Autorisierung aktualisiert angelegt oder gelöscht werden. Darüber hinaus prüfen die beschriebenen Aktivitäten die Daten auf Vollständigkeit und Integrität.

Status Accounting

Mit der Statusüberwachung werden alle gegenwärtigen und vorangegangenen Konfigurationen über jedes einzelne CI während seiner gesamten Lebensdauer erfasst. Dies ermöglicht kontrollierte Änderungen an einem CI und stellt die damit verbundenen Dokumentationen sicher. Ziel ist es, den Status jedes CIs zu jedem Zeitpunkt rekonstruieren zu können.

Verifikation und Audit

Durch eine Reihe von Reviews und Audits zur Verifizierung der existierenden CIs wird geprüft, ob die Aktualität der CMDB gewährleistet ist. Darüber hinaus werden die Eigenschaften der CIs und deren Dokumentation auf Vollständigkeit kontrolliert. Dabei ist der Einsatz von Diagnosetools aus Kostengründen empfehlenswert.

Empfohlene Zeitpunkte für Audits sind:

- kurz nach Einführung der CMDB
- nach größeren Änderungen
- nach einem Recovery
- stichprobenartig
- bei Verdacht von Unstimmigkeiten

5.2.3. Rollen

Wer sind nun die eigentlichen Verantwortlichen in dem Prozess und den zugehörigen Aktivitäten?

Configuration Manager

Der Configuration Manager hat die Aufgabe:

- den Prozess zu implementieren und ständig zu verbessern (KVP)
- die entsprechenden und ausreichenden Ressourcen zu planen
- Kommunikation mit den anderen Prozessmanagern zu betreiben
- die effektive Nutzung und Pflege der eingesetzten Tools zu gewährleisten
- Managementberichte zu erstellen
- die Aktualität der CMDB zu gewährleisten

Configuration Management Mitarbeiter (Koordinator)

Der Configuration Management Mitarbeiter hat die Aufgabe:

- CIs zu identifizieren
- CIs zu modifizieren, anzulegen und zu löschen
- Konfigurationsaudits durchzuführen
- Reporting aktueller Informationen zur IT-Infrastruktur

Die Rolle des Configuration Management Mitarbeiters und des Change Management Mitarbeiters finden oft in Form einer Personalunion durch einen Mitarbeiter statt.

5.2.4. CSFs

Ein entscheidender Punkt ist die Aktualität der CMDB, steigt und fällt die Akzeptanz des Service Managements doch mit der Qualität und den Inhalten der CMDB. Sind die Daten nicht aktuell, führt dies dazu, dass alle beteiligten Prozesse nicht effizient ablaufen können. Die Aktivitäten, die dazuführen können, dass eine CMDB überholte Datenbestände enthält, müssen regelmäßig analysiert und optimiert werden. Mögliche Gründe für fehlerhafte Abläufe sind:

- Zu hoher Detaillierungsgrad

- Zu aufwendiger Pflegeprozess (Freigabe, Dokumentationsumfang)

- Vermeidung von "Schatten" CMDBs (mehrere unkoordinierte Datenquellen)

5.2.5. KPIs

Zwei mögliche KPI's im Configuration Management Prozess sind:

- *Verhältnis von nicht aktuellen CI's zu den geprüften CI's*

  Dieses Verhältnis zeigt den Reifegrad des Change Management Prozesses auf. Durch kontinuierlichen Abgleich der realen IT-Infrastruktur und den dokumentierten Inhalten in der CMDB können die Abweichungen verringert werden. Dies setzt voraus, dass gefundene Abweichungen konsequent über das Change Management berichtigt werden.

- *% Verringerung der Abweichungen zu den Abweichungen der vorangegangenen Prüfungen -*

  Werden gefundene Abweichungen korrigiert und somit die Aktualität der CMDB gewährleistet, so können weitere Reviews in der Regel zügiger und kostengünstiger durchgeführt werden.

6 Betriebsprozesse

Die bisher dargestellten Prozesse ermöglichten die Quick Wins bzw. bilden den Kern des ITIL-Frameworks. Die nächste Prozessgruppe ermöglicht die nachhaltige Verbesserung der Leistung und somit die gewünschte Kostenreduzierung. Die Prozessgruppe besteht aus den Prozessen:

- Release Management

- Problem Management

- Operation

- Deployment

Ein Beispiel soll dies verdeutlichen. Wenn Incidents korrekt dokumentiert und erfasst sind, existiert ein wichtiger Datenbestand, den es auszuwerten gilt. Laufen dort z.B. immer wieder Fragen zu einer bestimmten Softwarekomponenten auf, so gilt es an dieser Stelle möglicherweise das Schulungsprogramm auszubauen. Stellt sich heraus, dass die Festplatte des Typs X in den Laptops des Typs Y häufig zu Problemen führen, so kann man in den laufenden Systemen diese Fehlerquelle prophylaktisch ersetzen. Wie an diesem Beispiel ersichtlich, erzeugen die nachgeschalteten Prozesse den Return on Invest.

6.1 Release Management

Abbildung 26 - Übersicht der Stützprozesse

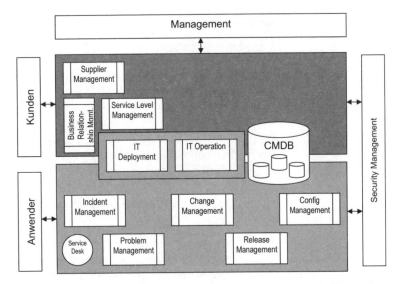

Die Abbildung 26 zeigt die Prozesse in der Prozesslandkarte, betrachten wir nachstehend die Prozesse im Detail.

6.1 Release Management

Release Management – oder auch das Management aller möglichen und unmöglichen Soft- und Hardwarekombinationen. Alltäglich kann es mit dem Satz umschrieben werden: „Wer kann mit wem und wer sollte besser nicht mit wem.".

In der Psychologie sind diese gruppendynamischen Effekte durchaus bekannt, aber auch in der IT darf man den Effekt "wer mit wem" nicht unterschätzen. Besonders unter dem Motto „Always Online" und dem automatischen Download und Upgrade von Patches und Systemkomponenten ist verständlich, dass eine eindeutige Version nicht ohne ein entsprechendes Release Management installiert werden kann.

Die Skeptiker werden einwenden: „Zu aufwendig, zu teuer, wir können die installierte Version doch auf unseren Systemen dokumentieren ..." Hand auf Herz, Release Management muss bis zu einem gewissen Grad hinderlich sein. Will man doch mit diesem Prozess die Anzahl der möglichen genutzten Kombinationen aus Hard- und Software eingrenzen, um kostenoptimal arbeiten zu können.

6.1.1. Ziele/Mission

Ein Release ist eine Reihe neuer oder geänderter CIs, die zusammenhängend getestet und in die Produktionsumgebung überführt werden. Das Release Management hat die Aufgabe, bei mehrfacher, gleichartiger Einführung von neuen Configuration Items wie Hard- und Software, die IT-Produktionsumgebung zu schützen. Dazu legt das Release Management ein Regelwerk zur Prüfung und Dokumentation fest um Configuration Items geordnet in die Produktionsumgebung zu überführen.

Folgende Vorteile ergeben sich durch ein Release Management:

- Minimierung von Störungen des Geschäftsprozesses

  Bedingt durch eine geringere Anzahl von Releases, (Änderungen werden nicht mehr „On the fly" durchgeführt, sondern in Releases zusammengefasst) minimieren sich die Auswirkungen auf den Betrieb.

- Höhere Servicequalität

  Durch die geringere und zeitlich gesteuerte Ausbringung der Releases, sind die Mitarbeiter des Service Desk in den neuen Versionen geschult und können die Anwender besser unterstützen.

- Qualitätssicherung der im Einsatz befindlichen Soft- und Hardware

  Dies führt zu einer Kosteneinsparung in der Fehlersuche und Weiterleitung von Informationen. Existieren N:N Kombinationen oder nur z.B. drei Mögliche, so kann die Fehlersuche auf eine deutlich geringere Anzahl von IT-Komponenten konkretisiert werden. Zusätzlich werden weitergehende Tests, wie: „Ist der Fehler auch in der Kombination XY enthalten?", signifikant reduziert.

- Effizientere Nutzung von Ressourcen

  Testverfahren, Entwicklungsplanungen und Schulungen können effizienter abgewickelt werden, wenn CI-Kombinationen zu sinnvollen Releases gebündelt werden. Die Entscheidung, ob sinnvoll oder nicht, wird durch den SLA Prozess (der Anwender/Kunde braucht) oder das Financial Management for IT-Services (die Produktion wird kostengünstiger) getroffen und nicht

6.1 Release Management

aufgrund des technischen Wunsches. Der „Change in Mind" ist erforderlich.

- Die Aufbewahrung, Konstanz und Freigabe der Releases ist sichergestellt.

  Durch eine zentralisierte Vorgehensweise bei der Erstellung und Freigabe ist sichergestellt, dass jedes Release freigegeben, zentral archiviert und aus dieser zentralen Ablage entnommen werden kann. Die Konsistenz der Systeme steigt und nicht freigegebene Versionen werden seltener eingesetzt. Darüber hinaus kann im Notfall auf eine gesicherte Baseline (Vergleichsbasis) und vertrauenswürdige Versionen zurückgegriffen werden.

- Reduzierung der Releases

  Der Mehraufwand der Aktivitäten zur Steuerung und Erzeugung von neuen Versionen darf nicht als hinderlich empfunden werden, er ist sogar gewollt, um die Anzahl der möglichen Kombinationen zu senken.

6.1.2. Aktivitäten (Control)

Die zentralen Aktivitäten des Release Management Prozesses bestehen aus den Punkten:

- Erstellung von Release-Policies
- Planung
- Entwurf, Aufbau und Zusammenstellung (Build-Phase)
- Test und Abnahme
- Planung der Implementierung
- Kommunikation, Vorbereitung und Schulung
- Roll-Out und Installation

Erstellung von Release-Policies

Die Erstellung der Release-Policies ist eine einmalige Aktivität, die bei der Implementierung des Release Management Prozesses erfolgt. In diesen Grundsätzen ist definiert, wie und wann Releases zusammengesetzt und zur Verfügung gestellt werden. Folgende Punkte müssen in der grundsätzlichen Definition beschrieben sein:

- Definition, welche Einzelkomponenten (z.B. jede Tastatur?) der IT-Infrastruktur durch definierte Releases gesteuert werden müssen. (Dies Reguliert/Definiert den Arbeitsaufwand, der durch das Release Management erzeugt wird).

- Definition der Releasebezeichnung und -nummerierung

- Definition von Major Releases, Minor Releases und Emergency Fixes

- Definition, wie oft und in welchem Zeitraum Major und Minor Releases eingeführt werden dürfen

- Definition von Sperrzeiten, in dem keine Releases eingeführt werden dürfen, z. B. zu Verkaufsspitzenzeiten (Weihnachtsgeschäft, SSV usw.)

- Erstellung der Richtlinien der Releasedokumentation (Release Notes, Installationsanweisungen, Funktionsprüfungen)

- Definition der Inhalte der Test- und Fall-Back-Pläne

- Beschreibung der Release Management Aktivitäten, wie z.B. Impact Analysen, Review Meetings und Eskalationen

- Konfigurationsdokumentation der „Definitive Software Library" (DSL)

Planung

Für die Planung eines Release wird eine Vielzahl von Informationen benötigt. Eine Release-Planung setzt sich unter anderem aus folgenden Punkten zusammen:

6.1 Release Management

- Ein Release-Plan mit den Informationen
    - Abstimmung über den Inhalt des Releases
    - Absprachen über zeitliche Abfolge, Standorte und Organisationsbereiche
    - Klärung der eingesetzten Hard- und Software (aktuell genutzte Versionen – für die verschiedenen Upgrade-Prozeduren)
    - Klärung des Hard- und Softwarebedarfs (Was wird zusätzlich benötigt?)
    - Abstimmung der Verantwortlichkeiten
    - Planung der benötigten Betriebsmittel (Ressourcen)
    - von Dritten benötigte Dienstleistung, die über das Supplier Management koordiniert werden
    - Erstellung von Back-Out Plänen
    - Aufwandsabschätzung
- Einen Release-Steckbrief mit folgenden Informationen:
    - Releasename
    - Version
    - Releasebeschreibung
    - Dokumentationsablage
    - Historie

Entwurf, Aufbau und Zusammenstellung (Build-Phase)

Zu den Hauptaktivitäten gehört die Erstellung von Testplänen, Back-Out-Plänen, die Bereitstellung von Testequipment und die Koordination aller RfCs der betroffenen CIs. Die in der Grobplanung bereits erfassten Detailaktivitäten werden in der Build-Phase inhaltlich erstellt.

6 Betriebsprozesse

Für diese Aktivitäten werden folgende Informationen benötigt:

- Zeitliche Planung der benötigten Mitarbeiter und Systemressourcen
- Installations- und Konfigurationsanweisungen
- Automatisierte Installationsskripte und Testpläne
- Quellkopien der Software zur Aufbewahrung in der DSL

Test und Abnahme des Releases

Der Test eines Release erfolgt in der Regel durch das Betriebspersonal. Dabei sollten:

- die Funktionsweise
- die technischen Betriebsaspekte
- das Leistungsverhalten
- die Integration in die vorhandene Infrastruktur

berücksichtigt werden.

Nach der Abnahme kann das Release zur Einführung (Roll-Out) freigegeben werden. Die wesentlichen Ergebnisse sind:

- getestete Installationsverfahren
- getestete Komponenten
- bekannte Fehler und Mängel – Workarounds für kleinere Probleme
- Dokumentation für den Betrieb und den Support
- Überblick über die involvierten IT-Komponenten
- Bedienungsanweisungen und Diagnosewerkzeuge

6.1 Release Management

- Notfallpläne und getestete Back-Out-Pläne

- Schulungsprogramme für die Service Desk Mitarbeiter, das Operating und die Anwender

- unterschriebene Abnahmedokumente

Planung der Implementierung

Der durch die vorhergehenden Aktivitäten entstandene Releaseplan, wird um die Daten der Implementierung ergänzt. Die Roll-Out-Planung umfasst:

- die Ausarbeitung eines exakten Zeitplans

- die Liste der zu installierenden und zu entfernenden CIs

- einen Aktionsplan pro Standort/Distributionsgruppe

- notwendige Beschaffungspläne für Hard- und Software

- die Datenpflege in der CMDB.

Für das Roll-Out unterscheidet man zwei Möglichkeiten:

- Roll-Out in einem Schritt (Big Bang)

- Zeitlich abgestufter schrittweiser Roll-Out wie z.B. pro Abteilung

Kommunikation, Vorbereitung und Schulung

Alle Mitarbeiter, die Kontakt zu Kunden und Anwendern haben (Service Desk, Mitarbeiter im Deployment), müssen über das Release und seine Auswirkung auf den täglichen Arbeitsablauf informiert sein. Dies kann in Form von Mitteilungen oder Schulungsmaßnahmen geschehen. Wird das Release stufenweise ausgerollt, müssen die Betroffenen über jede Phase des Roll-Out unterrichten werden.

6 Betriebsprozesse

Roll-Out und Installation

Die Installation der Hard- und Softwarekomponenten erfolgt entsprechend der Planung. Nach der Installation werden alle Informationen in der CMDB aktualisiert. Die Erfahrungen eines sukzessiven Roll-Outs sind auszuwerten und als Verbesserungen in den Releaseplan einzuarbeiten.

6.1.3. Rollen

In dem Release Management Prozess sind die wesentlichen Rollen für das Release Management auszuprägen.

Release Manager

Der Release Manager hat die Aufgabe:

- den Prozess zu implementieren und ständig zu verbessern (KVP)
- die entsprechenden und ausreichenden Ressourcen zu planen
- Kommunikation mit den anderen Prozessmanagern zu betreiben
- Managementberichte zu erstellen
- die Aktualität der DSL zu gewährleisten
- die effektive Nutzung und Pflege der eingesetzten Tools zu gewährleisten

Release Management Mitarbeiter (Koordinator)

Der Release Management Mitarbeiter hat die Aufgabe:

- Releases zu planen und die betroffenen oder neu hinzuzufügenden CIs zu identifizieren
- Releasetests zu koordinieren und zu betreuen
- Planung und Überwachung der erfolgreichen Einführung neuer oder geänderter Software einschließlich der dazugehörigen Hardware und Dokumentation

6.1 Release Management

- betroffene Mitarbeiter und Anwender zu schulen und zu informieren

- notwendige Vertragsanpassungen, die durch neue Releases entstehen, zu identifizieren und entsprechende Änderungen über das SLM umzusetzen.

6.1.4. CSFs

Ein elementarer „Critical Success Factor" bei der Einführung des Release Managements ist die unter Umständen fehlende Unterstützung des Managements. Für Entwicklungsfirmen ist ein Release Management eine Kernkompetenz, da Schwierigkeiten in diesem Bereich häufig zu hohen finanziellen Aufwendungen führen. Im Infrastrukturbereich sieht das Management meist das Monitoring (proaktive Fehlererkennung), das Service Desk und den Change Management Prozess im Vordergrund. Eine Releaseplanung ist historisch bedingt von untergeordneter Bedeutung, gewinnt jedoch durch die zunehmende Vernetzung von Applikationen deutlich an Einfluss.

Ein weiterer kritischer Erfolgsfaktor ist unter anderem die Umgehung des Prozesses. Bei dringenden Änderungen fallen einige Mitarbeiter in die alten Vorgehensweisen zurück und führen die Änderung „Ad hoc" durch.

Auch die finanziellen und zeitlichen Ressourcen können eine größere Herausforderung darstellen, wenn es um die Erstellung der DSL (Produkt, Prozess) geht.

Weitere, mögliche Hindernisse auf einem Weg zu einem effizienten Release Management sind:

- schlechte oder unzureichende Testergebnisse infolge mangelnder Ressourcen (Hardware, Zeit, Mitarbeiter)

- fehlerhafte Releases infolge nicht ausreichender Kenntnisse der Mitarbeiter

- mangelnde Bereitschaft fehlerhafte Releases zurückzuziehen.

6.1.5. KPIs

Bei dem Release Management sind folgende Faktoren hilfreich den Prozess zu stabilisieren und auf Dauer ein konstantes Verbesserungspotential zu ermöglichen.

- *% Verringerung der unzureichend getesteten Releases, die in die Produktion eingebracht werden. -*

  Bei einer gesplitteten IT-Administration sind ausgiebige Tests selten möglich. Dadurch kommt es vor, dass unzureichend getestete Releases in Umlauf kommen. Ein möglicher Nachweis entsteht durch die Analyse von Incidents.

- *% Verringerung der installierten Software, die nicht aus der DSL entnommen wurde -*

  Vor und während der Implementationsphase des Prozesses werden häufig Software-Releases eingesetzt, die nicht aus einer zentralen DSL kommen. Dies birgt erhebliche Risiken für den Support, da dies bei der Fehleranalyse berücksichtigen werden muss.

- *% Verringerung der "Ad hoc" Releases -*

  Verringerung der Anzahl der Releases, die nicht durch das Change Management oder durch das Deployment initiiert sind. Vielfach hat sich das "Arbeiten auf Zuruf" eingebürgert, da die Administratoren teilweise einen engen Kontakt zu den Anwendern haben und gewisse Wünsche vorbei an Releases und am Release Management einführen. Dies hat erhebliche Folgen für das Service Desk, das diese Änderungen nicht kennt und somit bei der Fehleranalyse behindert wird.

KISS

In den Anweisungen muss klar definiert sein, wann ein Release ein Release ist

– Die EINDEUTIGE Definition ist der Erfolgsfaktor –

6.2 Problem Management

Ein Begriff - vielfältige Interpretationen über Bedeutung und Inhalt. Die Definition des Begriffs Problem Management und dem damit verbundenen Mind Change ist ein entscheidender Punkt in der Implementation des ITIL-Frameworks. In der Norm ISO9001 findet man diesen Punkt unter der Überschrift „Lenkung von fehlerhaften Produkten".

Ursächlich liegt dies an der bisher fehlenden Betrachtung eines bereits eingetretenen Ereignisses und dessen Auswirkung auf die Infrastruktur. Die direkten Auswirkungen werden durch das bereits beschriebene Incident Management kompensiert. Die Bedeutung des Problem Managements verschiebt sich somit in einen elementaren Stützprozess, der einen hohen Beitrag zum ROI erzeugen kann, wenn die aufgetretenen Incidents von diesem Prozess analysiert und dauerhafte Lösungen erarbeitet werden. Darüber hinaus werden Informationen von Herstellern bzgl. Patches, Updates und Hardwareproblemen ausgewertet und proaktiv in Form von Changes in die Infrastruktur überführt. Diese Maßnahmen führen zu einer langfristigen Kostensenkung. Sehen wir uns in den folgenden Abschnitten den Problem Managementprozess im Detail an.

6.2.1. Ziele/Mission

Das Problem Management minimiert <u>nachhaltig</u> die Auswirkungen die Incidents für den Geschäftsbetrieb haben. Diese Incidents werden durch Fehler in der Infrastruktur verursacht. Darüber hinaus verhindert das Problem Management proaktiv das Auftreten von Incidents.

Die folgenden Punkte zeigen den Nutzen auf:

- Es ist sichergestellt, dass der Einsatz der Ressourcen der Problemanalyse der Priorität der Geschäftsprozesse (über SLAs) entspricht.

- Mögliche Probleme und die Known Errors werden analysiert (sichten der Incidents) und behoben, somit wird die Anzahl der Incidents minimiert.

6 Betriebsprozesse

- Minimierung der Auswirkung von Service Unterbrechungen und damit verbunden die kontinuierliche Verbesserung der Service Qualität.

- Produktivität der Support-Mitarbeiter steigt (schnelle Bearbeitung durch Zugriff auf Problem / Known Error DB).

- Erforderliche Informationen für das Management, um Gespräche mit Lieferanten und Anbietern effizient führen zu können werden erfasst (evtl. führt die Komponente eines Herstellers häufiger zu Schwierigkeiten).

Die Ergebnisse des Problem Managements spiegeln den „Gesundheitszustand"[19] der IT-Komponenten wieder. Diese Informationen können von den anderen Managementbereichen als Steuerungsgröße verwendet werden, denn bei einer ausgereiften Prozessstruktur ist die Anzahl der auftretenden Probleme gering.

6.2.2. Aktivitäten (Control)

Die erforderlichen Aktivitäten des Prozesses gliedern sich in die Punkte:

- Problem Control

- Error Control

- Proaktives Problem Management

- Berichtswesen.

Problem Control

Analyse

Die unablässige Auswertung der Daten anderer Prozesse ist die wesentliche Informationsquelle für das Problem Management. Besonders die Ticketdatenbank des Incident Managements muss auf Trends analysiert werden. Darüber hinaus kann das Problem Management auf Schwierigkeiten hingewiesen werden (reaktiv).

---

[19] Mit „Gesundheitszustand" eines CIs ist die Störanfälligkeit bzw. Ausfallhäufigkeit gemeint.

6.2 Problem Management

Dies kann aus allen Managementbereichen geschehen, wie z.B. dem Capacity Management, das bei der Auswertung der Monitoring-Reports negative Trends festgestellt hat (z.B. ein Systemverbund fällt in regelmäßigen Abständen aus).

Identifizierung, Erfassung und Dokumentation

Ist ein Vorfall als eigenständiges Problem identifiziert (proaktiv oder reaktiv), so wird dies in der Problem Management Datenbank (kann auch ein Excelsheet sein – Augenmaß erforderlich) erfasst und dokumentiert. Dabei wird auf die Dokumentation der anderen Managementbereiche zurückgegriffen. Daher ist es notwendig, dass z.B. bei der Incidentannahme im Service Desk das Incident ausreichend dokumentiert worden ist.

Klassifizierung

Nach der Erfassung wird das Problem klassifiziert, d.h. es wird einer bestimmten Problemkategorie zugewiesen und eine Priorität festgelegt. Eine mögliche Kategorisierung wäre die Einstufung in die CI-Level 1 oder 2, wie z.B. Hardware, Software, usw. oder feiner gestaffelt in Drucker, PC, Laptop, usw.

Die Priorität eines Problems ermittelt sich aus folgenden Faktoren:

- aus der Auswirkungen des Problems auf den IT-Service (Anzahl der betroffenen CIs, Anzahl der betroffenen User und somit Ausfallkosten!)
- aus der Impact/Risiko Analyse, die das Problem auf den IT-Service hat
- aus den benötigten Ressourcen, die für die Lösung des Problems benötigt werden

Diagnose

Bei der Diagnose wird die Ursache für das Problem gesucht. Dabei kann auf das Know-how von 2nd und 3rd Level Mitarbeitern zurückgegriffen werden. Ist die Ursache gefunden, spricht man von einem Known Error (Fehler mit bekannter Ursache).

6 Betriebsprozesse

Error Control

Identifizierung, Erfassung und Dokumentation

Ist die Ursache bekannt, wird diese in einer Known Error DB dokumentiert und dem Service Desk zur Verfügung gestellt. Somit kann der Service Desk effizienter auf Incidents mit gleichen Symptomen reagieren.

Lösungssuche

Die Lösungssuche geschieht meist unter Mitwirkung der 2nd und 3rd Level Mitarbeiter. Ist keine befriedigende, endgültige Lösung unmittelbar möglich, werden meist temporäre Lösungen erarbeitet, die die Ursache des Fehlers nicht beseitigen, aber ein Fortführen (wenn auch eingeschränkt) des IT-Service gewährleisten. Diese Workarounds werden dem Service Desk über die Known Error DB bekannt gemacht.

Behebung

Ist eine getestete Lösung verfügbar, so wird diese über einen RfC in den IT-Betrieb (Change Management) implementiert. Mit diesem Schritt wird nicht nur das ursprüngliche Problem behoben, sondern auch alle evtl. weiteren betroffen CIs werden entsprechend geprüft und über die Change Managementprozesse korrigiert. Nach Abschluss des Changes muss die Wirksamkeit überprüft werden.

6.2 Problem Management

PIR[20] und Abschluss

Das PIR gliedert sich in zwei Abschnitte:

- Error Closure

    Im Error Closure wird kontrolliert, ob der Fehler mit der erarbeiteten Lösung beseitigt wurde. Ist dies der Fall, so wird die Lösung entsprechend in der Known Error Datenbank dokumentiert.

- Problem Closure

    Im Problem Closure erfolgt die Kontrolle, ob die durchgeführte Lösung auch das Problem gelöst hat. Dies geschieht unter Einbeziehung des Anwenders. Ist das Problem gelöst, wird es in der Problem Datenbank dokumentiert.

In der Regel sollte zwischen beiden Aktivitäten ein angemessener Zeitraum liegen, um den Einsatz der neuen Lösung im Betrieb beurteilen zu können.

Proaktives Problem Management

Im proaktiven Problem Management werden Trendanalysen durchgeführt. Dies dient dem Auffinden von Vorfällen, die zu einem Problem werden könnten. Diese Tätigkeit lässt sich durch gezielten Einsatz von Supportmitarbeitern oder durch so genannte „Agenten" erreichen. Dies sind Programme, die aufgrund der Ticketmeldungen, zusammenhängende Incidents identifizieren und melden können.

Trendanalyse von Incidents

Eine automatische Analyse der Incident-Datenbank erweist sich in der Trendanalyse als sehr effektiv. Alle gemeldeten Incidents können auf Häufigkeit (pro IT-Service oder IT-System) überprüft und entsprechend in einer „Top-Ten"-Liste den Problem Koordinatoren zur Verfügung gestellt werden.

---

[20] Post Implementation Review

6 Betriebsprozesse

Managementdaten aus Problem

Oft wird die Frage aufgeworfen, ob sich ein Problem Management für die eigene Organisation lohnt. Diese Frage muss über entsprechende Statistiken beantwortet werden, um die dauerhafte Auswirkung des Prozesses auf das gesamte IT-Service Management zu belegen. Treten gleiche Incidents gehäuft auf und sind gleichzeitig viele Anwender betroffen, so summiert sich der dadurch entstandene Schaden schnell. Ein gezieltes Problem Management kann die Kosten eines Ausfalls minimieren. Für einen ersten Überblick können einige Incidents exemplarisch analysiert und die daraus entstehenden Kosten betrachtet werden.

Berichtswesen

Zum Problem Management gehört auch das Bereitstellen von Problemberichten, die von anderen Managementbereichen ausgewertet werden können. So können das Capacity- und das Availability Management bei der Planung auf die Informationen des Problem Managements zurückgreifen.

6.2.3. Rollen

Wie die bereits beschriebenen Prozesse, so muss auch der Problem Management Prozess durch mindestens zwei Rollen abgebildet werden. In Abstimmung mit diesen Rollen ist zusätzlich die Rolle des Eskalation Managers denkbar. In seinem Tätigkeitsumfeld ist eine enge Verbindung zum Incident Management erforderlich. Sehen wir uns im Folgenden die beiden Rollen an.

Problem Manager

Der Problem Manager hat die Aufgabe:

- den Prozess zu implementieren und ständig zu verbessern (KVP)
- die entsprechenden und ausreichenden Ressourcen zu planen
- Kommunikation mit den anderen Prozessmanagern zu betreiben
- Managementberichte zu erstellen

6.2 Problem Management

- die Aktualität der Problem- und Known Error DB zu gewährleisten

- die effektive Nutzung und Pflege der eingesetzten Tools zu gewährleisten

Problem Management Mitarbeiter (Koordinator)

Der Problem Management Mitarbeiter hat die Aufgabe:

- Informationen und Meldungen aus anderen Managementbereichen zu analysieren

- Probleme zu erfassen und zu dokumentieren

- eine Klassifizierung der Probleme vorzunehmen

- die Ursache für ein Problem zu diagnostizieren

- bekannte Ursachen zu dokumentieren und zu veröffentlichen

- bei bekannter Ursache eine Lösung zu erarbeiten

- Workarounds zu veröffentlichen

- ein Review (PIR) durchzuführen

- das Service Desk über den Status und den Fortschritt der Lösungssuche zu informieren

- proaktive Maßnahme einzuleiten und entsprechend durchzuführen

- Erstellung von Managementberichten

6.2.4. CSFs

Betrachtet man die kritischen Erfolgsfaktoren in dem Prozess, so ist die Vermischung des Incident- und Problem Management eher von vorübergehender Bedeutung und lässt sich durch entsprechende Schulungen und eine eindeutige Definition des Begriffes „Problem" vermeiden. Die Schnittstellen und die Aufgaben des Incident- und des Problem Managements müssen sehr genau definiert sein, denn viele Mitarbeiter führen das Problem Management fälschlicherweise bereits im Incident Management durch.

Der „kritischste Erfolgsfaktor" ist die tägliche Umsetzung des Prozesses. Die Mitarbeiter müssen entweder genug Selbstdisziplin besitzen oder entsprechen eng an den Vorgaben des Problem Management geführt werden. Die Gefahr, dass dieser Prozess nur Geld kostet, ohne einen entsprechenden Return on Invest zu erzeugen, ist hoch, wenn keine Steuerung über Key Performance Indikatoren durchgeführt wird.

Weitere Schwierigkeiten liegen in dem vorhandenen Datenbestand (zu gering, lässt von der Art der Daten keine Trendanalyse zu etc.) oder in der Publikation der erarbeiteten Ergebnisse. Hier ist die Frage der Qualität der Known Error Datenbank von immenser Bedeutung. Lassen sich die erarbeiteten Lösungen in einer Form darstellen, in der diese auch als Lösungsvorschläge gefunden werden oder werden nur nutzlose Datenbestände angelegt? Eine ähnliche Herausforderung ergibt sich bei einem eindeutig identifizierten Problem im Zusammenhang mit der Configuration Management Database, die in diesem Fall hinreichend genaue Informationen haben muss, um alle CIs, die evtl. von demselben Problem betroffen sein können, zu identifizieren

Die entstehenden Kosten, die zum Teil zusätzlich zu den bisherigen Aufwendungen entstehen, sind in folgenden Positionen begründet:

- Evaluierung, Implementation und Betrieb eines Problem Management Tools

- Personalaufwand für die regelmäßige Auswertung der Incidents und die Beurteilung der Herstellerinfomationen hinsichtlich einer möglichen Problemsituation

6.2.5. KPIs

Wie sehen nun mögliche Key Performance Indikatoren für den Problem Management Prozess aus? Welche sind wichtig und können eine wirkliche Verbesserung sicherstellen. Die Herausforderung aller Indikatoren ist die Messbarkeit.

Mögliche Indikatoren sind:

6.3 IT Operation

- *Verhältnis zwischen proaktivem Problem Management zu reaktivem Problem Management -*

  Diese Maßzahl gibt Auskunft darüber, wie viele Probleme erkannt und über die Change Management Prozesse behoben werden, bevor diese eine Auswirkung auf die Infrastruktur hatten.

- *Verringerung der Anzahl von eskalierten Problemen -*

  Eskalierte Probleme infolge falscher Kategorisierung, falscher Mitarbeiterzuordnung oder fehlender Zeit sollen durch die Verbesserung des Prozesses verringert werden

---

KISS

Keine Verknüpfung der „Incident" und „Problem" Tätigkeit in einer Person!

Die Problemanalyse muss durch entsprechend erfahrene Mitarbeiter durchgeführt werden, die in der Lage sind mögliche Probleme an Hand von Trends der Daten im Incident-Management frühzeitig ableiten zu können

---

6.3 IT Operation

Operation – ist das keine Abteilung oder Funktion im IT-Betrieb?

Diese Frage muss mit einem klaren „Jein" beantwortet werden. Natürlich werden in der Funktion des Operatings die wesentlichen Komponenten der IT betreiben. Als Beispiel soll das Thema Datensicherung / Data Management dienen. Sieht man sich die Eingangs dargestellten Prozessbereiche Service Delivery und Service Support, so findet man dort keine Tätigkeiten, die den Betrieb einer IT-Infrastruktur beschreiben.

Mit dem Ziel ein durchgängiges Prozessmodell zu erläutern wird für die Betriebsfunktionalität der IT-Operation-Prozesse des Prozessclusters ICTIM (Information Communication Technology – Infrastructure Management) genutzt. Eine wesentliche Aktivität ist

6 Betriebsprozesse

unter anderem das Thema Datensicherung, ohne die eine Infrastruktur nicht annährend sicher betrieben werden kann. Im Vorgriff auf die Anforderungen des Sarbanes-Oxley Acts muss festgehalten werden, dass ohne diese Prozessgruppe eine Compliance nicht erreicht werden kann.

6.3.1. Ziele/Mission

Der ICT Infrastructure Management Operationsprozess beinhaltet alle Aktivitäten und Maßnahmen zur Pflege und Instandhaltung der IT-Infrastruktur. Er bildet mit seinen Unterprozessen die Basis für alle betriebenen IT-Services.

Alle Aktivitäten beruhen dabei auf Vorgaben (Pläne, RfCs, Tickets) anderer Managementbereiche, insbesondere aus dem Service Delivery.

Der Nutzen des Operationprozesses liegt vornehmlich darin, dass die Betriebsfunktionen in die ITIL-Prozesse eingebettet sind und dadurch entsprechend definierte Schnittstellen existieren. Ein Change Managementprozess kann somit den Change „managen", die Durchführung der Änderung wird an den Operationprozess delegiert. Eine weitere definierte Trennung lässt sich am Availability Management darstellen. Die Infrastruktur muss sich hinsichtlich der Verfügbarkeit an den Richtlinien aus dem Service Level Management orientieren. Diese Vorgaben werden durch das Availability Management in Vorgaben umgesetzt und im IT-Operationprozess nach diesen betrieben.

Mit der Ausgestaltung des Prozesses und der definierten Trennung zwischen Koordination und Durchführung ist ebenfalls der erste Meilenstein zu einem möglichen Outsourcing der IT Betriebsfunktionen geschaffen.

6.3.2. Aktivitäten (Control)

Die nachfolgenden Punkte geben einen Einblick in die Aktivitäten des Prozesses und erläutern den Inhalt der einzelnen Aktivitäten im Detail:

- Control Management

6.3 IT Operation

- Data Management
- Event Management
- Proaktive Tätigkeiten

Betrachten wir die Aktivitäten im Detail:

Control Management

Gemäß OGC beschreibt das Control Management den täglichen Betrieb von IT-Services. In seiner Funktion stellt das Control Management den 2nd Level Support dar. Das Control Management übt reaktive Tätigkeiten aus, die durch zuvor freigegebene und genehmigte Vorgaben wie Changes und Releases initiiert wurden. Zu diesen Tätigkeiten gehören:

- Testen
- Installation
- Wartung
- Außerbetriebnahme

Data Management

Das Data Management beinhaltet die Pflege und Wartung aller, für die Ablage und Bearbeitung von Daten relevanten CI-Komponenten. Die Vorgaben für das Data Management können aus den Service-Delivery Prozessen in Form von Plänen und Vertragsanforderungen, wie auch aus dem Change Management in Form von RFCs entstehen.

Backup Management

Das Backup Management ist verantwortlich für die Sicherung und Rückgewinnung sämtlicher Daten, die nach den Plänen für die Verfügbarkeit eines IT-Service notwendig sind.

Folgende Tätigkeiten werden im Backup Management ausgeübt:

6 Betriebsprozesse

- Backup durchführen
- Restore durchführen
- Desaster Recovery durchführen
- Prüfungen von Backup und Restore

Storage Management

Das Storage Management ist für die Bereitstellung, Wartung und Verfügbarkeit aller Storage-Komponenten verantwortlich:

- Bereitstellung und Pflege von Storage

  Neuer und vorhandener Storage ist nach den Kapazitätsvorgaben und den jeweiligen Service Level zu pflegen bzw. zu beschaffen.

- Anlage und Pflege von Filesystemen

  Filesysteme sind gemäß den Verfügbarkeits- und Kapazitätsvorgaben der Service Delivery Prozesse und nach den jeweiligen, geforderten Service Leveln anzulegen bzw. zu pflegen. Filesystemänderungen erfolgen über das Change Management.

Database Management

Das Database Management wickelt die gesamte Datenbank-Administration ab. Diese Aufgabe besteht aus der Planung der Datenstruktur und Pflege der Datenbank inklusive der Zugriffsverwaltung auf die Daten:

- Userverwaltung
- Verwaltung der Rechte
- Installation und Wartung von Datenbanken (z.B. Archivelog-Überwachung, Tablespaceanpassungen, usw.)

6.3 IT Operation

Event Management

Das Event Management beschäftigt sich mit dem Aufsetzen, dem Ändern, dem Durchführen des Monitoring und dem Erkennen und Reagieren auf auftretende Events. Die Reaktion findet in Form einer Meldung (Ticket) an das Incident Management statt.

Proaktive Tätigkeiten

Proaktive Tätigkeiten sind Aktivitäten, die sich nicht auf einen Change oder ein Incident beziehen, sondern periodisch durchgeführt werden, um den Betrieb in einer gleich bleibenden Qualität zu erbringen. Sie sind in der Regel Vertragsbestandteil des SLAs mit dem Kunden oder des OLAs/UC mit den Zulieferern. Solche Tätigkeiten sind z.B.:

- Inspektion von Rechnerräumen
- Patchmanagement
- Logfile-Prüfungen
- Security-Prüfungen/Zugangsschutz
- Performanceüberprüfungen

6.3.3. Rollen

Operation-Manager

Der Operation-Manager hat die Aufgabe,

- den Prozess zu implementieren und ständig zu verbessern (KVP)
- die entsprechenden und ausreichenden Ressourcen zu planen
- Kommunikation mit den anderen Prozessmanagern zu betreiben
- Managementberichte zu erstellen

Je nach Größe der Organisation bzw. nach Umfang der zu betreibenden Systeme, werden in dem Prozess natürlich 1:N aus-

6 Betriebsprozesse

führenden Rollen benötigt. In einem kleineren Umfeld genügt unter Umständen die Rolle des Operation-Koordinators. Sind in der Organisation die Aufgaben jedoch vielfältiger (Spezialisten für den Datenbankbetrieb, für ein Storagenetzwerk etc.), so ist es sinnvoll mehrere Rollen auszuprägen. Vorstellbar wäre eine Trennung in die verschiedenen Aktivitäten.

- Backup Management
- Database Management
- Storage Management.

Im Wesentlichen werden von den Koordinatoren alle notwendigen Maßnahmen und Aktivitäten durchgeführt, die notwendig sind, um die erforderlichen Leistungen anbieten zu können. Im Kern sind das die Aufgaben:

- Überwachung
- Kontrolle
- Scheduling
- Security
- Dokumentation.

6.3.4. CSFs

Die kritischen Erfolgsfaktoren in dem IT-Operation Prozess ergeben sich häufig durch eine vorhandene Aufbauorganisation. In größeren IT-Organisationen ist in vielen Fällen eine Abteilung/Team IT-Operation ausgeprägt, das sich inhaltlich nicht mit den Zielen des IT-Operation Prozesses deckt. In dieser Situation ist die Trennung der Tätigkeiten „Change managen", „Problem managen" und „System Operating" die größte Herausforderung. Die Schwierigkeit besteht in der Problematik darzustellen, welche Tätigkeit im Operation Prozess abgewickelt wird und welche Vorgaben in den Zulieferprozessen erarbeitet werden.

Die beschriebene Trennung von Vorgaben und Betrieb erfordert Zeit und Geduld bei den Mitarbeitern und der Linienorganisation. Ebenso entstehen an dieser „Baustelle" höhere Implementations- und Schulungskosten, da die Mitarbeiter über eine längere Zeit an die neue Arbeitsweise herangeführt werden müssen.

In kleineren Organisationen können größere Aufwendungen in Bezug auf eine Umorganisation z.B. die Erstellung von Leistungsfeldern mit Verantwortlichen für Data Management etc., entstehen. Neben weiteren Schulungskosten ergeben sich jedoch auch Vorteile für die Motivation von Mitarbeitern durch Ausprägung von Fachwissen und Verantwortung für ein Leistungsgebiet.

6.3.5. KPIs

Wie bei allen anderen Prozessen verlangt das Gebot der Nachhaltigkeit die Einführung von KPI's. Neben der Messbarkeit müssen die Kennzahlen so definiert sein, dass eine Verbesserung des Prozesses ermöglicht und gefördert wird.

Als Beispiel für das IT-Operation können folgenden Kennzahlen dienen:

- Verfügbarkeit Storage/Systeme/Datenbanken

  Analyse der Ausfälle auf:
  - fehlerhafte Installation
  - unzureichende Dokumentation
  - fehlende Wartungsverträge

  um Schwachstellen der einzelnen Teilprozesse (Control, Event und Data Management) herauszufinden.

- *Verkürzung der Desaster Recovery Zeiten*

  Analyse der Desaster Recovery Prozeduren auf Schwachstellen, die zu einem zeitlichen Verzug führen, wie z.B.:
  - ungeklärte Zuständigkeiten im Desasterfall
  - schlechte Recovery Performance durch die Zuteilung von zu geringen Recoveryressourcen.

6   Betriebsprozesse

- *Erfolgreiche Recoveries*

  Prüfung der durchgeführten Recoveries auf Vollständigkeit um den Backupprozess in seiner Qualität zu steigern und Schwachstellen aufzudecken

---

KISS

Der Prozess Operation wird von den Mitarbeitern meist als Sub-Prozess des Change bzw. Release Management wahrgenommen.

Je genauer die Vorgaben in den Initialprozessen erfasst sind, desto einfacher ist die Abarbeitung im Operationprozess.

6.4   IT Deployment

In den vorherigen Abschnitten haben wir den Betrieb der IT betrachtet, ein weiterer wichtiger Schritt ist die dokumentierte Inbetriebnahme der einzelnen Komponenten bzw. neuer Serviceprodukte. Als nächsten Prozess betrachten wir daher den Deploymentprozess und somit die Inbetriebnahme der IT-Komponenten.

Neben einer strukturierte Übergabe an den IT-Operationprozess gehört unter anderem die Abnahme mit dem Kunden samt Kunden-Feedback zu einer geordneten Überführung in den Betrieb. Sehen wir uns die Tätigkeiten im Detail an.

6.4.1.   Ziele/Mission

Das Deployment beschäftigt sich mit der Implementierung von Produkten und/oder Dienstleitungen, die ein Kunde entsprechend des vorhandenen Produktportfolios erworben hat.

6.4 IT Deployment

Die wichtigsten Punkte der Inbetriebnahme werden durch die Aktivitäten:

- Planung für die Lieferung und Leistung des Produktes
- Sicherstellung der notwendigen Dokumentation
- Sicherstellung der Übereinstimmung von gelieferter und geforderten Leistung
- Übergabe in die Betriebsphase

abgebildet. Neben dem Vorteil eines gesicherten Übergabeverfahrens an den IT-Betrieb und einer Risikominimierung durch Projekt Managementverfahren, stellt der Prozess die einvernehmliche Kundenabnahme sicher. Ein Übergabeprotokoll listet Unstimmigkeiten, wie auch die Kundenzufriedenheit und Termintreue auf.

Die Frage, „Warum wird nicht alles über den Change Management Prozess abgewickelt?", ist an dieser Stelle berechtigt, kann jedoch leicht beantwortet werden. Bei einem neuen Produkt sind deutlich umfangreichere Aktivitäten (Availability, Security, CMDB etc.) erforderlich, als bei einer Erweiterung. Ein weiterer Grund ist die Komplexität des Prozesses Change Management. Führt man die Tätigkeiten eines Deployments im Change Management aus, wird dieser Prozess aufwendiger und schwieriger zu steuern, diese Gründe führen daher zur Trennung der Prozesse.

Weitere Argumente für den Nutzen des Deployment Prozesses sind:

- Nur dokumentierte, vertragsgerechte, getestete und geschulte Systeme werden in die Betriebsphase übernommen. Dies erleichtert den Support des Systems.
- Eine einheitliche Dokumentation wird erzeugt.
- Die Fehlerquote der freigegebenen Systeme wird gesenkt.
- Erforderliche System-Änderungen können durch die Aktualität der Daten in der CMDB leichter umgesetzt werden (über das Change Management).

6 Betriebsprozesse

6.4.2. **Aktivitäten (Control)**

Die Phasen des Deployments gliedern sich in folgende Punkte:

- Initialisierung

- Planung (Risikoanalyse, organisatorische Planung, Konfigurationsplanung)

- Durchführung (Bestellung/Lieferung, Inbetriebnahme, Funktionsprüfung)

- Abschluss (externe Abnahme, Übergabe an den Betrieb)

Initialisierung

Das Ziel der Initialisierungsphase ist die Identifikation der Ziele, das Hervorheben der Anforderungen, die das Projekt betreffen und der hauptsächlich durchzuführenden Aufgaben. Des Weiteren werden der Umfang, der Zeitplan und der Ressourcenbedarf bewertet.

Planung

Die Planung ist ein entscheidender Schritt, um den Erfolg der Lieferung und Leistung zu erreichen. Die genaue Planung ermittelt die notwendigen Ressourcen (Mitarbeiter, Hardware Software, Lizenzen, Infrastruktur etc.), die während der Durchführungsphase benötigt werden. Der Planungsumfang sollte dem Leistungsumfang angepasst sein

---

KISS

Keine 100€ Lieferung mit 1000€ Planungsaufwand abwickeln.

In Gesprächen mit den Kunden werden alle Ziele spezifiziert, die Zeitpläne abgestimmt und entsprechend dokumentiert.

6.4 IT Deployment

Durchführung

In der Durchführungsphase werden alle geplanten und für die Durchführung benötigen Ressourcen beschafft, installiert und in Betrieb genommen. Nach der Inbetriebnahme ist die gelieferte Leistung einem internen Funktionstest zu unterziehen. Seitens des Anwenders kann in dieser Phase ein erster Abnahmetest durchgeführt werden. Alle Tätigkeiten sind in entsprechenden Checklisten zu dokumentieren – besser jedoch direkt in der CMDB.

Abschluss

In der Projektabschlussphase werden interne und externe Abnahmen durchgeführt. Die Abschlussphase bildet, nach erfolgreicher Abnahme, die Übergabe in den Betrieb und dem damit verbundenen, geregelten Change Management für zukünftige Änderungen.

6.4.3. Rollen

Deployment Manager

Der Deployment Manager hat die Aufgabe,

- den Prozess zu implementieren und ständig zu verbessern (KVP)
- die entsprechenden und ausreichenden Ressourcen zu planen
- Kommunikation mit den anderen Prozessmanagern zu betreiben
- die Checklisten und Formulare nach dem KISS-Prinzip zu gestalten und zu pflegen; besser eine geeignete Schnittstelle zur CMDB zu realisieren
- Managementberichte zu erstellen

Deployment Koordinator

Die Mitarbeiter, die die Tätigkeiten des Deployment Koordinators übernehmen, müssen über entsprechende Kenntnisse im Projektmanagement und im Umgang mit Kunden verfügen. Folgende Tätigkeiten werden von dieser Rolle eigenverantwortlich abgewickelt:

- Planung der benötigten Ressourcen des eigentlichen Projektes (Hardware, Mitarbeiter, zeitlicher Ablauf)

- Pflege der Lieferanten/Kundenschnittstelle im Rahmen des Deployments

- Erstellung der Datensätze in der CMDB

- Koordination aller benötigten Gewerke zur Erstellung der Leistung.

- geregeltes Roll-Out und Übergabe in die Betriebsphase.

6.4.4. CSFs

Kritische Erfolgsfaktoren gibt es natürlich auch in diesem Prozess. Sehen wir uns die Punkte, die besonders beachtet werden müssen, detaillierter an.

Für die Akzeptanz des Prozesses ist die Beschreibung des Inhaltes von immenser Bedeutung. Insbesondere müssen die Punkte „Wann ist ein Deployment ein Deployment?" und „Wann ist die Änderung über einen Change abzuwickeln?" sehr genau definiert sein. Eine Möglichkeit besteht darin, die Definition an der Art der Leistung festzumachen. Erfolgt eine Erweiterung oder Änderung an einem abgestimmten Leistungspaket, so wird die Abwicklung über die Change Management Verfahren durchgeführt. Beauftragt ein Kunde dagegen eine neue Leistung, so wird diese über die Deploymentprozesse ausgeliefert.

Neben der Abgrenzung Change/Deployment ist die Gliederungstiefe der Checklisten und Formulare ein weiterer Kern des Problems. Evtl. vorhandene Formulare können für einen ersten Einstieg genutzt werden, wobei die Gliederungstiefe bei jedem Feld hinterfragt werden muss. Weniger ist manchmal mehr um ein 100%-iges Ausfüllen und Nutzen der Hilfsmittel zu garantieren. Unter dem Aspekt ein angemessenes, nachhaltiges Ergebnis sicherzustellen, muss frühzeitig eine Ablagestruktur implementiert werden.

Ein wesentlicher Erfolgsfaktor ist der richtige Umgang mit den Informationen, die für das Deployment benötigt bzw. während

der Deploymentphase erfasst werden. Grundsätzlich existiert die Möglichkeit sämtliche Informationen in Formularen oder Checklisten abzulegen. Da diese Informationen jedoch im späteren Lebenszyklus der Systeme benötigt werden, ist eine Übertragung der Daten von der Papierablage in die CMDB unumgänglich. Der deutlich effizientere Weg ist daher die direkte Erfassung der Daten in der CMDB.

Auch die Fragestellung: „Wie geht eine Organisation mit „Emergency Deployments" um?" oder auch „Kunde droht mit Auftrag, benötigt die Leistung jedoch schon gestern.", ist in diesem Zusammenhang wichtig. Bei verlässlichen Partnern steht meist ein Standby System bereit, aber gelingt es den Deploymentprozess trotz des Zeitdrucks umzusetzen oder wird er in diesem Fall umgangen? Bietet die ordnungsgemäße Bearbeitung einen Mehrwert, dann ist dieser kritische Erfolgsfaktor geklärt.

6.4.5. KPIs

Neben den kritischen Erfolgsfaktoren können folgende Key Performance Indikatoren eine echte Verbesserung in der Kunden / Lieferantenbeziehung erfassen.

- *% der Deployment mit Lieferverzug*
  Wie viele Deploymentprojekte werden innerhalb der vereinbarten Zeit abgewickelt?

- *% der Kundenbewertung mit „Gut"*
  Wie viele Deploymentprojekte wurden nach Abschluss des Kunden mit „Gut" bewertet?

- *% der Deploymentprojekte, die ohne offene Punkte im Abnahmeprotokoll abgeschlossen worden sind.*

- *% der Deploymentprojekte, bei denen nach Übergabe in den Betrieb eine vollständige Dokumentation vorliegt.*

KISS

Die Anzahl und Ausprägungen der Deploymentchecklisten muss gering gehalten werden – alle erforderlichen Daten sollten unmittelbar in der CMDB hinterlegt werden.

7 Optimierung interner Abläufe

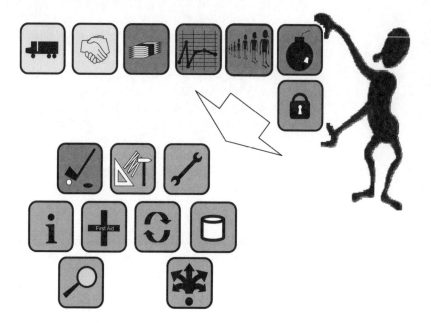

Betrachten wir die „Zahnräder", die unsere Prozesslandkarte komplettieren und die Rahmenbedingungen für die Leistungserbringung definieren.

Die Prozesse

- Finance Management for IT-Services
- Capacity Management
- Availability Management
- IT-Service Continuity Management

unterstützen hauptsächlich das Service Level Management. In erster Linie gehen die Vorgaben und Informationen dieser Prozesse in die Produktdefinitionen, Artikelkalkulationen und in die

7.1 Finance Management for IT-Services

Betriebsvorschriften des IT-Operatings ein. Sind die Leistungen mit den Kunden abgestimmt, werden die Systeme nach den Vorgaben betrieben. Somit ist ersichtlich, dass die Aktivitäten der aufgeführten Prozesse die Rahmenbedingungen definieren, die für die übrigen Supportprozesse benötigt werden.

Abbildung 27 - Prozesse abrunden

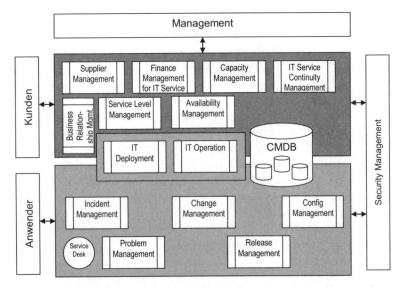

Die Abbildung 27 zeigt die vollständige Prozesslandkarte des ITIL-Frameworks, erweitert um die Anforderungen der Norm BS15000/ISO20000. Alle aufgeführten Prozesse sichern die betriebliche Leistungserbringung.

Wie der Abbildung ebenfalls entnommen werden kann, wirkt der Prozess Security Management auf die beiden Disziplinen Service Support und Service Delivery, es existieren keine Wechselwirkungen auf den Operation- und Deployment Prozess. Die Erklärung für diesen Umstand ist relativ banal, finden sich doch die Forderungen des Security Prozesses unter anderem in den Leistungsbeschreibungen (Verfügbarkeit, maximaler Recoverzeit), dem Change Management (Risikobewertung), dem Release Management (Installationsanleitungen, Testprozeduren) etc. wieder. Der Operationprozess setzt dabei lediglich die durchdachten Anforderungen in die Tat um.

7 Optimierung interner Abläufe

7.1 Finance Management for IT-Services

Das erste Zahnrad im Getriebe der folgenden Prozesse ist der Finance Management Prozess for IT-Services, der die wirtschaftliche Erbringung von Dienstleistung im IT-Sektor fördert und ein Benchmarking der Leistungen ermöglicht.

Im Wesentlichen wird dies durch qualifizierte Verfahren bei der Erstellung/Kalkulation von vorhandenen und neuen Produkten erreicht. Typische Verfahren sind die Vor- und Nachkalkulation. In der täglichen Umsetzung ist das Finance Management im Change Management (Freigaben von Major Changes und Kostenoptimierung) sowie bei der Abrechung der erstellten Leistungen eingebunden. Relevant für einen IT-Dienstleister ist die Transformation von dem „Budgetgedanken" zu Produktionskosten und Make-or-Buy Analysen, die ein selektives Outsourcing stützen.

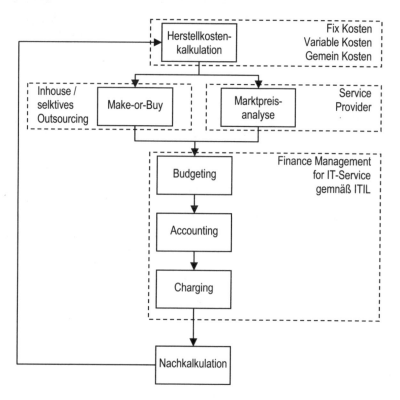

Abbildung 28 - Finance Process

7.1 Finance Management for IT-Services

7.1.1.   **Ziele/Mission**

Die Erstellung von Leistungen zu marktkonformen Preisen und die Optimierung der Kostenstrukturen sind das vorrangige Ziel des Finance Management. Es bedient sich dabei der Standardverfahren der Betriebswirtschaftslehre.

Neben den Vorteilen der Kostentransparenz, einer detaillierten Budgetplanung usw., steht die Steigerung des Kostenbewusstseins im Vordergrund, ermöglicht doch die Vorgehensweise der Produktionskostenkalkulation in Verbindung mit fest definierten Leistungsparametern (SLA) einen Vergleich mit externen Dienstleistern. Weiterhin gestattet diese Vorgehensweise eine langfristige Kostenreduktion und ein vergleichsweise einfaches Benchmarking mit Dritten.

7.1.2.   **Aktivitäten (Control)**

An dieser Stelle ist eigentlich ein Kurs BWL in drei Kapiteln durchzuführen. Da dieses unmöglich ist, sind lediglich einige Anhaltspunkte aufgeführt, die für das Grundverständnis erforderlich sind. Das ITIL-Framework kennt die aufgeführten, relevanten Aktivitäten:

- Budgeting (Finanzplanung)
- Accounting (Buchhaltung, Kostenrechnung)
- Charging (Leistungsverrechnung).

Im Detail betrachtet haben die Aktivitäten nachstehende Inhalte:

Budgeting

Das Budgeting ist die Aktivität, die sicherstellt, dass eine solide und genaue Finanzplanung vorhanden ist, um die IT-Services zu gewährleisten.

Es finden in der Regel periodische Abstimmungsgespräche zwischen der Finanzplanung, der Organisation und der IT-Finanzplanung statt. Dabei werden die gegenwärtigen Projekte und Services berücksichtigt und ein Budgetplan für die nächsten 1-3 Jahre erstellt. Dieser beinhaltet unter anderem die Ersatz- und Neuinvestitionen.

Folgende Firmenziele spielen bei der Finanzplanung eine maßgebliche Rolle:

- Begrenzung der Investitionen
- Begrenzung der Betriebsaufwendungen
- Begrenzungen der Zeitverzögerungen bei Neuinvestitionen
- Richtlinien zur Nutzung des Budgets
- Richtlinien zum Umgang mit Ausnahmen

ITIL unterscheidet grundsätzlich zwei Methoden zur Finanzplanung:

- <u>Incremental Budgeting</u>

  Die Vorjahreszahlen werden als Grundlage für die Finanzplanung herangezogen.

- <u>Zero-Based Budgeting</u>

  Bei dieser Methode werden keine Erfahrungen aus der Vergangenheit berücksichtigt. Jede Ausgabe ist auf ihre Notwendigkeit zu begründen. Diese Methode nimmt wesentlich mehr Zeit in Anspruch und wird deshalb nur bei entsprechenden Anlässen durchgeführt.

Die Kostenplanung berücksichtigt Veränderungen bzgl. der Auslastung, die durch das Service Level bzw. Capacity Management reportet werden.

Exemplarisch für die vielfältigen Berechnungsmöglichkeiten stehen die folgenden Möglichkeiten:

Return on Investment (ROI - Gewinnzielerreichung)

Return on Investment ist eine der am häufigsten verwendeten Kennzahlen der Investitionsrechnung, die das Verhältnis zwischen Gewinn und Investition wiedergibt. Der ROI wird häufig als Maßstab für die Leistung und die Rentabilität von Unternehmen oder einzelner, evtl. unterschiedlicher Geschäftsbereiche verwendet.

7.1 Finance Management for IT-Services

Total Cost of Ownership (TCO - Investitionsabschätzung)

Die Total Cost of Ownership (TCO) sind die realistischen Gesamtkosten, die den Betrieb eines Informationssystems innerhalb dessen Lebenszyklus ausmachen (einschließlich Datenmigration, Wartung, Support, Administration, etc.) und betragen daher meist ein Mehrfaches der reinen Investitionskosten.

Accounting

Bei der Aktivität des Accountings werden die Fragen geklärt: "Was hat die Erbringung des Services gekostet?" und "Wer hat den Service genutzt?".

Für die Verteilung der Kosten werden im ITIL-Framework grundsätzlich drei Varianten unterschieden:

- Accounting Center

    Das Accounting Center hat die Funktion eines Kostensammlers. Ziel ist es, die entstandenen Kosten zentral zu erfassen und als Gemeinkosten auf das Produktportfolio zu verteilen.

- Recovery Center

    Ziel des Recovery Centers ist es, die entstandenen Kosten pro IT-Service zu ermitteln und entsprechend dem Verursacher zu belasten. Somit können die IT–Kosten, den Einzelprodukten entsprechend, der tatsächlich entstandenen Aufwendungen direkt zugerechnet werden.

- Profit Center

    Eine weitere, mögliche Variante ist das Profit Center. Das Profit Center fungiert dabei als autonomer Geschäftsbereich mit dem Ziel Gewinne entsprechend der Vorgaben zu erwirtschaften. Die Gewinnvorgaben können sich dabei am Markt orientieren oder +/- Null sein.

Das Accounting kann sehr komplex sein und kann - wenn der Detaillierungsgrad zu fein ist - mehr Kosten verursachen als Nutzen erzeugen, daher sollte bei einem internen Dienstleister die Verteilung der Kosten mit Augenmaß erfolgen.

Charging

Ziel des Charging ist es, die Kosten der erbrachten Leistung eines IT-Services dem Kunden in Rechnung zu stellen. Folgende Aktivitäten werden dabei berücksichtigt:

Identifizierung abzurechnender Einheiten

Um den Gesamtpreis erstellen zu können, müssen alle abrechenbaren Leistungen ermittelt werden. Dafür ist ein Abgleich der vertraglich vereinbarten Mengen (Freimengen, Rabattstaffeln etc.) mit den genutzten Mengen notwendig.

Gesamtpreis

Der Gesamtpreis ergibt sich aus dem durch das Service Level Management verhandelten Preis auf Basis der Stückkosten und der ermittelten Stückzahlen. Der ermittelte Preis wird dem Kunden gemäß der abgestimmten Rahmenbedingungen (Kontingente, Toleranzregelungen etc.) in Rechnung gestellt.

Rechnungserstellung

Ist die Ermittlung des Gesamtpreises abgeschlossen, werden die erbrachten Leistungen abgerechnet. Hierbei erfolgt eine Rückmeldung über geplante Verrechnungen an das SLM.

7.1.3. Rollen

Finance Manager for IT-Service

Der Finance Manager for IT-Service hat die Aufgabe:

- den Prozess zu implementieren und ständig zu verbessern (KVP)

- die entsprechenden und ausreichenden Ressourcen zu planen

- Kommunikation mit den anderen Prozessmanagern zu betreiben

- die Aktualität der Finanzdaten in der CMDB zu gewährleisten

7.1 Finance Management for IT-Services

- die effektive Nutzung und Pflege der eingesetzten Tools zu gewährleisten

- Managementberichte zu erstellen

Finance Management for IT-Services Mitwirkende (Koordinator)

Der Finance Management for IT-Services Mitwirkende (Koordinator) hat die Aufgaben:

- die Finanzplanung zu erstellen und die dazugehörigen Kostenmodelle aufzubauen

- die Kosten pro Service zu erfassen

- die Servicekosten den Verursachern zuzuordnen

- die Leistungsverrechnung zu erstellen

- die entstandenen Kosten abzurechnen und den Rückfluss der Mittel zu kontrollieren

- die Preisfindung für einen Service unterstützen

- die Entscheidungsfindung bei neuen IT-Investitionen durch detaillierte Informationen über die Kosten der einzelnen IT-Services zu unterstützen

- der Kontrolle und Verwaltung des IT-Budgets zu unterstützen.

7.1.4. CSFs

IT-Organisationen, die bisher über die Verteilung von Budgets gesteuert worden sind, betriebswirtschaftlich auszurichten ist eine besondere Herausforderung. Neben der fehlenden Erfahrung in der Produkt- und Artikelkalkulation sind die bisherigen Abteilungen meist nach dem Grundsatz der Leistungserbringung ausgerichtet, die dem wirtschaftlichen Maximalprinzip „Mit einem festen Budget das beste Ergebnisse zu erreichen", folgen.

Der erste kritische Erfolgsfaktor ist es, den Mitarbeitern beizubringen, dass dieser Ansatz grundsätzlich falsch ist – kritisch ist dabei die menschliche Komponente. Es ist nicht die Topleistung gefragt, sondern lediglich die vertraglich vereinbarte Leistung. Die gewünschte Qualität ist, wenn die gelieferte Leistung der geforderten Leistung am richtigen Ort zur richtigen Zeit in der richtigen Güte und Menge entspricht. Jede Leistung, die darüber hinausgeht, mindert die Deckungsbeiträge. Dem Erfolgsfaktor Mitarbeiter kann man jedoch mit hinreichenden Schulungsmaßnahmen begegnen.

Ein weiterer Erfolgsfaktor ist die Angst der Mitarbeiter vor der „Make-or-Buy" Entscheidung. In diesem Zusammenhang wird die Make-Kalkulation aus Angst vor dem eigenen Arbeitsplatzverlust, bzw. aus der Angst heraus evtl. zugewiesene Mitarbeiter zu verlieren, häufig schön gerechnet. Nur geschultes Personal ist einsichtig, dass die „geschönten" Kalkulationen lediglich kurzfristig Bestand haben. Eine Trennung von Produkten, die in der Eigenfertigung zu teuer sind, ist unumgänglich und muss eher früher als später erfolgen. Auf diese Weise werden die Produkte gestärkt, die kostengünstig hergestellt werden können.

„Ich soll meine Produkte zukünftig kalkulieren? – Schön, aber wie? Klar, ganz einfach! (Kosten und Aufwendungen)/FTE[21]." So oder so ähnlich kann der Dialog zweier Teamleiter aussehen, die zukünftig Produkte kalkulieren müssen. Überflüssig zu glauben, dass bei dieser Vorgehensweise eine Produktionskostenkalkulation auf Artikelbasis entsteht, die transparent macht, wo variable und fixe Kosten entstehen und wie diese beeinflusst werden können? Ganz zu schweigen von der Entstehung marktkonformer Preise.

Nach der Erstellung einer Produktionskostenkalkulation darf der entscheidende Folgeschritt nicht übersehen werden, es muss eine Nachkalkulation durchgeführt werden. Ein ROI stellt sich erst durch die Nachkalkulation ein. Mögliche Kostentreiber werden bei diesem Schritt identifiziert und die Produkte, bei denen ein negativer Deckungsbeitrag erwirtschaftet wird, können entsprechend detaillierter betrachtet werden. Mit diesen Kennzahlen kann die Erbringung der IT-Leistung aktiv gesteuert werden.

---

[21] Full Time Equivalence

7.1.5. KPIs

Im Financial Management for IT-Services gibt es durchaus einige interessante KPIs, die zumindest in den ersten Jahren eine Übersicht über die Wirksamkeit des Prozesses geben. Sehen wir uns einige der möglichen KPI's im Detail an.

- *% Artikel, die über eine Make-or-Buy Analyse verifiziert sind -*

  Mit dieser Information kann belegt werden, ob eine Eigenfertigung sinnvoll ist oder ob z.B. ein Callcenter (für das Service Desk) eine bessere Alternative wäre.

- *% Artikel, die 50-70% des Umsatzes erwirtschaften -*

  Mit dieser Information erhält man einen Überblick über die Umsatzverteilung, bezogen auf die Produkte.

- *% Vergrößerung der Genauigkeit bei der Vorhersage von Ergebnissen -*

  Die Finanzplanung beruft sich häufig auf Kennzahlen aus den Vorjahren. So können Trends und Berichtigungen in die neue Planung einbezogen werden und die Vorhersagen verbessert werden.

- *% Verringerung der Budgetanpassungen -*

  Eine solide Finanzplanung beruht auf den Planungen der Managementbereiche Availability und Capacity. Diese Planungen sollten sorgfältig und korrekt sein, damit nur wenige bis keine Anpassungen an das Budget durchgeführt werden müssen.

- *% Verringerung der Reklamationen bezogen auf die Abrechnung –*

  Reklamation bei der Abrechnung (falsche Beträge gebucht, falsche Stückzahlen gebucht) führen bei den Kunden zu einem Vertrauensverlust und zu Aufwendungen bei der Überprüfung der Leistungen.

> **KISS**
>
> Das Rad sollte nicht neu erfunden werden. Ein gewisser Grad an Kalkulation und Controlling ist meist bereits etabliert. Dieser muss konsequent an den SLAs ausgerichtet werden.
>
> BWL-Consulting ist für die Techniker in den Kalkulationen unumgänglich. Fixkosten müssen von variablen Kosten getrennt werden.

7.2 Capacity Management

Bei dem Begriff Capacity Management werden die meisten Leser an die Beschaffung von Produkten oder Dienstleitungen denken. Ein neuer Kunde ist gewonnen und möchte Leistungen entsprechend eines SLAs in Anspruch nehmen. Im Hintergrund läuft nach einer Vertragsunterschrift das Supplier Management los und beschafft an Hand der Vorgaben, die notwendige Infrastruktur.

Für das Capacity Management muss die Grenze deutlich weiter gezogen werden. Die Begriffe CPU-Auslastung, Auslastung der Bandroboter und Storageeinheiten werden unter dem ITIL-Prozess Capacity Management genauso summiert, wie die Möglichkeit der Kosteneinsparung einer effizienten Verteilung der CPU-Ressourcen. Die Techniken und Tools bieten mittlerweile entsprechende Möglichkeiten, häufig fehlt jedoch der Prozess, der die vorhandenen Ressourcen regelmäßig prüft und die Ergebnisse entsprechend verwertet.

7.2.1. Ziele/Mission

Das Capacity Management stellt sicher, dass die erforderlichen Ressourcen für die derzeitige Leistungserbringung und für die erforderlichen zukünftigen Anforderungen (zur richtigen Zeit, am richtigen Ort) entsprechend der Kundenanforderungen bereitstehen. Darüber hinaus werden überschüssige Kapazitäten vermieden und der Supplier Managementprozess effizient gesteuert.

7.2 Capacity Management

Zusammengefasst liegen die Vorteile auf der Hand:

- Eliminierung überschüssiger Kapazitäten und Optimierung der Systeme - (wirtschaftliche Leistungserbringung)

- Vermeidung von „Ad hoc" Investitionen

- Vermeidung von Performance Engpässen

- Nutzung von Einkaufsvorteilen (Quartalsabschluss, Economy of Scale) bei planbaren Zukäufen

- Der Kapazitäts- und Ressourcenbedarf der Kunden kann frühzeitig abgestimmt und bei Bedarf können notwendige Vertragsanpassung im Vorfeld durchgeführt werden.

7.2.2. Aktivitäten (Control)

Der Capacity Managementprozess besteht aus den drei relevanten Tätigkeiten:

- Business Capacity Management (BCM)
- Service Capacity Management (SCM)
- Resource Capacity Management (RCM)

Business Capacity Management

Das BCM beinhaltet die frühzeitige, proaktive Analyse, Konzeption, Planung und Implementierung bzgl. zukünftiger geschäftlicher Anforderungen für IT-Services. Dazu müssen die zukünftigen Anforderungen der Kunden prognostiziert werden, indem die Auftragslage, gemeinsam mit dem Kunden, abgeschätzt und das Transaktionsverhalten bestimmter Services analysiert wird. Das Ergebnis wird in einem Kapazitätsplan festgehalten. Dieser bietet einen Überblick über die bestehende Kapazität der IT-Infrastruktur und die voraussichtliche Entwicklung hinsichtlich der Nachfrage nach IT-Services. Zusätzlich versucht das BCM die Kapazitätsnachfrage entsprechend zu interpretieren, um schneller auf Veränderungen reagieren zu können.

7 Optimierung interner Abläufe

Eine Subaktivität - das Demand Management - reagiert auf kurzfristige Kapazitätsengpässe bei bestehenden Services. Das Demand Management teilt dabei die zur Verfügung stehenden Ressourcen „on Demand" (nach Bedarf) zu. Dabei unterscheidet man zwischen kurzfristigen Bedarf (Short Demand), um plötzliche Engpässe zu überwinden, oder langfristigen Bedarf (Long Demand), bei dem ein Zukauf weiterer Hardware erforderlich ist.

Service Capacity Management und Resource Capacity Management

Diese beiden Subprozesse umfassen dieselben Aktivitäten mit unterschiedlichen Schwerpunkten:

- Das SCM ist auf die Erbringungen einzelner IT-Services ausgerichtet, z.B. Betrieb von zentralen IT-Services, wie Lagerverwaltung, Personalverwaltung, usw.

- Das RCM konzentriert sich auf die Techniken, die benötigt werden, um IT-Services generell bereitzustellen, z.B. Hosting, Backup, usw.

Die Aktivitäten der beiden Subprozesse gliedern sich in folgende Teilschritte:

- Modelling
- Application Sizing
- Monitoring
- Analyse
- Tuning
- Implementierung

und werden im Folgenden kurz vorgestellt.

Modelling

Das Modelling ist ein Werkzeug des Capacity Managements, mit dessen Hilfe Prognosen über das "Verhalten" der IT-Infrastruktur möglich sind. Diese Prognosen beruhen auf unterschiedlichen Verfahren, wie z.B.:

- Schätzungen auf Basis von Erfahrungen
- Studien
- Prototypen
- Benchmarks
- Trendanalysen
- Simulationen

Application Sizing

Das Application Sizing analysiert die Ressourcen, die für den Einsatz geänderter oder neuer Applikationen notwendig sind. Dies geschieht in einer gemeinsamen Planung mit dem Availability Management. Bei einem frühzeitigen Applikation Sizing besteht zusätzlich die Möglichkeit, die noch festzulegenden Service Levels so zu definieren, dass die damit verbundenen Kosten gesenkt werden können.

Monitoring

Das Monitoring beschäftigt sich mit der Verfolgung und der Überwachung verschiedener Komponenten der IT-Infrastruktur und sorgt dafür, dass die vereinbarten Service Level eingehalten werden. Dies geschieht in enger Zusammenarbeit mit dem Operation- und Availability Management.

Analyse

Die Messdaten des Monitoring müssen analysiert werden. Mit Hilfe von Trendanalysen sind Prognosen über die künftige Nutzung von Ressourcen möglich. Aufgrund der Auswertungen können Maßnahmen zur Steigerung der Effektivität ergriffen werden. Dies kann durch Verschiebung von Ressourcen oder Neubeschaffungen geschehen.

Tuning

Mit der Aktivität des Tunings werden die Systeme so eingestellt, dass sie auf Grund der gemessenen, analysierten und interpretierten Daten die tatsächlichen oder erwarteten Anforderungen optimal erfüllen.

Implementierung

Ziel der Implementierung ist es, die angepassten oder möglichen neuen Kapazitäten bereitzustellen. Dies geschieht in Form eines Changes über das Change Management.

Um die einzelnen Aktivitäten des Prozesses effizient ausführen zu können, müssen die zur Verfügung stehenden Daten gesammelt, kategorisiert und aufbereitet werden. Dies geschieht am besten unter Zuhilfenahme einer Capacity (Management) Database (CDB). Kleinere Unternehmen sollten auch hier mit einem entsprechenden Augenmaß vorgehen (Kalkulationsdiagramme können ausreichend sein).

7.2.3. Rollen

Die Rollenphilosophie ist entsprechend der übrigen Prozesse:

Capacity Manager

Der Capacity Manager hat die Aufgaben:

- den Prozess zu implementieren und ständig zu verbessern (KVP)
- die entsprechenden und ausreichenden Ressourcen zu planen
- Kommunikation mit den anderen Prozessmanagern zu betreiben
- die Aktualität der Capacity Database (CDB) zu gewährleisten
- die effektive Nutzung und Pflege der eingesetzten Tools zu gewährleisten
- Managementberichte zu erstellen

7.2 Capacity Management

Capacity Management Mitarbeiter (Koordinator)

Der Capacity Management Mitarbeiter hat die Aufgaben:

- Auswertungen, Berichte und Kapazitätspläne zu erstellen
- Überwachung des Bedarfs und der Business-Anforderungen
- Überwachung der Services bzgl. Ressourcen und geänderter Anforderungen der SLAs
- Berechnung des Kapazitätsbedarfs
- Bewertung neuer Technologien

7.2.4. CSFs

Der eigentliche kritische Erfolgsfaktor ist die fehlende Unterstützung und Aufmerksamkeit für diesen Prozess. Fehlende Quick Wins und fehlender Kundenkontakt lassen diesen Prozess häufig aus dem Fokus des Managements entweichen. Bis der Prozess ein ROI erbringt kann einige Zeit vergehen und dieser ist meist nur unter zeitlichen und finanziellen Aufwendungen zu belegen. Der einzige Weg dieser Herausforderung zu begegnen, ist die dementsprechende Unterstützung des Managements, gepaart mit entsprechend kompetenten und geschulten Mitarbeitern.

Neben diesen koordinierenden Faktoren existiert die Problematik der immer kürzer werdenden Zyklen für die Vorhersage der benötigten Ressourcen und die Schwierigkeit der verteilten Verantwortung (Datendurchsatz/Capacity der Netzwerkinfrastruktur) in einer komplexen Organisation.

Um den Prozess effizient zu nutzen, entstehen, außer den prozessspezifischen Kosten (Implementierung, Schulung etc.), weitere Kosten für ein entsprechendes Tool. Mögliches Potenzial für Optimierungen kann durch eine Analyse der Artikelstruktur eruiert werden. Am effizientesten geschieht dies durch ein kleineres Projekt, dass die Struktur prüft und mögliche Quick Wins unmittelbar aufzeigt. Die Empfehlung lautet „Think big - start small". Neben diesen Kosten müssen folgende Herausforderungen in dem Prozess beachten werden:

7 Optimierung interner Abläufe

- falsche Angaben des Kunden bzgl. eines möglichen Wachstums führen evtl. zu Überkapazitäten

- unrealistische Angaben zur Performance seitens der Lieferanten und Hersteller

- die Kundenerwartungen bzgl. Lieferzeiten und Umfang übersteigen die technische Kapazität

- fehlende finanzielle und/oder technischer Ressourcen bei anstehenden Beschaffungsmaßnahmen

7.2.5. KPIs

Noch problematischer als die Beschreibung der CSF ist die Entwicklung geeigneter Key Performance Indikatoren. Beispielhaft können die Folgenden genutzt werden:

- *% Anteil an verletzten SLAs, die auf fehlerhafte Kapazitätsplanung zurückzuführen sind.*

- *% Auslastung der Ressourcen. -*

  Auslastung der Storage, CPU und Bandkapazitäten. Steigt die Auslastung permanent an und erreicht irgendwann die 80% Marke, dann arbeitet das Capacity Management effektiv

- *% Erhöhung der verfügbaren Kapazität bei gleich bleibenden Kosten.*

KISS

Planen statt reagieren. Engpässe und „Panikkäufe" müssen vermieden werden.

Ein Starten des operativen Capacity Managements muss am Anfang auf wenige Produkte und Dienstleistungen eingeschränkt bleiben. Eine Ausweitung muss Step by Step erfolgen.

7.3 Availability Management

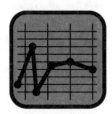

Die Verfügbarkeit ist neben dem Preis das Entscheidende, denn die Leistung, die gezahlt wird, soll auch genutzt werden. Aber Verfügbarkeit ist nicht gleich Verfügbarkeit. Die verantwortlichen Mitarbeiter der IT meinen in der Regel die Verfügbarkeit des Netzwerks, eines Server, der Datenbank etc. Die wenigsten IT-Verantwortlichen reden von der Verfügbarkeit des Services, den ein Kunde eingekauft hat. Der Begriff Verfügbarkeit muss sich an der verkauften Serviceleistung orientieren und nicht an Einzelkomponenten, die zu der Erbringung der Serviceleistung beitragen. Ist in der Leistung z.B. eine Hotline enthalten, dann muss die Verfügbarkeit der Hotline ebenso betrachtet werden, wie die zugehörigen Telefonanlagen. Wenn ein Artikel aus dem Bereich Messaging (Email) vertrieben wird, muss die Verfügbarkeit des Servers, aber zusätzlich die der weiteren Softwarekomponenten (Virenscan, Spamfilter, Maildomain etc.), die in Summe die Leistung für den Kunden zur Verfügung stellen, betrachtet werden.

Ein Service ist maximal so verfügbar wie das schwächste Glied in der Relation der benötigten CIs untereinander.

7.3.1. Ziele/Mission

Das Availability Management optimiert die Leistungsfähigkeit der IT-Infrastruktur, um ein kostengünstiges und gleichbleibendes Niveau des Services zu ermöglichen und damit den Vorgaben des SLAs zu entsprechen. Im Umkehrschluss bedeutet dies: „Die Anzahl der möglichen Kombinationen der Service Keys in den SLAs müssen minimiert und messbar gestaltet sein."

Da sich die Kennzahlen im SLA an dem Geschäftsprozess des Kunden orientieren und die für ihn wichtigen Parameter vertraglich fixiert sind, kann in der Regel davon ausgegangen werden, dass die Geschäftsprozesse des Kunden optimal unterstützt und die wesentlichen Parameter bzgl. der Verfügbarkeit berichten werden. Bedingt durch die abgestimmten Service Keys (z.B. Verfügbarkeit 99,5%, Erreichbarkeit 8:00-17:00 Uhr) sind die Faktoren, die durch das Availability Management gemessen und berichtet werden müssen, definiert. Es liefert somit ein Großteil der benötigten Informationen für die Service Review Meetings mit dem Kunden. Die Frage: „Welche Punkte müssen wir messen?" ist durch die Kennzahlen im SLA beantwortet.

Ein weiterer, entscheidender Vorteil liegt in der Gesamtbetrachtung der Service Keys. Es wird nicht nur der Key der Verfügbarkeit gemessen und entsprechend des SLAs berichtet, sondern die Summe aller abgestimmten Parameter. Folglich werden auch solch wichtige Faktoren wie die Erreichbarkeit überprüft.

7.3.2. Aktivitäten (Control)

Die Kernaktivitäten gliedern sich in die Punkte:

- Verfügbarkeit (Availability)

    Verfügbarkeit bedeutet, dass der Anwender jederzeit bzw. im vereinbarten Zeitraum über den IT-Service verfügen kann.

- Zuverlässigkeit (Reliability)

    Zuverlässigkeit bedeutet, dass der Service für die Dauer eines bestimmten Zeitraums in der abgestimmten Bandbreite störungsfrei zur Verfügung steht.

- Wartbarkeit (Maintainability)

    Wartbarkeit bezieht sich auf den Aufwand, der erforderlich ist, um den Betrieb eines Services aufrecht zu erhalten.

- Servicefähigkeit (Serviceability)

    Servicefähigkeit bezieht sich auf die vertraglichen Pflichten der internen und externen Dienstleister. Die Servicefähigkeit beschreibt, wie gut der IT-Service abgesichert ist.

Die aufgeführten Objekte gliedern sich in die Aktivitäten *Planung* und *Kontrolle*.

7.3 Availability Management

Planung

Die Planung beinhaltet die Funktionen:

- Ermittlung der Verfügbarkeitsanforderungen

  Im Vorfeld der Leistungserbringung muss festgelegt werden, ob und wie die IT-Organisation den geforderten Verpflichtungen nachkommen kann. Dazu muss Folgendes ermittelt werden:

  o die wichtigsten Funktionen des Geschäftsprozesses, d.h. welche IT-Services sind für die Unterstützung des Geschäftsprozesses relevant

  o die Definition, wann ein IT-Service als "nicht verfügbar" gilt

  o die Auswirkungen für den Kunden, wenn der IT-Service ungeplant ist und nicht zur Verfügung steht (Business Impact Analyse)

  o die Arbeitszeiten der Anwender (relevant für die Verfügbarkeit der Hotline)

  o Vereinbarungen über Wartungszeiträume

- Planung der Verfügbarkeit

  Störfaktoren (Single Point of Failure SPOF), die sich auf die Verfügbarkeit auswirken können, müssen frühzeitig erkannt werden. Um diese Schwachstellen zu finden, können verschiedene Methoden und Techniken eingesetzt werden. Eine gute Planung beinhaltet die Kontrolle der Wartungsverträge mit Dritten.

- Planung der Wiederherstellung im Störungsfall

  Im Falle einer Störung des IT-Services ist es wichtig, dass die Störung schnell und angemessen behoben und somit die vereinbarte Verfügbarkeit eingehalten wird. Bei dem Entwurf der Wiederherstellung spielt deshalb ein einwandfrei funktionierender Incident Management Prozess mit den richtigen Eskalations-, Kommunikations-, Backup- und Wiederherstellungsverfahren eine zentrale Rolle.

Die Wiederherstellung muss eng mit dem IT-Service Continuity Management (Wiederherstellung im K-Fall) abgestimmt sein.

- Kerngedanken für die Sicherheit

  Ein nicht ausgereiftes Security-Konzept beeinflusst die Verfügbarkeit von IT-Services. In der Planungsphase sind die Sicherheitsaspekte zu untersuchen, die Auswirkungen auf den IT-Service haben. Die Rahmenbedingungen, die beachtet werden müssen, werden im Security Management Prozess erarbeitet.

- Management der Wartungsaktivitäten

  Die Wartungszeit (Nicht-Verfügbarkeit) muss so geplant sein, dass die Auswirkungen auf den IT-Service minimiert werden.

- Erstellung eines Verfügbarkeitsplans (Availability Plan/Soll-Ist Abgleich)

  Dieser Plan gibt zunächst die bestehende Verfügbarkeitssituation wieder. Sukzessive können Aktivitäten zur Verbesserung vorhandener Services und neue Serviceleistungen integriert werden. Die Erstellung des Plans erfordert eine enge Abstimmung mit den anderen Service Delivery Prozessen.

Die Planung der Verfügbarkeit kann unter anderem mit der Component Failure Impact Analysis (CFTA) visualisiert werden. Diese Methode beruht auf einer Verfügbarkeitsmatrix, die aus der Zuordnung von CIs zu den Services besteht und die markante und nicht abgesicherte Komponenten aufdeckt.

7.3 Availability Management

Die nachfolgende Grafik und Tabelle zeigt ein entsprechendes Beispiel auf:

Abbildung 29 - CRAMM - Component Risk Assessment Management Methodology

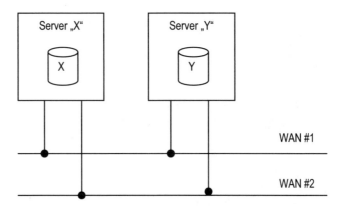

CIs	Service A	Service B	Bemerkung
Server „X"	B	B	X = Bei Störung ist der Service nicht verfügbar
Server „Y"		B	
NIC #1 „X"	B	B	
NIC #2 „X"		B	
NIC #1 „Y"	B	B	A = Ausfall gesicherte Konfiguration
NIC #2 „Y"		B	
Router „Z"	X	X	
Application „X"	A		B = Ausfall gesicherte Konfiguration mit Schaltzeit
Application „Y"		A	
Database „X"	A		
Database „Y"		A	„ " = Keine Auswirkungen
WAN #1	A		
WAN #2		A	
Segment „X"	B		
Segment „Y"		B	

Eine weitere Methode ist die Fault Tree Analysis (FTA), die eine Kette von Ereignissen analysiert um mögliche Störungsquellen zu identifizieren.

Man unterscheidet dabei:

- Basic Events (Störungsinput im Diagramm [Kreise] z.B. Bedienungsfehler)

- Resulting Events (Knoten im Diagramm als Ergebnis von davor liegenden Ereignissen)

- Conditional Events (Ereignisse, die nur unter bestimmten Bedingungen auftreten)

- Trigger Events (Ereignisse, die wiederum von anderen Ereignissen ausgelöst werden)

Die folgende Abbildung visualisiert den grundsätzlichen Ablauf der Analyse.

Abbildung 30 - Fault Tree Analysis

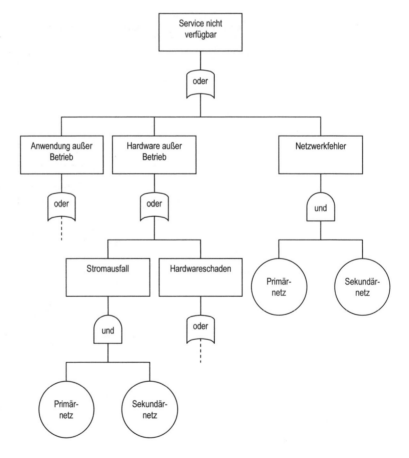

7.3 Availability Management

Kontrolle

Die aufgestellte Planung muss in definierten Zeitabständen überprüft werden, bereits erreichte Verbesserungen müssen herausgearbeitet und entsprechend dargestellt werden. Für den Soll/Ist-Abgleich kann der nachfolgende Workflow genutzt werden:

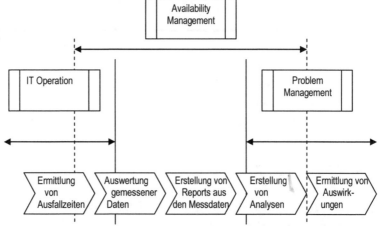

Abbildung 31 - Ablaufdiagramm Kontrolle der Availability

Für die Analyse einer Störung muss im Vorfeld der Begriff „Störung" definiert werden. Zu diesem Zweck kann der Betriebsablauf in die Phasen:

- Störung tritt auf
- Störung erkennen
- Reaktion
- Reparatur
- Wiederherstellung

zerlegt werden. Die Abbildung 32 erläutert die erforderlichen Begrifflichkeiten im Availability Management.

7 Optimierung interner Abläufe

Abbildung 32 - Bestimmung der Verfügbarkeit

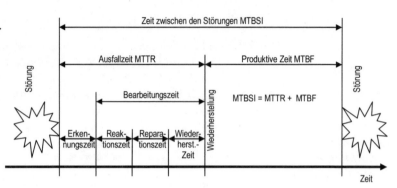

Mean Time to Repair (MTTR): durchschnittliche Ausfallzeit -

Beschreibt den Zeitraum vom Auftritt der Störung bis zur Wiederherstellung.

Mean Time Between Failure (MTBF) - durchschnittlich produktive Zeit bis zum Auftreten einer Störung -

Beschreibt den Zeitraum, in dem der Service produktiv zur Verfügung steht.

Mean Time Between Service Incidents (MTBSI) -

Beschreibt die Zeit zwischen zwei aufeinander folgenden Incidents eines Services. Es ist die Summe aus MTTR und MTBF

7.3.3. Rollen

Sehen wir uns im Folgenden wieder die entscheidenden Rollen im Availability Prozess an.

Availability Manager

Der Availability Manager hat die Aufgaben:

- den Availability Management Prozess zu implementieren und ständig zu verbessern (KVP)

- Kommunikation mit den anderen ITIL Prozessmanagern zu betreiben

- die entsprechenden und ausreichenden Ressourcen zu planen

7.3 Availability Management

- die effektive Nutzung und Pflege der eingesetzten Tools zu gewährleisten

- Managementberichte zu erstellen

Availability Management Mitarbeiter (Koordinator)

Der Availability Management Mitarbeiter hat die Aufgaben:

- Verfügbarkeitspläne zu erstellen

- Erstellung und Pflege einer GAP-Analyse/eines Availability Plans, der potenzielle Verbesserungen plant und priorisiert

- Optimierung der Verfügbarkeit durch Überwachung und Berichterstattung über alle Schlüsselelemente der Verfügbarkeit

7.3.4. CSFs

Wie bei den anderen Prozessen, gibt es einige Hürden, die überwunden werden müssen um den Prozess erfolgreich zu implementieren.

Die entscheidende Frage ist die Frage nach dem Tool. Welches Tool ist das Richtige? Kann man mit dem gewählten Tool z.B. auch Responsezeiten prüfen? Ist eine Prüfung von Datenbanken möglich? Wie misst man die Verfügbarkeiten von Applikationen? Was passiert, wenn die Messsysteme ausfallen?

Diese Fragestellungen müssen im Rahmen eines Projektes geklärt werden. Insbesondere muss auf die Art der Service Keys und die Anzahl der Services, die geprüft werden können, geachtet werden. Einleuchtend ist, dass 100 Systeme, die über einen Ping-Befehl überwacht werden, eine geringere Last bedeuten, als die Überwachung von 250 oder mehr Datenbanken und Applikationen.

Weitere Herausforderungen sind unter anderem die Punkte:

- Service Keys sind definiert, die nicht messbar sind oder deren Messung zu aufwendig ist

- Anzahl der Service Keys ist zu hoch/zu gering

- die Verfügbarkeit wird falsch gemessen (Intervalle zu lang/kurz, Messpunkte an den falschen Stellen im Netzwerk etc.)

- Abhängigkeit von den Daten, die zugeliefert werden, (z.B. Netzwerkdaten, Call Center)

- Erfasste Datenmenge ist zu hoch, bei vielen Services und vielen Messpunkten entstehen schnell einige Millionen Datensätze im Monat, die entsprechend gespeichert werden müssen.

- Fehlende finanzielle und/oder technische Ressourcen (Um die Erreichbarkeit ihres Service Desks zu messen z.B. Lost Calls etc. müssen zusätzliche Tools eingesetzt werden).

Viele der aufgeführten Punkte verursachen Kosten, für die der Kunde in den meisten Fälle nicht bereit ist zu zahlen. Für ihn sind diese Punkte Vertragsbestandteile, die in zyklischen Abständen im Rahmen von Service Review Meetings besprochen werden. Damit dem Kunden die Erbringung der Leistung entsprechend der Verträge dargestellt werden kann, müssen die Daten dennoch entsprechend erfasst werden.

7.3.5. KPIs

Verfügbarkeiten lassen sich sehr gut messen und dokumentieren, dementsprechend sind viele KPIs zu diesem Thema möglich, doch der Sinn der KPIs darf nicht aus den Augen verloren werden. Es steht nicht das Reporting von Verfügbarkeiten im Vordergrund, sondern die Verbesserung zur Vorgängerperiode ist entscheidend. Wird eine Verbesserung erreicht, dann ist der Prozess entsprechend aufgestellt und kann zur Optimierung der Infrastruktur beitragen. Im Folgenden sind drei Beispiele aufgeführt.

- *% Verbesserung der MTBF und MTBSI -*

  Ständige Analyse der Schwachstellen verknüpft mit den entsprechenden Korrekturmaßnahmen verbessert die MTBF und die daraus resultierende MTBSI.

- *% Verringerung der MTTR -*

  Konsequente Optimierung und Training der Wiederherstellungsmaßnahmen gewährleisten eine Verbesserung der MTTR.

- *% Verringerung der Kosten, die aufgrund von Nichtverfügbarkeit entstehen (z.B. Überstunden der Gesamtbeschäftigung)*

7.4 IT-Service Continuity Management

Service Continuity bedeutet, sucht man bei www.leo.org nach der Übersetzung, Betriebskontinuität. Der „Betrieb" summiert dabei den Service als Ganzen und nicht den einzelnen Server oder die einzelne Datenbank. Bei der Definition der möglichen Maßnahmen und der größten anzunehmenden Störung orientiert sich das Continuity Management wiederum am Geschäftsprozess des Kunden, der seine Anforderungen über entsprechende Definitionen in den SLA einbringt. Ein Kunde spricht in diesem Fall von Business Continuity Management, der IT-Provider von der IT-<u>Service</u> Continuity.

7.4.1. Ziele/Mission

Das IT-Service Continuity Management unterstützt das Business Continuity Management der Kunden, in dem es sicherstellt, dass im Katastrophenfall alle benötigten IT-Services innerhalb der vertraglich zugesicherten Zeiträume wieder zur Verfügung stehen.

Die Vorteile liegen auf der Hand. Der Geschäftsprozess des Kunden wird sicherer und unter Umständen kostengünstiger, denn nicht jede Anwendung muss hochverfügbar ausgelegt sein. Das erste „Aha"-Erlebnis wird meist bei der Fragestellung erzeugt: „Welche Schadensfälle müssen betrachten werden?". Fragen dieser Art müssen mit Kunden offen diskutiert werden, unter Umständen ist auch eine „Übersetzung" aus dem technischen Ansatz „Was ist, wenn der Server 2 Tage steht?" in die entsprechende

7 Optimierung interner Abläufe

Fragestellung für den Kunden „Was passiert, wenn der Prozess zwei Tage nicht unterstützt wird?" erforderlich. Anhand der Ergebnisse wird eine entsprechende Risikoanalyse erstellt, die die Risiken bewertet und entsprechende Maßnahmen definiert. Wenn die dargestellte Situation beleuchtet wird, treten die Vorteile hervor.

- Potenziell werden unter Umständen minimalere Service Level benötigen als bisher angenommen.

- Die Beziehung zwischen den Geschäftsprozessen und den IT-Prozessen wird deutlich verbessert, weil eine engere Orientierung an den Geschäftsabläufen der Kunden realisiert wird.

7.4.2. Aktivitäten (Control)

Werfen wir, wie auch bei den anderen Prozessen, einen Blick auf die erforderlichen Einzelmaßnahmen im Continuity Management.

- Initiierung der Continuity Maßnahmen
- Erfordernisse und Strategien
- Aktivitäten bei der Implementierung
- Wiederkehrendes, operatives Management

Initiierung der Continuity-Maßnahmen

Umfang definieren

Bei der Implementierung des ITSCM[22] werden in einem ersten Schritt die Rahmenbedingungen für das Continuity Management definiert. Entsprechend dieser Grundanforderung wird die gesamte Organisation einer genauen Prüfung unterzogen und im Anschluss werden die erforderlichen Maßnahmen definiert. Im Einzelnen werden die folgenden Schritte durchgeführt.

---

[22] IT-Service Continuity Management

7.4 IT-Service Continuity Management

- Definition der zu betrachtenden Vorfälle (Brand, Wasser, Erdbeben etc.)

- Festlegung der Methodik für die Risikobewertung

- Festlegung der Grundsätze (maximale Ausfallszeit, welche Ausfälle werden über OLAs abgedeckt, welche über ein entsprechendes Fallback Szenario etc.)

Business Impact Analyse

Vor der eigentlichen Analyse müssen die Kernfunktionen eines Unternehmens erfasst werden. Im Rahmen dieser Tätigkeit wird geprüft, welche Geschäftsprozesse durch ein Continuity Management abgesichert werden müssen. Eingängig ist an dieser Stelle die Absicherung der betriebswirtschaftlichen Systeme und möglicher Online Shops, die im Internet betrieben werden. Neben diesen Systemen müssen aber auch Systeme geprüft werden, die die Produktion unterstützen oder die für die Sicherheitsorganisationen (Werkschutz, Gefahrenpläne etc.) erforderlich sind.

Business Process	Geschäftskritisch	
	Ja	*Nein*
Beschaffung	X	
Abrechnung	X	
News-Intranet-Server		X
Webauftritt		X
. . . . .		

Sind die wesentlichen Schwerpunkte bekannt, so wird die damit verbundene Infrastruktur ermittelt und einer Risikoanalyse unterzogen.

7 Optimierung interner Abläufe

Risiko Analyse

Die CCTA Risikoanalyse Management-Methode (CRAMM) dient der Identifizierung und Bewertung, welche CIs welcher Bedrohung ausgesetzt sind und welche Schwachstellen vorhanden sind. Das Ziel des Risikomanagements ist es Maßnahmen zur Minimierung potenzieller Risiken zu entwickeln bzw. entsprechende Aktivitäten zu definieren, die bei einem Ausfall eine zügige Wiederherstellung des Services sicherstellen.

Festlegung der benötigten IT-Service Continuity Strategien

Das Nonplusultra – eine IT ohne Anwender, ohne eine Netzwerkanbindung etc.. In dieser Betriebsumgebung sind die Risiken für ein System minimiert und ein damit verbundener Ausfall wäre extrem selten. Leider ist der betriebswirtschaftliche Nutzen eines Systems dieser Art ebenfalls gleich Null. Weitere Varianten wären: "der Betrieb in einem autarken Bunker oder in einem Büro, wohlmöglich noch unter dem eigenen Schreibtisch".

Bei den erwähnten Beispielen fällt das Spannungsfeld zwischen Kosten, Nutzen und 100%-tiger Continuity direkt ins Auge. Das Ziel einer vernünftigen Strategie ist es daher, durch geeignete Präventivmaßnahmen die Wahrscheinlichkeit und die Auswirkung von Katastrophen unter Berücksichtigung von Kosten und Risiken zu minimieren.

Für eine rasche Wiederherstellung der IT-Services stehen vielfältige Optionen zur Auswahl:

- manueller Rückgriff (zurück zu Bleistift und Papier)

- Reciprocal Agreements (Wechselseitiges Abkommen zweier Organisationen mit vergleichbaren Systemen)

- Cold Standby (allmähliche Wiederherstellung, Equipment an einem anderen Standort)

- Warm Standby (zügige Wiederherstellung, Rückgriff auf schon vorbereitete Hardware)

- Hot Standby (sofortige Wiederherstellung, Spiegel, Cluster)

7.4 IT-Service Continuity Management

Natürlich existiert darüber hinaus die Möglichkeit, die erwähnten Optionen zu kombinieren.

Aktivitäten bei der Implementierung

Planung der Ablauforganisation in der grundlegenden Implementierung und im K-Fall

In der Implementierungsphase muss ein Masterplan die folgenden Detailpläne enthalten, um die vorhandenen Erfordernisse abzudecken:

- Schadensbeurteilungsplan

  K-Fall ist nicht gleich K-Fall. Ist ein K-Fall eingetreten, müssen die Services bestimmt werden, die von dem K-Fall betroffen sind, um entsprechende Aktionen zielgerichtet einzuleiten.

- Wiederherstellungsplan

  Welcher Service wird zuerst und wie wiederhergestellt? Eine Reihenfolge und vor allem ein Plan wie ein Service wiederhergestellt werden kann, muss vorliegen und getestet sein.

- Krisenmanagement und PR-Plan

  Wer übernimmt im K-Fall welche Verantwortung und Position? Wer hält die Kommunikation nach Außen aufrecht? Wer spricht mit den Kunden? Alle diese Dinge müssen vor einem K-Fall organisatorisch geregelt sein. Ist die Katastrophe eingetreten, ist es für entsprechende Planungen zu spät.

Die Summe der Pläne ergibt ein Gesamtbild und eine Einschätzung wie effizient evtl. auftretende, schadenstiftende Ereignisse kompensiert werden können.

Präventivmaßnahmen und Wiederherstellungsoptionen

In Kooperation mit dem Availability Management werden geeignete Präventivmaßnahmen (z.B. Clustersysteme, Ersatzsysteme,

7 Optimierung interner Abläufe

Einsatz von virtuellen Maschinen[23] etc.) ausgearbeitet. Ferner werden Rahmenverträge geschlossen, in denen z.B. die Anmietung von Rechnerräumen, Standleitungen, usw. abgestimmt sind, damit im K-Fall über diese Dinge nicht verhandelt werden muss.

Eine weitere, sehr effiziente Maßnahme ist die Erstellung eines priorisierten Wiederanlaufplans. In jedem Rechenzentrum und Serverraum gibt es Systeme, die unmittelbar nach einem Störfall wieder verfügbar sein müssen und es gibt Systeme, die im Falle einer Störung durch kompensierende Aktivitäten eine längere Ausfallzeit haben dürfen.

Wiederherstellungspläne und Verfahren entwickeln und dokumentieren

Die Pläne müssen strukturiert, klar verständlich und lückenlos sein. Es müssen alle vereinbarten Service Level berücksichtigt werden. Als eine mögliche Gliederung empfiehlt sich:

- Kurzbeschreibung
- Versionierung mit einer entsprechenden Änderungshistorie
- eine Verteilerliste
- Kontinuitätsbedingungen, Abhängigkeiten von Services und Systemen
- Klassifizierung von Katastrophen und damit evtl. abweichende Wiederanlaufpläne.
- Management (Ansprechpartner, Eskalationsmanager etc.)
- IT-Infrastruktur
- Personal (Wer macht was im K-Fall)
- Ausweichstandorte
- Wege zur normalen Betriebssituation

---

[23] Softwarepaket VMWare ermöglicht die Abstrahierung der physikalischen Serversysteme zu logischen Serversystemen.

7.4 IT-Service Continuity Management

Erstprüfung durchführen

Ein vorhandener Plan ist der erste Schritt zu einem zügigen Wiederanlauf - ein getesteter Plan gibt die Sicherheit, dass ein erforderlicher Wiederanlauf beherrschbar ist. Ein entscheidender, zum Teil sehr aufwendiger Schritt, ist die Initialprüfung der Wiederanlaufpläne und die Korrektur der entdeckten Lücken.

Ausbildung, Schulung und Bewusstsein

Entsprechende Schulungen des IT-Personals im Bereich Business Recovery ist für die Mitarbeit im ITSCM Prozess dringend erforderlich. In Abhängigkeit der Risikoanalyse und der täglichen Aktivitäten, muss der Wiederanlauf regelmäßig trainiert werden. Mitarbeiter, die täglich Recoverys oder Umschaltungen auf Clustersystem durchführen, müssen die erforderlichen Szenarien weniger häufig üben, als Mitarbeiter, die mit dieser Situation nur einmal im Jahr konfrontiert werden.

Review/Audit/Prüfung

Alle Pläne müssen regelmäßig auf Aktualität und Funktion geprüft werden. Die durchgeführte Initialprüfung muss in regelmäßigen Abständen für die Systeme mit einer hohen Risikoeinstufung wiederholt werden, um sicherzustellen, dass nicht durch Änderungen der Betriebsumgebung ein Wiederanlauf im Katastrophenfall erschwert wird.

Change Management

Das Change Management spielt bei der Aktualisierung der Pläne eine wichtige Rolle. Bei jedem Change ist die Auswirkung auf die Recovery Pläne zu prüfen.

Kontrolle

Kontrolle und Prüfung – ist das nicht das Gleiche? Im Gegensatz zu der Prüfung, beschäftigt sich die Kontrolle mit dem Abgleich der SLA's und der entsprechenden Umsetzung in den Wiederanlaufplänen. Geänderte Forderungen aus dem Business Continuity Management müssen in den Plänen des IT-Continutity Management berücksichtigt werden.

7.4.3. Rollen

Gleichfalls lässt sich das Modell mit den Standardrollen Manager und Koordinator auf den Continuity Prozess übertragen. Die Rollen im Detail:

Continuity Manager for IT-Service

Der Continuity Manager for IT-Service hat die Aufgaben:

- den Prozess zu implementieren und ständig zu verbessern (KVP)
- die entsprechenden und ausreichenden Ressourcen zu planen
- Kommunikation mit den anderen Prozessmanagern zu betreiben
- Qualitätsprüfungen aller Prozeduren
- Managementberichte zu erstellen
- Management der IT-Service Delivery Prozesse in Krisenzeiten

Continuity Koordinator für IT Services

Der Continuity Koordinator hat folgende Aufgaben:

- Entwicklung und Pflege des ITSCM-Plans (K-Fall Planung)
- Koordination von externen Dienstleistern, die im Desasterfall eine weitergehende Unterstützung ermöglichen
- Durchführung von regelmäßigen Tests
- mindestens jährliche Kontrolle des ITSCM-Plans

Ferner sind die folgenden Funktionen und damit verbundenen Aufgaben in diesem Zusammenhang entscheidend. Die nachfolgenden Tabellen zeigen die wichtigsten, zentralen Aktivitäten auf.

7.4 IT-Service Continuity Management

Rolle	Standard Betriebssituation	Katastrophenfall
Geschäftsführung	Initiierung des BCM[24] Bereitstellung von Personal und Mitteln Festlegung der Grundsätze Regelung der Prozessbefugnisse	Krisenmanagement u.a. das Treffen von Konzern- und Unternehmensentscheidungen
Oberes Management	Prozessmanagement Annahme von Pläne, Testberichte, usw. Mögliche Integration des BCM in ein Leitbild mit dem Ziel diese Aktivität im Bewusstsein der Mitarbeiter zu verankern Integration des ITSCM in das BCM	Koordination und Bereitstellung von Personal und Mitteln
Mittleres Management	Durchführung von Risikoanalysen Anordnung von Test, Evaluationen und Berichten	Einleitung von Wiederherstellungs- oder Continuity-Mechanismen Teamführung, Berichterstattung um Kommunikationswege zu verkürzen
Teamleiter und Teammitglieder	Entwicklung von Leistungsmerkmalen Durchführungen von Tests und Evaluationen sowie Erstellung von Berichten Entwicklung und Ausführungen von Verfahren	Ausführung des Wiederherstellungsplans

---

[24] Business Continuity Management

7.4.4. CSFs

Neben den erwähnten Vorteilen ist dieser Prozess in der Implementierungsphase meist aufwendig und kostenintensiv. Allein die Fragestellung, welche Risiken betrachtet werden und wie eine entsprechende Risikobewertung aussieht, führt oft zu intensiven Diskussionen. Gefolgt wird dieser Meinungsaustausch von einer Analyse, welche Configuration Items an der Erbringung eines Service beteiligt und ob diese eventuell durch Maßnahmen abgedeckt sind. Zurücklehnen kann sich der, der bereits alle CIs in einer CMDB abgebildet hat und deren Design erkennen lässt, welches CI in welchen Artikel und in welche Services/Leistung eingebunden ist.

Werden mögliche Auswirkungen auf Störungen richtig eingeschätzt? Natürlich ist eine Datensicherung vorhanden und ebenso selbstverständlich ist getestet worden, ob ein Recovery auch funktioniert, aber sind auch schon einmal drei Systeme zur gleichen Zeit wiederhergestellt worden? Berichten zur Folge kann diese Aktion durchaus einige Tage dauern. An diesem Beispiel ist zu erkennen, dass die erstellten Notfallpläne auf ihre Funktionsfähigkeit geprüft und bei Bedarf überarbeiten werden müssen. Neben dem Aufwand in der Implementierungsphase, wird bei jedem Change weiterer Aufwand generiert, denn die Auswirkungen auf die Continuity Pläne müssen bei jeder Änderung geprüft werden.

Bedenkt man, dass diese Notfallpläne unter Umständen nie benötigen werden, dann ist leicht ersichtlich, dass ein starker Sponsor benötigt wird. Zusätzlich zu diesen immateriellen Aufwendungen entstehen Investitionen für Ersatzhardware, Stellplatz etc. Durch geschickte Planung können diese Ressourcen jedoch minimiert werden.

Bei dieser Anzahl von Nachteilen stellt sich die Frage nach der eigentlichen Motivation für den Prozess.

Die Gründe für die eigentliche Einführung sind trotzdem vielfältig.

- Je mehr die Geschäftsprozesse eines Unternehmens von IT-Services abhängig sind, desto notwendiger ist ITSCM.

7.4 IT-Service Continuity Management

- ITSCM ermöglicht dem Unternehmen, seine Risiken zu kennen, zu bewerten und geeignete Vorkehrungen zu treffen

- Einhaltung gesetzlicher Bestimmungen

- Positive Darstellung der oft unbeliebten Notfallmaßnahmen

- <u>Überleben</u>! Nach einschlägigen Studien melden über 50% der Unternehmen nach einem totalen Desaster Insolvenz an (Studie Gartner Group 2002).

Ein weiterer, wichtiger Faktor ist die nachlassende Aufmerksamkeit. In der Initialphase sind die Pläne auf dem aktuellen Stand, entsprechend gepflegt und getestet. In der Regel lässt die Aktualität der Pläne jedoch im Laufe der Zeit nach. Für eine wirksame Umsetzung ist es ratsam frühzeitig entsprechende Maßnahmen zu definieren um diesem Effekt entgegen zu wirken. Eine mögliche Maßnahme ist die Aufnahme und der Nachweis der Testszenarien in die Jahresziele der Mitarbeiter oder der entsprechenden organisatorischen Führungsebenen.

7.4.5. KPIs

Einige KPIs, die sich für die Verbesserung die Prozesses eignen, sind:

- *% Verringerung der Anzahl der festgestellten Mängel im Wiederherstellungsplan -*

    Durch Tests der Notfallpläne können Mängel frühzeitig aufgedeckt und beseitigt werden. Darüber hinaus werden Abweichungen aufgedeckt, die nach einem Change entstanden sind und nicht entsprechend nachbearbeitet wurden.

- *% Steigerung der erfolgreich durchgeführten Tests -*

    Durch konsequente Schulung und Bewusstseinsschaffung können die Pläne verbessert und die Tests erfolgreicher durchgeführt werden, d.h. Mitarbeiter, die sich nicht bis in alle Details auskennen, sind in der Lage die Funktionen der ausgefallenen Komponenten wiederherzustellen.

7 Optimierung interner Abläufe

- *Abdeckungsgrad der Services -*

  Ein Dienstleister, der sehr viele Services zur Verfügung stellt, wird nicht in der Lage sein in einem ersten Schritt alle vereinbarten Services mit entsprechenden Maßnahmen zu schützen. Mit dieser Kennzahl kann ermittelt werden, ob der Deckungsgrad im Laufe der Zeit steigt und ob neue Systeme dazugekommen sind, die durch das Continuity Management noch nicht beachtet werden.

> **KISS**
>
> **Die Messlatte darf nicht zu hoch sein. Eine Fokussierung auf einzelne, wichtige Systeme mit denen das IT-Service Continuity Management pilotiert werden kann, muss vorgenommen werden.**
>
> **Mögliche K-Fall Szenarien müssen, bezogen auf die Erfordernisse der Geschäftsprozesse, definiert sein, d.h. ein zweites Rechenzentrum in einem Bunker macht keinen Sinn, wenn ein K-Fall sämtliche Produktionsstätten zerstört hat und eine wirtschaftliche Leistungserbringung danach nie mehr möglich sein wird – Augenmaß ist unabdingbar!**

7.5 Security Management

In der vorgestellten Landkarte ist der Security Management Prozess als übergeordneter Prozess dargestellt, der auf alle Serviceprozesse wirkt. Eine unmittelbare Verbindung zu den Betriebsprozessen (Operationprozess) ist auf der Landkarte jedoch nicht implementiert. Die gewählte Form der Darstellung soll nicht bedeuten, dass beim Betrieb der Systeme jegliche Belange des Security Management außen vor bleiben, sondern soll hervorheben, dass die Belange der Security bereits zu einem wesentlich früheren Zeitraum erfasst und in den Anforderungen abgebildet werden müssen.

7.5 Security Management

Betrachten wir diese These an dem Beispiel „Serverhärtung"[25]. Ein Serversystem wird nach definierten Regelungen installiert und betrieben. Im Release Management Prozess wird das System, mit sämtlichen zugehörigen Hard- und Softwarekomponenten als Prototyp installiert und dokumentiert. Ebenso wird im Release Management die dazugehörige Installationsdokumentation erstellt, die festlegt, welche Dienste auf einem System benötigt werden und welche Dienste deaktiviert sein müssen, damit diese kein Securityproblem darstellen. In der Deployment- und Betriebsphase werden dann alle weiteren Systeme nach diesen Vorgaben installiert und betrieben. Daher ist die Wechselwirkung zwischen dem Release Management und dem Security Management relevanter als die Schnittstelle zu dem IT-Operationprozess.

Sollten sie sich zum ersten Mal mit diesem Thema befassen, so können an dieser Stelle die Webseiten und Broschüren des Bundesamtes für Sicherheit in der Informationstechnik, kurz BSI, für einen schnellen und umfassenden Einstieg empfohlen werden. Es ist dort umfangreiches und vollständiges Material (z.B. Handbuch für sichere Anwendung der Informationstechnik) zu finden.

7.5.1. Ziele/Mission

Das Security Management ist der Prozess mit dem ein definierter Grad an Sicherheit für die Informationen und IT-Services erreicht werden soll. Dazu gehört die Erfüllung der Sicherheitsanforderungen der SLAs und anderer externer Anforderungen, die in Verträgen, Gesetzen und gegebenenfalls den Sicherheitsgrundsätzen eines Unternehmens (Policies) festgelegt sind.

Der Prozess Security Management hilft, die daraus entworfenen Policies in einem Unternehmen umzusetzen, anzupassen und in regelmäßigen Abständen auf notwendige Veränderungen zu prüfen. Die Abbildung 33 zeigt einen prinzipiellen Ablauf des Prozesses auf. Im Schaubild wird offensichtlich, der Security Prozess hat keinen Anfang und kein Ende, sondern regelmäßige Überprüfungen (geänderte Rahmenbedingungen/Änderungen im Betrieb der Systeme) sind erforderlich. Werden Änderungen offen-

---

[25] Systemhärtung ist die Reduktion der Möglichkeiten zur Ausnutzung von Verwundbarkeiten eines IT Systems durch entsprechende Maßnahmen

7 Optimierung interner Abläufe

kundig, so werden diese über das Change Management in die IT-Infrastruktur eingebracht.

Abbildung 33 - Der Security Prozess [8]

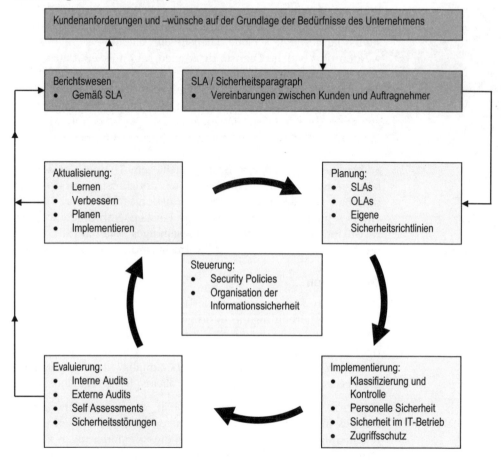

Einige Vorteile sind unter anderem:

- Errichtung eines definierten Grundschutzes der IT
- Erstellung einer Abweichungsanalyse zwischen der definierten Policy und dem Istzustand
- schnelle und dokumentierte Umsetzung gesetzlicher Anforderungen
- Nachweis der eigenen IT-Sicherheit

7.5 Security Management

7.5.2. Aktivitäten (Control)

Welche Punkte bzw. welche Begriffe sind so wichtig, dass eine eigene Bundesbehörde (BSI) geschaffen wird, um die wesentlichen Aspekte zu benennen und die wichtigsten Empfehlungen herauszuarbeiten.

Ein Blick auf die Grundbegriffe des Security Managements reicht meist schon aus, um die Bedeutung des Prozesses in einem Unternehmen herauszustellen.

- die Vertraulichkeit (Confidentiality)

  Schutz von Informationen vor unautorisierter Kenntnisnahme und unbefugter Nutzung

- die Integrität (Integrity)

  Richtigkeit, Vollständigkeit und Korrektheit aller Informationen und Daten

- die Verfügbarkeit (Availability)

  Verfügbarkeit aller Informationen zu jedem Zeitpunkt

Um den resultierenden Forderungen nach Erfüllung dieser Punkte (Gedankenstütze C.I.A. → **C**onfidentiality, **I**ntegrity, **A**vailability) gerecht zu werden, sind folgende Aktionen erforderlich:

- Steuerung

- Planung

- Implementierung

- Erfassung Status/Abweichungsanalyse (Evaluierung)

- Aktualisierung

- Berichtwesen

Steuerung

7 Optimierung interner Abläufe

Die Steuerung des Security Managements gliedert sich in die Aspekte Aufbau von Security Policies und die grundlegende Organisation der Informationssicherheit mit den Detailtätigkeiten:

Aufbau der Security Policies

- entwickeln der Leitlinie und Rahmenbedingungen zur Umsetzung der Policies

- Beschreibung der Teilprozesse, welche

    o die Erstellung von Security Policies betreffen (Planung)

    o die Umsetzung der Security Policies beschreiben (Implementierung)

    o die Umsetzungsbewertung der Security Policies beschreiben (Evaluierung)

    o den Verbesserungsprozess der Security Policies beschreiben (Aktualisierung)

    o den Nachweis der eigenen IT-Sicherheit dokumentiert (Berichtwesen)

- Erstellen von Handlungsanweisungen bei Sicherheitsstörungen

Definition der erforderlichen Aufbauorganisation der Informationssicherheit

- Organisationsstruktur

- Zuteilung von Verantwortlichkeiten

7.5 Security Management

- Initiierung einer Arbeitsgruppe für Informationssicherheit mit den Aktivitäten

    o Koordinierung der Informationssicherheit

    o Durchführung von Security Audits (intern/extern)

    o Abstimmung von Vertragspassagen für die Verträge mit Dritten

    o Koordination evtl. benötigter Consultingunternehmen.

    o Beschreibung des Autorisierungsprozesses für IT-Einrichtungen

    o Definition der Rahmenbedingungen und Handlungsanweisungen (z.B. für die Risikoanalyse und die Förderung des Bewusstseins)

    o Abstimmung der in- und externen Schnittstellen und der dazugehörigen Kommunikation

Planung

Im Teilprozess „Planung" werden die Vertragspunkte der SLAs, OLAs und UCs bzgl. der Security Anforderungen erarbeitet und festgelegt. Darüber hinaus werden die benötigten Grundschutzbestimmungen erarbeitet bzw. abgestimmt.

Implementierung

Der Teilprozess „Implementierung" ist dafür verantwortlich, dass alle Maßnahmen und Vorgaben der Security Policies regelkonform implementiert werden.

Dabei werden folgende Aktivitäten:

7 Optimierung interner Abläufe

- Klassifizierung und Kontrolle von IT-Werkzeugen
- personelle Sicherheit
- Sicherheit im IT-Betrieb
- Zugriffsschutz

unterschieden.

Bei allen Aktivitäten ist zu prüfen, ob die erforderlichen Maßnahmen und Vorgaben der relevanten Security Policies auch implementiert wurden.

Zu prüfende Punkte können sein:

- Ist eine Definition der Aufgaben und Verantwortlichkeiten erstellt?
- Liegen Verpflichtungserklärung der Mitarbeiter zur Geheimhaltung vertraulicher Informationen vor?
- Sind Schulung zur Förderung des Sicherheitsbewusstseins durchgeführt worden?
- Bestehen Richtlinien für das Personal im Umgang mit Sicherheitsstörungen und festgestellten Sicherheitsmängeln?
- Bestehen schriftliche Verfahrensanweisungen, Hausordnung (Housekeeping) bzw. generelle Verhaltensregeln?
- Existiert eine Trennung der Entwicklungs- und Testumgebung von der Produktionsumgebung?
- Sind Maßnahmen zur Identifizierung und Authentifizierung von Benutzern, Computersystemen, Workstations und PCs im Netzwerk implementiert?

Erfassung Status/Abweichungsanalyse (Evaluierung)

Die vorhandene Istsituation wird mit dem erstellten Ziel verglichen, evtl. gefundene Abweichungen werden über den Change

7.5 Security Management

Management Prozess korrigiert. Für die durchzuführende Abweichungsanalyse bieten sich grundsätzlich folgende Verfahren an:

- Self Assessments
- Interne Audits
- Externe Audits

Die Self Assessments werden von den Prozessbeteiligten durchgeführt. Dabei besteht die Gefahr einer zu oberflächlichen Beurteilung oder der „Betriebsblindheit".

Bei den Audits hingegen wird die Durchführung von Mitarbeitern anderer Geschäftsbereiche oder externen Auditoren/Beratern durchgeführt, die nicht in den Prozess involviert sind.

Aktualisierung

Bei der Aktualisierung werden die Ergebnisse der Abweichungsanalyse ausgewertet und in entsprechende Maßnahmen umgesetzt. Darüber hinaus wird geprüft, ob sich gesetzliche oder regulative Rahmenbedingungen geändert haben, die eine Anpassung der Vorgabedokumente erforderlich machen.

Berichtwesen

In dem Teilprozess „Berichtwesen" erläutert die IT-Organisation den aktuellen Sicherheitsstatus und evtl. Abweichungen von den Vorgaben. Wenn der Kunde in die Berichtsstruktur eingebunden ist, sollte die Art und der Umfang in den SLAs definiert sein.

7.5.3. Rollen

Security Manager

Der Security Manager hat die Aufgaben:

- den Prozess zu implementieren und ständig zu verbessern (KVP)
- die entsprechenden und ausreichenden Ressourcen zu planen

7 Optimierung interner Abläufe

- die effektive Nutzung und Pflege der eingesetzten Tools zu gewährleisten

- unterstützende Planung der Geschäftsprozesse bzgl. der Sicherheit

- Koordination aller sicherheitsrelevanten Fragestellungen im Unternehmen

- Managementberichte zu erstellen

- Kommunikation mit den anderen Prozessmanagern zu betreiben

Security Management Mitarbeiter (Koordinator)

Der Security Management Mitarbeiter hat die Aufgaben:

- Die Leitlinien zur Informationssicherheit, des Sicherheitsplan und der Handbücher zu erstellen und auf dem neusten Stand zu halten.

- Schulungen durchzuführen bzw. zu koordinieren

- existierende Sicherheitslücken zu berichten/eskalieren

- geplante Sicherheitsstrategie umzusetzen

- Sicherheitsanalysen durchzuführen und entsprechendes Potential zur Optimierung zu erarbeiten und aufzuzeigen

- Bewusstsein in der Organisation schaffen.

7.5.4. CSFs

Neben den unbestreitbaren Vorteilen, besonders für die Geschäftsprozesse, die mit den entsprechenden Systemen gestützt werden, entstehen jedoch umfangreiche Aufwendungen bei der Einführung eines konsequenten Security Managements. Je detaillierter der Umfang ist mit dem die Systeme geschützt werden und je höher der damit verbundene Ehrgeiz (Augenmaß bei der Erstellung der Policies erforderlich), um so mehr werden die Administratoren und Anwender in der täglichen Arbeit gehemmt. Somit ist die erste Herausforderung definiert: Security ist „lästig" - permanente Kontrolle und Pflege ist notwendig, um einen ein-

7.5 Security Management

mal erreichten Zustand aufrecht zu erhalten. Als Beispiel kann der Patch eines Herstellers dienen, der neben den benötigten Korrekturen unter Umständen nicht benötigte Dienste wieder aktiviert.

Eine zusätzliche Herausforderung sind die Kosten, die sich nur mit größeren Marketingmaßnahmen an die Kunden weitergeben lassen. Als Beispiel mag hier das Intrusion Detection System[26] gelten oder ein Monitoringsystem, mit dem die sicherheitsrelevanten Einstellungen der betriebenen Systeme in regelmäßigen Abständen geprüft werden.

Listet man die weiteren Kosten auf, erscheinen die folgenden Positionen als besonders wichtig, da diese wiederkehrend sind:

- Informationsaufbereitung und Bereitstellung
- Schulungskosten
- Kosten für die Beschaffung von Hardware und Software – leider rüsten die „Gegner" permanent auf
- aufwendige Prüfungen und Kontrollen

Ferner ist das Fehlen von direkten Quick Wins und des ROI ein kritischer Faktor. Ein funktionierendes Security Management zeichnet sich dadurch aus, dass es keine Vorfälle gibt, die den Geschäftsprozess behindern. Leider lässt sich mit dieser Aussage kein ROI errechnen, somit ist offensichtlich, dass dieser Prozess die Unterstützung des Managements benötigt.

7.5.5. KPIs

Betrachten wir einige beispielhafte Key Performance Indikatoren für den Security Prozess.

- *% Verbesserung der abgeschlossenen SLAs mit integrierten Sicherheitsrichtlinien -*

---

[26] Ein Intrusion Detection System (IDS) ist ein Programm, das der Erkennung von Angriffen auf ein Computersystem oder Computernetz dient.

7 Optimierung interner Abläufe

Viele abgeschlossene SLAs beinhalten oft keine oder nur unzureichende Sicherheitsrichtlinien. Diese sollten bei Audits auffallen und angepasst werden.

- *% der Einzelpunkte in den Richtlinien, die mit einer automatisierten Prüfung belegt sind -*

Eine automatisierte Prüfung der Einzelpunkte erhöht die Sicherheit der Systeme und gestaltet den Prozess kostengünstiger.

- *% Verringerung der Anzahl von Sicherheits-Alerts -*

Minimierung der Ereignisse, die auf die Infrastruktur durchschlagen. Je besser die IT-Infrastruktur (Firewall etc.) aufgebaut ist, umso weniger Ereignisse haben eine Auswirkung auf die Infrastruktur.

- *% Anzahl der offenen Punkte in der Abweichungsanalyse-*

Bei jeder Überprüfung der Gesetzeslage und der aktuellen Anforderungen an die Infrastruktur ergeben sich Lücken, die sich in einem Abweichungsbericht niederschlagen. Je geringer die Anzahl der Abweichungen ist, je sicherer ist die Infrastruktur.

8 Die Managementprozesse

Bis zu diesem Zeitpunkt ist das IT-Service Management ohne jegliche Wechselwirkungen zu der ursprünglichen Leistungserbringung eines Gesamtkonzerns bearbeitet worden. Wir haben die wesentlichen Faktoren für einen stabilen IT-Betrieb herausgearbeitet, jedoch die Branche, in der ein IT-Unternehmen tätig sein kann, als nicht relevant betrachtet. Diese wichtige Rahmenbedingung wird nun aufgearbeitet, um den Leitfaden zu komplettieren. Zum Schluss werden wird dann die Umsetzung betrachten.

Abbildung 34 - Management Prozesse

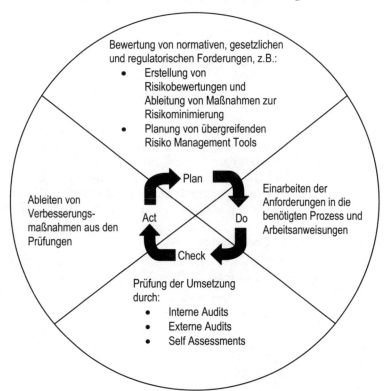

Die Abbildung 34 zeigt den Deming Cycle des Managementprozesses. Die gesamte Leistungserbringung muss sich an externen Anforderungen spiegeln, damit die entsprechenden Vorgaben und Gesetze eingehalten werden. Die dargestellte Abbildung zeigt die generelle Vorgehensweise auf.

Mögliche externe Rahmenbedingungen könnten sein:

- Sarbanes-Oxley Act (SOX)
- Abgabenordnung (AO)
- Bundesdatenschutzgesetz (BDSG)
- KonTraG
- BASEL II
- Anforderungen der FDA

Eigene Vorgaben können sein:

- Zertifizierung nach BS15000/ISO20000
- Zertifizierung nach ISO9001

Diese Liste lässt sich spielend um weitere normative oder regulative Vorgaben (Gesetzliche Bestimmungen/Vorgaben von Berufsverbänden) erweitern. Im Folgenden werden einige der möglichen Anforderungen betrachtet um einen Eindruck zu vermitteln, wie diese in eine vollständige Prozesslandkarte etabliert werden können bzw. welche Punkte beachtet werden müssen.

8.1 Compliance

Keep it Simple Stupid - allen Vorgaben gemeinsam ist die Forderung: Einhaltung der internen und externen Vorgaben. Daraus folgt, dass diese additiv betrachtet und über eine einheitliche Vorgehensweise erfüllt werden können. Betrachten wir als erstes die Forderung nach Compliance. Was bedeutet dies definitiv und welche Compliance muss erreicht werden?

KISS

Compliance: Erfüllung und Übereinstimmung von rechtlichen, regulativen oder normativen Vorgaben.

Rechtliche Vorgaben: Unternehmen, Organisationen und Personen sind verpflichtet, die jeweils geltenden Gesetze und behördlichen Verordnungen einzuhalten.

Regulative Vorgaben: Anforderungen, die sich aus „Code of Best Practice" von Branchen und sonstigen Fertigungsrichtlinien ergeben (GMP, GLP etc.).

Normative Vorgaben: Anforderungen der nationalen und internationalen Normen.

Analysiert man die Forderung nach Compliance und die damit verbundene Kurzformel „Erfüllung und Kongruenz von rechtlichen, regulativen und normativen Vorgaben" im Detail, so ergeben sich die Forderungen:

Kongruenz mit definierten Vorgaben:

Diese Vorgaben müssen den aufgeführten ISO-Normen, Gesetzestexten und eigenen Anforderungen (Richtlinien) entnommen und in lokale Beschreibungen umgesetzt werden, um dann die Erfüllung transparent prüfen zu können.

Erfüllung der beschriebenen Anforderungen.

Diese Forderung gliedert sich in zwei Punkte:

1. Erreichung

2. dauerhafte Einhaltung

8   Die Managementprozesse

und zeigt die Forderung nach einem prozessorientierten Managementsystem erneut auf. In der ersten Phase werden die gesetzlichen Anforderungen erfasst, Lücken dokumentiert und geschlossen und somit die Compliance erreicht. Die Erfahrung zeigt jedoch, dass die festgestellten Lücken meist später wieder auftreten, wenn die generellen Vorgehensweisen nicht optimiert werden. Somit hilft in der Langzeitphase nur ein System von Handlungsanweisungen den Erfolg dauerhaft zu sichern.

Die erstmalige Erreichung der Compliance wird in der Regel über ein eigenständiges Projekt sichergestellt, in dem ebenfalls die Kosten für die erforderlichen Schritte transparent dargestellt werden. Die erfassten Kosten ermuntern jedoch nicht zu einer dauerhaften Erreichung der Compliance, da diese wiederkehrend sind. Wenn die erforderlichen Anforderungen bzgl. der regulativen und rechtlichen Fragen genau analysiert und diese Anforderungen direkt in einem Anweisungssystem abgebildet werden, können die wiederkehrenden Kosten minimiert werden.

TIPP - kennzeichnen sie Hintergründe von Textpassagen in den Anweisungen. Sonst ist die Gefahr zu groß, dass diese Passagen bei späteren Überarbeitungen aus dem Anweisungssystem gestrichen werden.

Abbildung 35 - Anweisungen

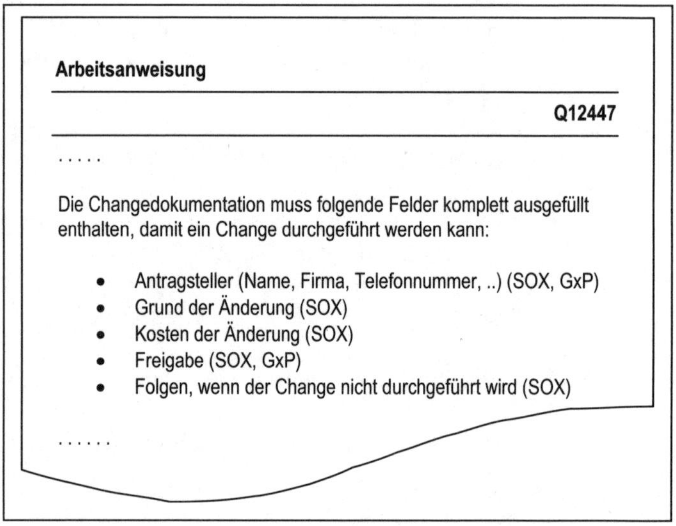

Arbeitsanweisung

Q12447

.....

Die Changedokumentation muss folgende Felder komplett ausgefüllt enthalten, damit ein Change durchgeführt werden kann:

- Antragsteller (Name, Firma, Telefonnummer, ..) (SOX, GxP)
- Grund der Änderung (SOX)
- Kosten der Änderung (SOX)
- Freigabe (SOX, GxP)
- Folgen, wenn der Change nicht durchgeführt wird (SOX)

......

In der Abbildung 35 ist die Herkunft der benötigten Information an einem Beispiel dargestellt. Die Abkürzung SOX und GxP stehen dabei für den Sarbanes-Oxley Act und die Anforderung der FDA, dazu später mehr.

Die Managementprozesse haben im Wesentlichen zum Ziel das Unternehmen anhand der externen Rahmenbedingungen zu steuern. Die Parameter für eine „Profit" oder „Cost Center" Organisation finden sich in den Managementprozessen, im Gegensatz zur allgemeinen Vermutung, eher nicht wieder – sondern wirken in der Produkt- und Artikelkalkulation bzw. im SLM. Die Managementprozesse beschreiben viel eher die Leitlinien mit denen eine Compliance erreicht werden soll und noch viel wichtiger – welche Compliance eingehalten werden muss.

8.2 Anforderungen an die Managementprozesse

Welche Anforderungen existieren bzgl. der Managementprozesse in einem Unternehmen? Um diese Frage beantworten zu können, müssen einige Gesetze und Regularien betrachtet werden, die die Rahmenbedingungen für die Managementprozesse definieren. Einige dieser Anforderungen führen dazu, dass spezielle Kontrollprozesse eingeführt werden müssen, andere dagegen führen nur zu einem weiteren Prüfpunkt in einer Checkliste.

8.2.1. Sarbanes-Oxley Act (SOX)

Unwort des Jahres 2005? Dies trifft für das mittlere Management und die ausführenden Kontrollinstanzen bestimmt zu. Gültig ist diese Regelung jedoch nur für Unternehmen, die an den US-Börsen notiert sind, sowie für ausländische Tochterunternehmen amerikanischer Gesellschaften. Hintergrund dieses Gesetzes ist die Fragestellung der Richtigkeit von Zertifikaten und Bescheinigungen von Wirtschaftsprüfungsgesellschaften. Benannt ist es nach den Leitern der Kommission, die für den Entwurf und die endgültige Formulierung verantwortlich waren (Die Herren Sarbanes und Oxley). Das Ziel des Gesetzes ist die Transparenz und die Nachvollziehbarkeit der finanziellen Transaktionen eines Unternehmens sicherzustellen. Da aber keine Bilanz, keine GuV[27] und keine Rechnung ohne ein IT-System erstellt wird, stehen

---

27 Gewinn und Verlustrechnung

8   Die Managementprozesse

viele IT-Systeme und die damit verbundenen verantwortlichen Personen und Abläufe im Fokus des Gesetzes. Die genauen Forderungen müssen der einschlägigen Fachliteratur entnommen werden.

Grundsätzlich teilen sich die Kontrollen in zwei Forderungen auf:

- Kontrollen in Abhängigkeit der Aktivitäten im Geschäftsprozess

- allgemeine IT-Kontrollen (GISC[28]).

Die allgemeinen Kontrollen richten sich nach den Risiken der Geschäftprozesse. Eine allgemeine Vorgehensweise ist die Risikobewertung der Schnittstellen in den Geschäftsprozessen. Je höher das Risiko ist, umso aufwendiger gestalten sich die entsprechenden Kontrollen. Da die IT-Systeme, die die Buchhaltungssysteme stützen, teilweise sehr komplex sind, existieren für diese Systeme festgelegte Prüfungsanforderungen. Beispielsweise lassen sich folgende Gruppierungen benennen:

- GISC - System Development Lifecycle

- GISC - Change Management

- GISC - Problem Management

- GISC - IT-Operation

- GISC - Configuration Management

Betrachten wir exemplarisch eine Anforderung im Detail. <u>Auszug aus der Change Management GISC der Bayer Business Services GmbH zum Thema „User Acceptance Test":</u>

„In the user acceptance test, the implementation of the change is tested, also by members of the relevant user department. A check is made to see that all requirements have been properly met. In particular, the relevant interfaces between the hardware and

---

[28] Gerneral Informatic Systems Control

8.2 Anforderungen an die Managementprozesse

software components shall also be tested. The behavior of the system must be examined under extreme conditions and for special cases. In addition to the hardware and software, new work procedures and operating methods shall also be tested.

The tests are performed to check conformity with requirements, usability, reliability, efficiency, security and stability. The depth of testing is dependent on its impact on financial reporting. If it does affect financial reporting, the execution of the test shall be properly documented.

On termination of the tests, the change shall be formally released.

The following documents shall be created (deliverables):

- *Documentation of user acceptance tests,*

- *Change release."*

Diese Anforderungen werden durch die Aktivität des „Post Implementation Review" des Changeprozesses erfüllt.

Erwähnenswert sind die empfindlichen Strafen, die im Abschnitt 802 verankert sind. „Die Veränderung oder Vernichtung von aufbewahrungspflichtigen Daten kann mit bis zu 20 Jahren Gefängnis bestraft werden". Überflüssig ist es an dieser Stelle zu erwähnen, dass hierbei das obere bis mittlere Management persönlich haftbar ist.

Für die Managementprozesse bedeutet dies, dass bei einer notwendigen Erfüllung des Sarbanes-Oxley Act (SOX) ein internes Kontrollsystem aufgebaut werden muss. Es ist somit ein Prozess zu etablieren, der in regelmäßigen Abständen die Einhaltung der bereits erstellten Anweisungen kontrolliert, mögliche Lücken dokumentiert und die Linienorganisation unterrichtet. Für die Erreichung der Compliance sind darüber hinaus die Arbeitsanweisungen der IT-Service Managementprozesse entsprechend detailliert zu beschreiben. Die Einhaltung der Anweisungen durch die Mitarbeiter muss durch entsprechende Maßnahmen (Kennzahlen, Audits) zyklisch geprüft werden.

8.2.2. Abgabenordnung (AO)

Die Abgabenordnung ist das „Grundgesetz" des Steuerrechts. In einigen Abschnitten finden sich Anforderungen, die für die IT relevant sind und die durch entsprechende Vorgehensweisen (Prozesse) erfüllt werden müssen. So findet sich unter den allgemeinen Verfahrensvorschriften zum Beispiel die Forderung der Mitwirkungspflicht (Auskunftspflicht), Pflicht zur Vorlage von Urkunden) usw. Dies geht eng einher mit den Grundsätzen zum Datenzugriff und zur Prüfbarkeit digitaler Unterlagen (GDPdU) und der dazugehörigen Verfahrensdokumentation. Die rechtliche Grundlage für die zu erfüllenden Anforderungen sind dabei dem HGB[29] entnommen. Diese Anforderungen gelten besonders für die Archivierung von Dokumenten. Es ist unerheblich, ob diese in Papierform oder elektronisch archiviert sind.

- Ordnungsmäßigkeit
- Vollständigkeit
- Sicherheit des Gesamtverfahrens
- Schutz vor Veränderung und Verfälschung
- Sicherung vor Verlust
- Nutzung nur durch Berechtigte
- Einhaltung der Aufbewahrungsfristen
- Dokumentation des Verfahrens
- Nachvollziehbarkeit
- Prüfbarkeit

Speziell für die IT-Systeme gibt es darüber hinaus die Vorgaben der Verfahrensdokumentation aus den „Grundsätzen für ordnungsgemäße DV-gestützte Buchführungssysteme (GoBS)". Die-

---

[29] Handelsgesetzbuch

8.2 Anforderungen an die Managementprozesse

se definiert unter anderem folgende Anforderungen an die Regelungen und Arbeitsanweisungen, die für den Betrieb von IT-Systemen gelten:

- die Entstehung (Erfassung)
- die Indizierung
- die Speicherung
- das eindeutige Wiederfinden
- die Absicherung gegen Verlust und Verfälschung
- die Reproduktion der archivierten Informationen

aller Dokumente, die nach steuer- und handelsrechtlichen Vorgaben aufbewahrt werden müssen und somit bestimmten Aufbewahrungsfristen unterliegen. Die Verordnung benennt in diesem Fall sogar die Forderung, die eingehalten werden muss, um mit dem Gesetz in „Compliance" zu sein.

„Qualitativ ausreichend und vollständig ist die Verfahrensdokumentation, wenn ein unabhängiger Dritter auf Basis der Dokumentation den ordnungsgemäßen Einsatz der Lösung überprüfen kann"

8.2.3. Bundesdatenschutzgesetz (BDSG)

Im Bundesdatenschutzgesetz (BDSG) wird zusammen mit den Datenschutzgesetzen der Bundesländer und anderen bereichsspezifischeren Regelungen der Umgang mit personenbezogenen Daten geregelt. Unerheblich ist dabei, ob diese manuell oder von IT-Systemen verarbeitet werden.

Um die Anforderungen an ein Managementsystem zu verdeutlichen, sehen wir uns einige Ausschnitte exemplarisch an:

„ . . . dass nachvollzogen werden kann, wer welche personenbezogenen Daten wann geändert hat. Ebenso muss dokumentiert werden, an welche Stellen die Daten weiter gegeben wurden. . . ."

„... Auskunft darüber, aus welchen Quellen diese Daten stammen und zu welchem Verwendungszweck sie gespeichert werden"...

„... Übermittlung seiner Daten an Dritte zu untersagen ... "

„... Sperrung seiner Datensätze ... "

Wenn eine Organisation personenbezogene Daten speichert oder verarbeitet, müssen die dargestellten Aktionen belegt werden können. Daraus ergeben sich wiederum Anforderungen an ein Managementsystem, dass in diesen speziellen IT-Bereichen eingesetzt wird.

8.2.4. KonTraG

KonTraG ist ein vortreffliches Beispiel für die Notwendigkeit von Managementprozessen, die über das ITIL-Framework hinausgehen.

Das „Gesetz zur Kontrolle und Transparenz im Unternehmensbereich" – kurz KonTraG ist ein deutsches Gesetz, das 1998 in Kraft getreten ist. Im Kern soll dieses Gesetz ein Früherkennungssystem für Risiken implementieren und somit sicherstellen, dass mögliche Risiken frühzeitig erkannt werden und diesen durch entsprechende Maßnahmen begegnet wird. KonTraG präzisiert und erweitert dabei hauptsächlich Vorschriften des HGBs und des AktGs (Aktiengesetz).

Auf eine Prozesslandkarte und die damit verbundenen Prozesse wirkt das Gesetz auf verschiedenen Ebenen. Einerseits erzwingt es einen eigenständigen, unternehmensweiten Prozess zum Risikomanagement (evtl. auch die dazu notwendigen Tools), andererseits sind weitere Aktivitäten auf der Detailebene in den einzelnen Projekten notwendig. Beispielsweise kann neben einem Projektplan auch eine Risikobetrachtung, ab einem bestimmten Projektbudget, durch das Managementsystem gefordert sein.

In „Compliance" mit dieser Forderung zu sein bedeutet wiederum, dass die Einhaltung der Checklisten durch entsprechende Nachweisdokumente belegt werden kann.

Neben der Transparenz für Investoren ermöglicht dieses Gesetz eine bessere Bewertung der finanziellen Situation und der Stabili-

8.2 Anforderungen an die Managementprozesse

tät eines Unternehmens. Dies wiederum hat direkten Einfluss auf das Fremdkapital, das ein Unternehmen nutzen kann und die damit zusammenhängenden Kapitalkosten. Aus diesen Informationen ergibt sich das Rating eines Unternehmens.

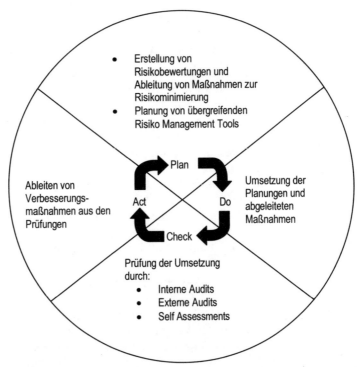

Abbildung 36 - Management Prozess "Risikobewertung"

Die Abbildung 36 zeigt den grundsätzlichen Ablauf des Risikomanagements auf. Diese Abbildung zeigt das Prinzipschaubild des Risikomanagement-Prozesses. Einzelne Arbeitsanweisungen regeln die Detailanforderungen, Checklisten werden als Nachweisdokumente genutzt.

8.2.5. BASEL II

Unter dem Begriff BASEL II summieren sich die Eigenkapitalvorschriften, die vom Basler Ausschuss für Bankenaufsicht in den letzten Jahren entworfen worden sind. In der Europäischen Union sind diese ab Ende 2006 gültig, werden jedoch in den letzen Jahren schon häufig für die Bewertung von Kreditnehmern angewandt. Im deutschen Recht findet sich die Umsetzung dieser Forderungen unter dem Begriff "Mindestanforderungen an das Risikomanagement" (MaRisk) wieder.

Das wichtigste Motiv ist die Sicherung der Kapitalausstattung der Banken und die Schaffung von einheitlichen Wettbewerbsbedingungen bei der Vergabe von Krediten. Einsehbar ist es, dass die Sicherheit der Kapitalausstattung einer Bank einhergeht mit den Risiken der Kreditnehmer, womit sich der Kreis zum vorher vorgestellten KonTraG schließt.

8.2.6. Regularien der FDA

Neben möglichen Anforderungen gesetzlichen Anforderungen, die sich meist aus der Gesellschaftsform ergeben, existieren meist Anforderungen die spezifisch für bestimmte Branchen sind. Am Beispiel der Food and Drug Administration betrachten wir einige Anforderungen. In der Literatur werden die Bestimmungen, die in diesem Umfeld erfüllt werden müssen, häufig unter der Bezeichnung GxP summiert. Hinter diesem schlichten Begriff verbirgt sich eine ganze Kette von Anforderung, so z.B.

- Good Laboratory Practice (GLP)
- Good Clinical Practice (GCP)
- Good Manufacturing Practice (GMP)

Die Systeme, die produktionsnah genutzt werden, haben sich bereits in der Vergangenheit sehr intensiv mit den Anforderungen auseinandergesetzt. Einschlägige Fachliteratur beschreibt die Anforderungen im Einzelnen. Hier nochmal der Hinweis auf die Einhaltung der Compliance! Das Vorgehen ist wiederum relativ einfach. Eine Organisation muss z.B. die Anforderungen aus GLP erfüllen – es muss also dementsprechend „GLP-compliant" gearbeitet werden.

Seitens der FDA existieren die Forderungen, dass jede Änderung an einem IT-System autorisiert, dokumentiert und nachvollziehbar durchgeführt wird. Bezogen auf ein einzelnes System bedeutet dies nichts anderes, als das ein Ausgangszustand definiert ist (Deployment mit Abnahme), jede Änderung getestet und kontrolliert durchgeführt wird (Release und Change) und die durchgeführten Änderungen dokumentiert werden (Configuration Management).

8.2 Anforderungen an die Managementprozesse

8.2.7. Normen

Im Wesentlichen sind zwei Normen relevant, deren Anforderungen betrachtet werden sollten. Die Normreihe ISO 9000-9004:2000 ist bei vielen, bis zum Jahr 2006 zertifizierten Unternehmen von Bedeutung. Da aber, wie allgemein angenommen, sich das Verhältnis der ISO 9000 zertifizierten IT-Unternehmen deutlich zur BS15000/ISO20000 verschieben wird, betrachten wir die Normenreihen ISO9000-9004 nur generalisiert.

8.2.7.1. ISO 9001:2000

Beleuchtet man die Normenreihe ISO9000-ISO9004, so findet man grundlegende Elemente, die im ITIL-Framework im Wesentlichen nicht abgebildet sind, bzw. die nicht explizit dargestellt werden.

- Lenkung von Dokumenten und Aufzeichnungen (Qualitätsmanagementsystem)

- Verantwortung der Leitung (Qualitäts- und Kommunikationspolitik)

Folgende Funktionen finden sich dagegen teilweise im ITIL-Framework wieder:

- Management von Ressourcen (Fähigkeit, Bewusstsein, Arbeitsumgebung)

- Produktrealisierung (kundenbezogene Prozesse, Entwicklung, Produktions- und Dienstleistungserbringung etc.)

- Messung, Analyse und Verbesserung (Kundenzufriedenheit, Datenanalyse, Lenkung von fehlerhaften Produkten etc.)

Alle weiteren Forderungen der Norm sind im ITIL-Framework abgebildet. Die erweiterten Forderungen der Norm (bzgl. der Dokumentenlenkung) und der Verantwortung der Leitung (bzgl. der Qualitäts- und Kommunikationspolitik) müssen an den entsprechenden Stellen in einem Anweisungssystem abgebildet werden. Als Fazit kann für die Normenreihe ISO9000-9004 herausgestellt werden, dass ein IT-Betrieb, der in der Ablauforganisation nach der ITIL-Philosophie organisiert ist, durch wenige Ergänzungen und mit vergleichsweise geringen Kosten zertifiziert werden kann.

8 Die Managementprozesse

8.2.7.2. BS15000/ISO20000

Interessanter ist in diesem Zusammenhang die, zum Zeitpunkt der Erstellung des Buches in Abstimmung befindliche, ISO-Norm 20000. Die Basis für die nachfolgenden Informationen ist der Normentwurf in der Fast-Track Phase mit dem Endtermin 29.4.2005.

Die Norm besteht aus den Teilen:

- Part1: Specification Service Management

- Part2: Code of Practice for Service Management

und ist aus der BS15000 in die ISO20000 übernommen. Aus diesem Grund wird die BS15000 im Folgenden gemeinsam mit der ISO20000 aufgeführt.

Die Abbildung 37 zeigt das elementare Verständnis des Service Managements der Norm auf.

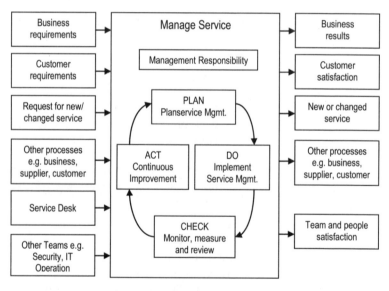

Abbildung 37 - Service Management-Sicht BS15000/ ISO20000 [1-4]

In Ergänzung zu dem ITIL-Framework ist der PDCA-Zyklus in der Norm implementiert. Ebenso finden sich die meisten normativen Forderungen der Normenreihe ISO9000-9004 wieder. Einige relevante Punkte werden wir später kurz anreißen. Sehen wir uns zuvor den Block „Manage Service„ detaillierter an.

8.2 Anforderungen an die Managementprozesse

Abbildung 38 - Details BS15000/ ISO20000 [1-4]

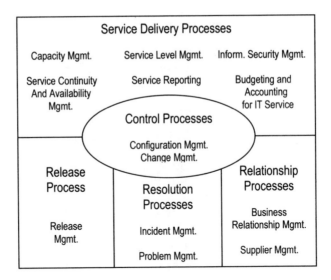

Die Abbildung 38 zeigt die Prozesse auf, die durch den zentralen PDCA-Zyklus geplant, ausgeführt, kontrolliert und permanent verbessert werden sollen. An diesem Schaubild ist zu erkennen, dass, wer bisher auf qualitätsgesicherten Betrieb gesetzt hat und ein Re-Design seiner Prozesse unter Beachtung des ITIL-Framework durchführt, nicht weit von einer Zertifizierung nach BS15000/ISO20000 entfernt ist.

Die folgenden Empfehlungen, die der Norm BS15000/ISO20000 entnommen sind, geben einen Einblick wie nah die Normenreihen ISO 9000-9004 und BS15000/ISO20000 nebeneinander stehen.

So findet man unter anderem als organisatorische Forderung zu dem „Managementsystem":

„To provide a management system, including policies and a framework to enable the effective management and implementation of all IT services",

mit den Unterpunkten:

195

- Management Responsibility
- Documentation Requirements (policies and plans, service documentation, procedures, process, process control records)
- Managing Documents
- Competence, Awareness and Training.

Diese Unterpunkte sind in der ISO9001 ebenfalls abgebildet und erweitern nur das ITIL-Framework um die Forderung der Verantwortung des Managements. Für den SLM-Prozess benennt die Norm beispielsweise folgende Punkte

- Service Catalogue (name of service, target, contact points, service hours and exceptions, security arrangements)
- Service Level Agreements
- Major points of the service level managment process
- Supporting service agreements.

8.3 Effiziente Integration der Anforderungen

Wie kann ein Managementsystem aussehen, das die erwähnten Anforderungen abdeckt? In welchen Dokumenten/Prozessbeschreibungen müssen die Anforderungen für die Compliances abgelegt werden? Die inhaltlichen Punkte ergeben sich aus dem gewählten Modell (Cobit, ITIL, BS15000/ISO20000 MOF etc.) und den gesetzlichen, regulativen und normativen Anforderungen. Betrachten wir im Folgenden die organisatorische Umsetzung in Form von Prozessbeschreibungen, Arbeitsanweisungen und Checklisten.

Die Abbildung 39 visualisiert die wichtigste Forderung, nämlich nach kontinuierlicher Verbesserung von Arbeitsergebnissen und regelmäßiger Prüfung der Erreichung der benötigten Compliance. Der Abbildung kann entnommen werden, dass die Forderungen der Compliances in einem Anweisungssystem entsprechend geplant werden muss (Plan), von den Mitarbeitern in der täglichen Arbeit eingehalten werden muss (Do) und durch wiederkehrende Prüfungen auf Erfüllung gemäß den Vorgaben geprüft werden

8.3 Effiziente Integration der Anforderungen

muss (Check). Die Act-Funktion beinhaltet verschiedene Reaktionen bei vorhandenen Abweichungen.

Abbildung 39 - Verbesserung und Prüfung

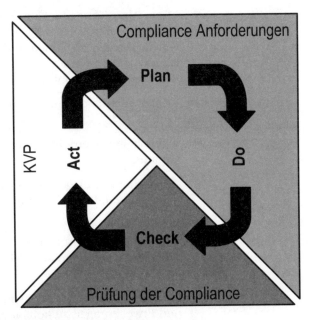

Grundsätzlich können drei Varianten unterschieden werden:

- Die Mitarbeiter handeln nicht entsprechend der Vorgaben.

  Die fehlende Einhaltung von Vorgaben und Anweisungen bedeutet im Kern einen Verstoß gegen eine Arbeitsordnung und kann im schlimmsten Fall eine Abmahnung nach sich ziehen. Vorgehensweisen in dieser Form sollten jedoch nur im äußersten Notfall angewandt werden, wichtiger ist es die Verstöße aufzuzeigen, um die Mitarbeiter zu sensibilisieren.

- Die Vorgaben sind unpräzise, zu detailliert oder unvollständig.

  In diesem Fall ist die Motivation der Prozessmanager entscheidend, müssen diese doch ständig ihr Ohr am Prozess haben und die Stimmung bei den Mitarbeitern einfangen. Die erstellen Prozesse sollten in diesem Fall strukturiert und zurückhaltend überarbeitet werden.

8 Die Managementprozesse

- Die Vorgaben sind nicht geeignet um die notwendige Compliance zu erreichen.

  Diese Abweichungen sind durch interne Methoden und Verfahren nur sehr schwer zu entdecken. Um diese Schwachstellen zu finden, müssen in regelmäßigen Abständen externe Audits durchgeführt werden, die sich an der benötigten Compliance orientieren.

Weitere, unter Umständen erforderliche Managementprozesse können sein:

- regelmäßige Überprüfung der Compliance durch externe Organisationen
- Abweichungsmanagement - der Umgang mit Abweichungen vom Regelwerk muss beschrieben werden
- Change Management - der Change Managementprozess der Unternehmensprozesse selbst muss beschrieben sein. Wie erfolgt eine kontrollierte Änderung der Ablauforganisation.
- geeignete Kommunikationsprozesse um Änderungen und Erweiterungen zu kommunizieren
- Steuerungsprozesse für das strategische Management der Organisation. Z.B. Balance Scorecard.
- Organisation der Corporate Identity und Compliances

KISS

Rechtliche, regulative und normative Forderungen stellen spezielle Anforderungen an ein Managementsystem. Die zu erfüllenden Anforderungen müssen detailliert ermittelt werden. Eine Umsetzung erfolgt über alle Stufen der im späteren Projekt vorgestellten Dokumentationspyramide. Durch eine gewandte Formulierung ergänzen sich die möglichen rechtlichen Forderungen mit dem Ziel ein BS15000/ISO20000 konformes Managementsystem aufzubauen.

9 Zwischenbilanz I

Ergänzen wir zunächst die bisher erarbeiteten Punkte in dem Leitfaden zur Optimierung der Betriebsprozesse.

Leitfaden

1. **Verschaffen sie sich einen kurzen Überblick und entscheiden sie sich für ein mögliches Prozessmodell (BS15000/ISO20000, ITIL, COBIT, MOF, etc.).**
2. **Entwickeln sie eine Prozesslandkarte, die die Leistungserstellung komplett abbildet.**
3. **Spiegeln sie die gewählte Prozesslandkarte ausgiebig und optimieren sie diese bei Bedarf, bevor eine Publikation bei den Mitarbeitern erfolgt.**
4. **Listen sie die Anforderungen auf, die ihre Prozesse erfüllen müssen – welche Compliances erreicht werden müssen.**
5. **Entscheiden sie sich für ein Best Practice Modell, dass die Basisprozesse liefern soll – in diesem Buch sind es die ITIL-Prozesse.**
6. **Ergänzen sie das Prozessmodell um die Managementprozesse, die in ihrem Umfeld entscheidend sind.**
7. **Summieren sie die Ziele in einem Projektplan und starten sie das Implementierungsprojekt – planen sie einen mittelfristigen Zeitrahmen für die Implementierung ein.**

9 Zwischenbilanz I

Die elementaren Funktionen der ITIL-Prozesse und der Norm BS15000/ISO20000 sind nunmehr erläutert, die potenziellen Anforderungen aus Normen und Gesetzen sind dargestellt und mit der Prozesslandkarte ist ein Werkzeug erarbeitet, dass eine nachhaltige Verbesserung der Betriebs- und Geschäftsprozesse ermöglicht. Wenngleich in diesem Buch mehr als die Hälfte der Arbeit geschafft ist, steht in einem Implementierungsprojekt die eigentliche Arbeit noch bevor.

Abbildung 40 - Zwischenbilanz

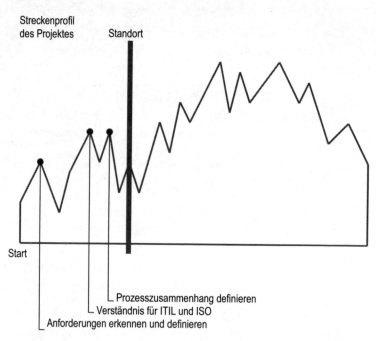

Die Abbildung 40 zeigt in einer Standortbestimmung auf, dass lediglich die ersten Hürden überwunden sind, für die nachfolgende Implementierung ist eine Definition des Ziels erforderlich. Neben der Fragestellung, welche Meilensteine erreicht werden müssen, ist eine umfangreiche Betrachtung der Ausgangssituation erforderlich.

10 Implementierung der Geschäftsprozesse

Ausschlaggebend für den Erfolg von Projekten in der Prozessmodellierung ist die sorgfältige Vorbereitung vor dem eigentlichen Projektbeginn. Neben der Zieldefinition „Wo soll eine Organisation in zwei Jahren stehen? Wie soll die Ablauf- und Aufbauorganisation aussehen?" stellt die menschliche Psyche einen nicht zu unterschätzenden Faktor in einem solchen Projekt dar. Skizzieren wir zunächst die möglichen Ausgangssituationen.

10.1 Fiktive Ausgangssituation

Zwei Varianten sind als Ausgangssituation denkbar:

- Eine Organisation beginnt auf der grünen Wiese
- Es existiert ein beschriebene Ablauforganisation.

Die erste Variante ist eher unüblich, lediglich am Anfang eines Unternehmens steht die Improvisation. Bei einer Ausbreitung der Geschäftstätigkeiten weicht die Improvisation schnell der Organisation. Arbeitsabläufe werden beschrieben und meist mit Checklisten gestützt. Ein erstes „Managementsystem" ist entstanden, wenn meist von geringen Umfang.

Alle weiteren Verfahren und Vorgehensweisen für die Implementierung werden daher exemplarisch an zwei Prozessen reflektieren, deren Abläufe sich am Life Cycle eines Systems spiegeln.

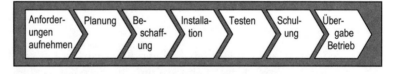

Abbildung 41 - Inbetriebnahme von Systemen

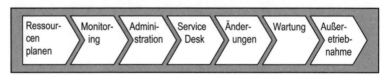

Abbildung 42 - Betrieb von Systemen

Die Abbildung 41 und 42 zeigen die beiden Prozesse auf, die zurzeit die Leistungserbringung stützen. Um mit diesen wenigen Schritten auch in der Vergangenheit eine Compliance erreichen

10 Implementierung der Geschäftsprozesse

zu können, sind die Teilschritte in Arbeitsanweisungen zerlegt worden (Arbeitsanweisungen sind für Mitarbeiter bindend). Die vorhandenen Arbeitsanweisungen werden darüber hinaus durch Formulare und Checklisten gestützt. Die ausgefüllten Formulare dienen im späteren Verlauf als Nachweisdokumente für die ordnungsgemäße Bearbeitung der notwendigen Teilschritte (Nachweis der Compliance).

Abbildung 43 - Aufgliederung der Prozesse

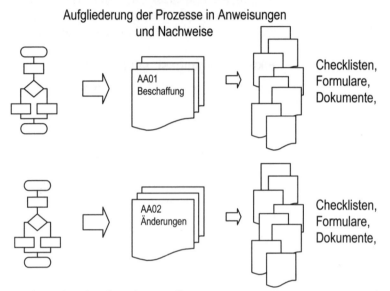

Neben den beiden dargestellten Prozessen existieren notwendigerweise eine Reihe von weiteren Stützprozessen, die die Themen Kunden-Feedback, Kommunikations- und Schulungspolitik sowie Controlling sicherstellen. Somit ist eine Zertifizierung (ISO9001) dieses kleinen Managementsystems grundsätzlich möglich.

Die Abbildung 44 zeigt die organisatorische Gliederung eines fiktiven Unternehmens auf, um zu einem späteren Zeitpunkt mögliche organisatorische Änderungen darstellen zu können.

10.1 Fiktive Ausgangssituation

Abbildung 44 - Organigramm

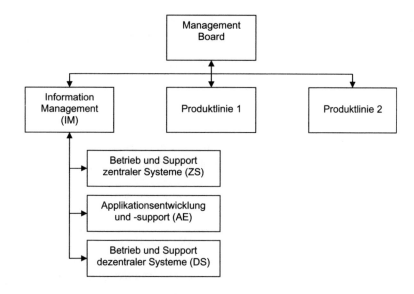

Das Ressort Information Management (IM) hat sich in drei Funktionsgruppen aufgeteilt:

Betrieb und Support zentraler Systeme

Der Bereich „Betrieb und Support zentraler Systeme" betreut im Wesentlichen die zentralen IT-Systeme. Die zugehörigen Systeme können z.B. über zwei entfernte Standorte in Deutschland verteilt, betrieben werden. In der Verantwortung der Abteilung sind die Weitverkehrsnetze (WAN), die RZ-Infrastruktur und die zugehörigen Betriebssysteme und Middlewarekomponenten (Datenbanksysteme, Datensicherungen, Webserver etc.). Dieser fiktive Bereich hat seine Arbeitsabläufe entsprechend der eingesetzten Techniken ausgerichtet. Hauptsächlich werden in der zentralen Struktur die betriebswirtschaftlichen Anwendungen betrieben und die erforderlichen Endgeräte unterstützt.

Applikationsentwicklung und –support

Der Bereich „Applikationsentwicklung und -support" entwickelt und unterstützt die benötigten Applikationen für den zentralen und dezentralen Betrieb. Sobald eine benötigte Applikation fertig entwickelt oder eine Software auf einem Testsystem fertig konfiguriert und geprüft ist, wird das komplette Paket durch den zentralen bzw. dezentralen Betrieb auf dem jeweiligen System installiert.

Betrieb und Support dezentraler Systeme

Der Betrieb und Support der dezentralen Systeme übernimmt die Aufgaben:

- Inbetriebnahme, Betrieb- und Außerbetriebnahme von IT-Komponenten
- Prüfung und Beschaffung von IT-Komponenten

für die Systeme, die in den verteilten Lokationen eines Unternehmens zu finden sind. Die Aufgabenverteilung der Abteilungen und Teams sind willkürlich gewählt und sollen im späteren Verlauf lediglich das Optimierungspotential aufzeigen.

10.2 Das Projekt

Die eigentliche Implementierung der neuen Prozesslandschaft muss im Rahmen eines Projektes abgewickelt werden. Die Projektdauer variiert und ist im Grundgedanken von der Größe des IT-Bereiches abhängig.

10.2.1. Success-Faktor Projektziel

Ein entscheidender Schritt ist die Definition eines messbaren Projektziels. Für unser Beispielprojekt ist es wie folgt definiert:

- die vorhandenen Abläufe/Prozesse überarbeiten und ITIL konform ausrichten
- die in ITIL beschriebenen Vorteile (optimales Change Management, optimaler SPOC etc.) umsetzen
- Compliance zu der Normen BS15000/ISO20000 erreichen, um eine spätere Zertifizierung zu ermöglichen.

Um das Projektziel griffiger zu gestalten, werden die einzelnen Ziele ausformuliert.

10.2 Das Projekt

Die vorhandenen Abläufe/Prozesse überarbeiten und ITIL konform ausrichten:

Im Rahmen des Projektes soll die ITIL-Philosophie in die tägliche Praxis umgesetzt werden. Der zentrale Orientierungspunkt ist die bereits entwickelte Prozesslandkarte. Diese hilft die einzelnen Prozesse optimal aufeinander abzustimmen. Arbeitsanweisungen, die eingeführt sind und die vom Kern die erforderlichen Tätigkeiten abdecken, sollen lediglich überarbeitet werden. Das heißt, dass die Begriffswelt zu korrigieren ist, Rollenmodelle angepasst und vorhandene Schnittstellen entsprechend überarbeitet werden müssen. Die Inhalte der existenten Prozesse dürfen dabei nicht komplett verworfen werden, da die Mitarbeiter sich mit den bereits beschriebenen Tätigkeiten identifizieren.

Die im ITIL-Framework beschriebenen Vorteile (optimales Change Management, optimaler SPOC[30] etc.) umsetzen:

Neben dem Bewahren der sinnvoll beschriebenen Einzelaktivitäten sollen natürlich die Vorteile des Best Practice Modells in die tägliche Arbeitsumgebung übernommen werden. Vorhandene Aktivitäten und Anweisungen werden um die erforderlichen Punkte ergänzt werden, vorhandene Schnittstellen müssen dazu neu definiert und neue Rollenkonzepte müssen in die Praxis überführt werden. Organisatorische Änderungen, die einen Quick Win versprechen, sollen umgehend eingeführt werden.

Compliance zu der Normen BS15000/ISO20000 erreichen, um eine spätere Zertifizierung zu ermöglichen:

Die vorhandene Qualifizierung nach der Norm ISO9001 muss erhalten bleiben bzw. die Prozesse und die Arbeitsanweisungen sind so auszurichten, dass eine spätere Zertifizierung nach BS15000/ISO20000 möglich ist. Die durch BS15000/ISO20000 definierten Anforderungen müssen durch die Inhalte der ITIL-Prozesse abgedeckt und um erforderliche Stützungsprozesse ergänzt werden. Die bereits vorhandenen Stützprozesse werden in den Teams überprüft und bei Bedarf entsprechend überarbeitet.

---

[30] Single Point of Contact

10 Implementierung der Geschäftsprozesse

10.2.2. Sucessfaktor: Mitarbeiter

Um die gewählte Projektstruktur und einige der angewandten Projektmaßnahmen besser verstehen zu können, starten wir einen kurzen Ausflug in die Psyche der Mitarbeiter. Das Denken und Handeln der Menschen ist auf der Suche nach Stabilität und Normen für bestimmte Situationen. Sind Verhaltensmuster für definierte Situation geprägt, so entstehen bei Veränderungsprozessen Angstsituationen. Es werden Wege und Möglichkeiten gesucht an alten Verfahrensweisen festzuhalten und die Neuen nicht zu nutzen. Fehlende Handlungsmuster, Qualifikationen und Informationsdefizite führen letztendlich zu Angst und Widerstand. Dieser Widerstand verstärkt sich je mehr potentielle Nachteile mit der anstehenden Veränderung verbunden sein können. Unbeachtete Widerstände führen zu Blockaden und verursachen somit häufig hohe Kosten.

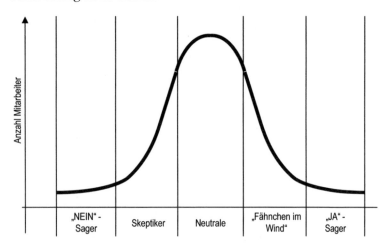

Abbildung 45 - Mitarbeiterpositionen

Die Abbildung 45 zeigt die Mitarbeiterposition gegenüber Veränderungen. Über die Hälfte der Mitarbeiter stehen Veränderungsprozessen abwartend gegenüber. Die andere Hälfte ist häufig in zwei Lager gespalten.

Hochmotivierte Mitarbeiter, die den Veränderungsprozess aktiv unterstützen und mittragen möchten (die „Ja-Sager"), und Mitarbeiter, die der Veränderung negativ gegenüberstehen (die „Nein-Sager"), nur die schlechten Seiten sehen und den Prozess der Veränderung verhindern möchten. Dies ist nicht gleichbedeutend damit, dass diese Mitarbeiter ungenügende Arbeitsergebnisse in

10.2 Das Projekt

ihrem Aufgabengebiet abliefern, sondern sagt lediglich aus, dass diese Mitarbeiter die beschriebene Stabilität besonders benötigen.

Abbildung 46 - Metamorphose

METAMORPHOSE.

„Was für die Raupe das Ende der Welt ist, nennt der Rest der Welt Schmetterling." - Lao Tse

Eine Aufgabe der Projektleitung besteht darin, die Argumente der „Pessimisten" zu analysieren, zu bewerten und bereits im Vorfeld geeignete „Marketingmaßnahmen" und Möglichkeiten zu finden, um eine negative Beeinflussung auf das „Gros" der Mitarbeiter zu verhindern. Im Vorfeld eines „ITIL-Projektes" steht somit eine grobe Analyse der Stärken und Schwächen der Mitarbeiter.

Folgende Überlegung ist für den Umgang mit Skeptikern und der späteren Projektstruktur durchaus hilfreich. Bei jedem Zusammenleben von Menschen gibt es die üblichen, gruppendynamischen Prozesse mit Mitläufern und strikten Gegner. Die übliche Aufteilung folgt meist der Gaußschen Verteilung. Entsprechend ihres Typs (enthusiastischer Gegner oder desinteressierter Mitläufer) müssen die Mitarbeiter in der Projektstruktur eingebunden werden.

Der Typ des „enthusiastischen Gegners" ist mit viel Energie bei der Arbeit. Ihn gilt es zu lenken. Im Projekt kann er durch entsprechende Schulungen überzeugt werden, vielleicht besteht die Möglichkeit ihn zum ITIL-Service Manager auszubilden. Bleibt er immer noch ein „Gegner", so existieren vielleicht fundierte Argumente, dass ITIL wirklich nicht in eine bestimmte Organisation passt. In den meisten Fällen jedoch wird durch die Weiterbildung ein sehr bedeutender Mitarbeiter für das Projekt gewonnen, der nun seinerseits „Mitläufer" mit viel Engagement

10   Implementierung der Geschäftsprozesse

überzeugt. Eine kleine Warnung - diese Art von Mitarbeiter darf jedoch keinesfalls in Entscheidungsprozesse von Subteams eingebunden werden, ohne dass er vollständig überzeugt ist, ansonsten werden sich Entscheidungen unnötig lange hinziehen und nur suboptimal sein.

Der vollkommen am Projekt desinteressierte Mitarbeiter darf nicht in das Projekt eingebunden werden. Meist wird dieser Typus ohnehin Arbeitsanweisungen befolgen und diese nach Vorschrift ausführen. Sein Feedback in den Schulungen zu Verfahren, die suboptimal beschrieben sind, muss beachtet werden, sonst kann „evtl. Dienst nach Vorschrift" den reibungslosen Ablauf der Prozesse behindern statt fördern.

10.2.3.   Success-Faktor Projektstruktur

Die Projektstruktur wird für das Projekt in die entsprechenden Funktionen aufgeteilt. Folgenden Rollen und Teams werden für die Implementierung benötigt.

Lenkungsausschuss:

Der Lenkungsausschuss besteht aus der Gruppenleitung/Teamleitung, der Abteilungsleitung und dem QM-Beauftragten.

Neben den bekannten Funktionen[31] eines Lenkunksauschusses agiert dieser Kreis als Informationsdrehscheibe für die Entwürfe der Prozessbeschreibungen und Arbeitsanweisung. Diese werden dem Ausschuss in regelmäßigen Besprechungen zur Diskussion vorgestellt, evtl. überarbeitet und freigeben.

Problematisch ist die Konfliktsituation der zukünftigen Verantworten (siehe Abbildung 47). War in der Vergangenheit der Gruppen-/Teamleiter für die Ablauforganisation der alleinige Verantwortliche, so verlagert sich diese Verantwortung im späteren Verlauf auf die Prozessmanager. Die folgende Abbildung soll dies verdeutlichen.

---

[31] Sponooring, Entoohoidungogromium

10.2 Das Projekt

Abbildung 47 - Verantwortungen

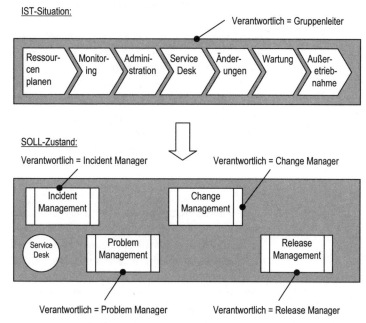

Diese Konfliktsituation und die daraus resultierenden Konsequenzen müssen in den Sitzungen des Lenkungsausschusses diskutiert und mögliche Lösungen entsprechend bestätigt oder verworfen werden. Die Prozessmanager haben nach der Diskussion und der Freigabe durch den Lenkungsausschuss ein klar definiertes und abgestimmtes Kompetenzprofil.

Projektleiter:

Der Projektleiter übernimmt die üblichen Aufgaben im Projekt: „Schuld an allem, ungeliebter Antreiber, Kummerkasten, usw.". In einem ITIL-Projekt muss der Projektleiter zusätzlich ein besonderes Augenmerk auf die Themen Projektmarketing und Kommunikation haben.

Projektsupport:

Der Projektsupport berät in fachlicher Hinsicht die einzelnen Subteams und die Prozessmanager. Grundsätzlich kann die Leistung des Projektsupports über 2 Varianten in das Projekt eingebracht werden.

- externe Beratung
- eigene Aus- und Weiterbildung

10   Implementierung der Geschäftsprozesse

In unserem fiktiven Projekt wird die Funktion des Projektsupports durch einen internen Mitarbeiter besetzt. Bei der Auswahl wird Wert auf eine kurze Firmenzugehörigkeit[32] und auf die notwendige Akzeptanz bei den Mitarbeitern und Kollegen gelegt. Die fachliche Qualifikation ist durch ein entsprechendes Training in der Vorphase des Projektes sichergestellt.

Wird diese Funktion durch externe Berater erbracht, muss auf ausreichende Erfahrung in den Geschäftsprozessen der jeweiligen Branche geachtet werden.

Prozess-Manager:

Die Prozessmanager sind verantwortlich für die jeweiligen Prozessbeschreibungen, Arbeitsanweisungen, zugehörigen Formulare und Tools. Darüber hinaus steuern sie die kontinuierliche Verbesserungen „ihrer" Prozesse über KPIs. Organisatorisch führen die Prozessmanager die Subteams, analysieren die Ist-Situation und führen die Transformation in die Sollprozesse durch. Im späteren Ablauf sind sie die Hauptansprechpartner bei allen Fragen bzgl. „ihres" Prozesses. Die fachliche Qualifikation wird über eine ITIL Basisschulung erreicht, die im Anschluss in der Funktion des Projektsupports vertieft wird

Jedem Prozess muss somit eine verantwortliche Person zugeordnet werden, die die Rolle des Prozessmanagers lebt. Die Inhalte der Rolle können wie folgt beschrieben werden:

- Definition, Implementation und Verbesserung des Prozesses

- Pflege, Freigabe und Koordinierung von prozessunterstützenden Tools

- Standardisierung aller Vorgänge

- Anfertigung von Leistungsberichten und Auswertungen

---

[32] Keine Betriebsblindheit, hohes Interesse an den Betriebsabläufen

- Auswertungen auftretender Probleme und Fehler bezogen auf den Prozess

- Analyse von Trends zum Thema Schulungsbedarf

- Schulung der am Prozess beteiligten Mitarbeiter

- Pflege von Prozessschnittstellen

Prozessteam:

Einer muss die Arbeit machen ☺. Das Prozessteam setzt sich aus 1 bis 3 Mitarbeitern, dem Projektsupport und dem Prozessmanager zusammen. Die Mitarbeiter werden entsprechend des Prozesses und ihrer fachlichen Qualifikation ausgewählt. Die ausgewählten Mitarbeiter kennen idealerweise die bisherigen, dokumentierten Arbeitsanweisungen und den täglichen Umgang mit den Systemen. Sie können somit frühzeitig ihre Erfahrung in die neu gestalteten Anweisungen einbringen und die Akzeptanz der neuen Anweisungen sicherstellen.

Der Prozessmanager stellt in Absprache mit dem Lenkungsausschuss das Prozessteam zusammen. Die Aufgabe des Prozessteams besteht darin:

- die dem Prozess zugeordneten Tätigkeiten auf Richtigkeit und Vollständigkeit zu überprüfen

- die vorhandene Arbeitsanweisungen und Prozessbeschreibungen zu prüfen und anzupassen

- die Belange der einzelnen Teams/Abteilung über die Teammitglieder in den Prozess einzubringen

- die Anforderungen an prozessunterstützende Tools zu definieren und bei der Prozessbeschreibung zu berücksichtigen

Die folgende Abbildung stellt die Projektstruktur in der Übersicht dar.

10 Implementierung der Geschäftsprozesse

Abbildung 48 - Projektstruktur

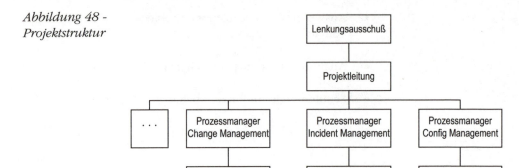

10.2.4. Success Faktor – Projektmarketing

Dem Projektmarketing kommt in der Projektabwicklung eine besondere Gewichtung zu, entscheidet diese Tätigkeit doch über Erfolg oder Misserfolg in der Umsetzungsphase und über die Motivation der Mitarbeiter. Einige mögliche Marketingmaßnahmen und deren Notwendigkeit wollen wir kurz erläutern.

Der Informationsbrief unterrichtet die Mitarbeiter über den aktuellen Projektstatus. Dort werden Projektbesprechungen zusammengefasst, Entscheidungen vorgestellt, die Prozesse erläutert und vieles mehr. Ebenfalls können dort Fragen aus den Teams in Form von „Frequently Asked Questions" (FAQ) aufgenommen und beantwortet werden. Je nach Arbeitsumfang im Tagesgeschäft ist die aktive Auseinandersetzung mit den Informationsbriefen eher gering. Die Informationsbriefe werden in der Regel wahrgenommen, führen jedoch nicht zu einem aktiven Dialog.

Als besseres Mittel der Kommunikation eignet sich die ITIL-Sprechstunde. Diese sollte monatlich durchgeführt werden. Die ITIL-Sprechstunde ist eine offene Sprechstunde für alle Mitarbeiter einer Abteilung/eines Bereiches. Dort können erste, durchgeführte Schritte hinterfragt, die momentane Stimmung zu der Prozessumstellung erfasst oder die nächsten Schritte vorgestellt werden. Die Teilnahme ist grundsätzlich freigestellt. Die Erfahrung zeigt, dass dieses Werkzeuges sehr gut geeignet ist, die durchgeführten Aktivitäten zu festigen und Rückfragen seitens der Mitarbeiter aufzunehmen.

Als aktive Maßnahmen erweisen sich Posteraktionen als sinnvoll. Über die Darstellungsform „Mindmaps" können, wie in Abbildung 49 exemplarisch dargestellt, die ITIL-Prozesse entsprechend publiziert werden. Diese Maps sollten an exponierten Stellen ausgestellt werden, ein Wechsel sollte alle 2 Wochen erfolgen, um ein permanentes Interesse am Thema und an den Abläufen aufrechtzuerhalten.

Neben diesen Mindmaps zur Vertiefung und Darstellung der Einzelprozesse und der zugehörigen Aktivitäten, muss die Prozesslandkarte verbreitet werden. Eine sehr effektive Verbreitungsmöglichkeit ist der Aushang der Landkarte in den Besprechungsräumen einer Organisation. Ein positiver Nebeneffekt sind die geführten Diskussionen mit Kunden und Lieferanten über das gewählte Servicemodell und die aufgeführten Stützprozesse.

Ein weiterer, sehr effizienter Weg ist die Abbildung der abgestimmten Prozesslandkarte im Intranet. Wichtig ist es, die Landkarte im Intranet mit den zugehörigen Inhalten der Prozesse zu verknüpfen. Die Landkarte muss dort buchstäblich zum Leben erweckt werden. Dokumente und Checklisten, die bereits fertig gestellt sind, können den Prozessen zugeordnet und den Mitarbeitern zur Ansicht zur Verfügung gestellt werden.

Eine weitere abschließende Maßnahme ist die Verbreitung des ITIL-Frameworks über Mitarbeitermagazine. Dort könnten die einzelnen Prozesse in Form von kurzen Comicsequenzen dargestellt werden.

10 Implementierung der Geschäftsprozesse

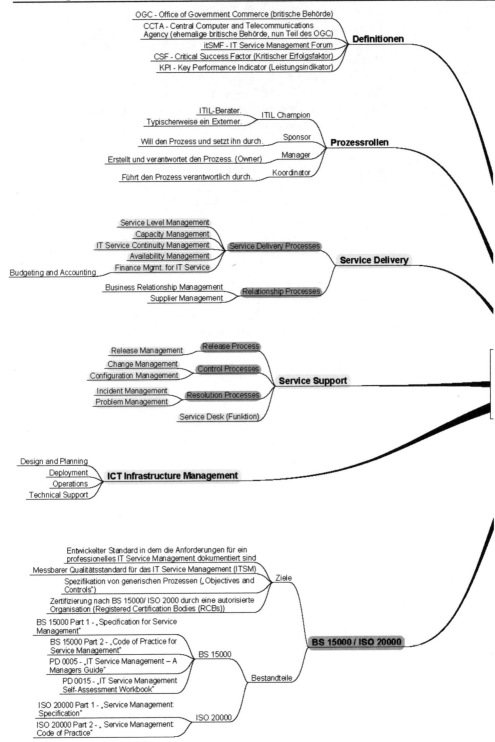

10.2 Das Projekt

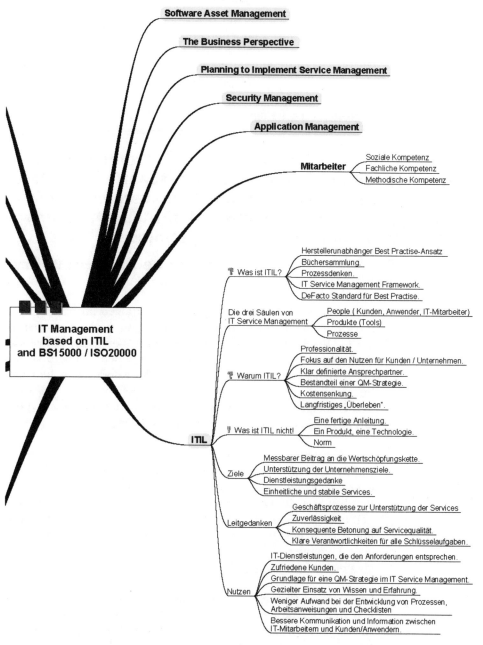

Abbildung 49 - ITIL Overview Mindmap

10 Implementierung der Geschäftsprozesse

10.3 Realisierung des Projektes

Wie im vorherigen Kapitel bereits erwähnt, sind die Mitarbeiter der entscheidende Faktor in den anstehenden Veränderungsprozessen. Um die beschriebenen Ängste zu minimieren und die Mitarbeiter frühzeitig in die richtige Richtung zu polarisieren, muss die notwendige Begeisterung geschaffen werden.

10.3.1. Begeisterung schaffen

> „Wenn Du ein Schiff bauen willst, so trommle nicht Männer zusammen, um Holz zu beschaffen, Werkzeuge vorzubereiten, Aufgaben zu vergeben und die Arbeit einzuteilen, sondern lehre den Männern die Sehnsucht nach dem weiten, endlosen Meer!"
>
> **Antoine de Saint-Exupéry**

Dieses Zitat ist wichtig für jegliche Änderungen an bestehenden Prozessen, mehr noch für die Veränderung von Arbeitsweisen, die in „Business-Process Re-Engeneering" Aktivitäten notwendig sind. Die in ITIL vielfach beschworene Kundenorientierung und die Neuausrichtung der Prozesse auf die Kundensicht bedeutet für die Kollegen in operativen IT-Projekten und innerhalb der Betriebstätigkeiten „weg von dem neuesten technischen Hype – hin zu bewährten, kostengünstigen Lösungen".

Natürlich kann das neueste „XY"-Betriebssystem mit der besten Hardwarearchitektur viele verschiedene Lösungen für die täglichen Probleme der IT anbieten, aber halt - wo war denn das Problem des Kunden – vielleicht reicht ja das <u>ausreichende</u> Modell mit der Anbindung an eine moderne Infrastruktur (z.B. Terminal Services). Welcher Techniker, welcher Kunden und welcher Verkäufer lässt sich mit dem Spruch: „Wir setzten <u>ausreichende</u> und <u>preiswerte</u> Hardware ein", überzeugen?

Dieser Mind Change, die Überlegung ITIL als Philosophie wirklich zu leben und nicht nur die Best Practices abzuschreiben, das ist die wahre Herausforderung in der Umsetzung von IT-Projekten dieser Art. Die Sehnsucht in den Köpfen der oberen Führungsebenen nach kostengünstigen Lösungen gemäß dem

10.3 Realisierung des Projektes

Motto „All you _need_" ist vorhanden - die Umsetzung ist das Problem.

Für den ersten Schwung in dem Projekt ist eine Anleihe im Marketing durchaus erlaubt, nach der AIDA-Formel (A=Attention, I=Interest, D=Desire, A=Action) kann die entsprechende Begeisterung für das Projekt geschaffen werden.

Attention & Interest

Nachdem die Vorprojektphase abgeschlossen und die Prozesslandkarte erstellt ist, muss ein entsprechendes Seminarprogramm aufgesetzt werden, in dem alle Mitarbeiter einen 1-tägigen Workshop durchlaufen. Bei der Konzeption des Workshops ist darauf zu achten, dass dieser die Aufmerksamkeit weckt und ein latentes Interesse nach der Lösung „ITIL" erzeugt. Aus diesem Grund müssen die Referenten des Workshops sorgfältig ausgewählt werden, um das Thema entsprechend humorvoll und interessant zu präsentieren. Über witzige Präsentationen und entsprechendes Briefing im Vorfeld lässt sich ein spannender Workshop gestalten und eine entsprechende Vision für die Zukunft aufbauen.

Desire

In den Tagen und Wochen nach dem Seminar wird der Wunsch geweckt/aufrechterhalten, die Vorteile des Neuen zu nutzen, endlich eine gemeinsame Sprache (Incident, Problem), ein gemeinsames Rollenmodell und Prozesse/Aktivitäten zu haben, die man in Publikationen nachlesen kann. Unterstützt wird dieser Wunsch im Wesentlichen durch die bereits beschriebene Posteraktion bzw. durch die gewählte Vorgehensweise im Projekt (wenige, ausgewählte Mitarbeiter sind in den Projektteams eingebunden und wecken bei den Kollegen den Wunsch nach den neuen Vorgehensweisen).

Action

Die letzte Aktion ist die schrittweise Einführung der geänderten Abläufe. Diese Vorgehensweise muss eng gekoppelt mit dauerhaften Verbesserungen (Feedback-Schleifen) und Diskussionen (ITIL-Sprechstunden) sein.

10 Implementierung der Geschäftsprozesse

10.3.2. Effizientes Anweisungssystem

Ein effizientes Anweisungssystem zeichnet sich durch eine klare Struktur, eine übersichtliche Ablage und eine einfache Möglichkeit zur Recherche aus. Dieses System muss verfügbar sein, sobald die Projektteams in die Beschreibung der einzelnen Verfahren einsteigen.

Abbildung 50 - Dokumentationspyramide

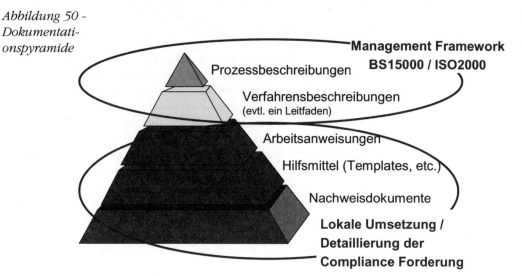

Die Abbildung 50 zeigt den strukturellen Aufbau eines Managementsystems. Mit der dargestellten Gliederungstiefe können alle Anforderungen an Compliances abgedeckt werden. Die einzelnen Begriffe sind inhaltlich wie folgt belegt.

Prozessbeschreibungen

Die Prozessbeschreibungen berichten den Ablauf einer Summe von Tätigkeiten im Überblick. Auf eine exakte Detaillierung der Arbeitsschritte wird in den Prozessbeschreibungen verzichtet. Somit können die erstellten Prozessbeschreibungen über Abteilungsgrenzen hinweg angewandt werden. Im Wesentlichen gibt die Prozessbeschreibung den Arbeitsablauf (Flowchart), die Schnittstellen und die zugehörigen Rollen wieder.

10.3 Realisierung des Projektes

Verfahrensbeschreibungen

Die Verfahrensbeschreibungen werden als Leitfaden für die Mitarbeiter genutzt. Sie geben den Mitarbeitern detaillierte Informationen zu den einzelnen Tätigkeiten.

Arbeitsanweisungen

Die Arbeitsanweisungen geben die durchzuführenden Tätigkeiten der Mitarbeiter wieder. Dort wird im Detail beschrieben, welche Aktivitäten durchgeführt werden müssen (z.B. welche Dokumentation für ein System erstellt wird, das ein Continuity-Plan erstellt werden muss etc.). Eine besondere Bedeutung erhalten die Arbeitsanweisungen bei der Umsetzung von gesetzlichen/regulativen Vorgaben an IT-Systeme.

Hilfsmittel/Nachweisdokument

Die genutzten Hilfsmittel sind Checklisten und Formulare (Abbildung 51), die im Rahmen der Tätigkeiten eingesetzt werden. Die Hilfsmittel müssen mindestens die Forderungen der Arbeitsanweisungen abdecken. Die ausgefüllten Checklisten müssen entsprechend der gesetzlichen Anforderungen, mindestens jedoch bis zu den Re-Zertifizierungsaudits archiviert werden, da die diese als Nachweis für die qualitätsgesicherte Arbeitsweise herangezogen werden.

Detaillierungsgrad:

Der Detaillierungsgrad orientiert sich an den Vorgaben über die Versionisierung und Ablage von Dokumenten (Normelement: Lenkung von Dokumenten). Die Forderungen bzgl. der Inhalte, die dokumentiert und belegt werden müssen, richten sich nach den Vorgaben der Compliance, die erreicht werden soll bzw. nach den Gesetzen, die eingehalten werden müssen.

10 Implementierung der Geschäftsprozesse

Abbildung 51 - Arbeitsanweisung und zugehörige Checkliste

Arbeitsanweisung Change Management

Q12447

RFC

Ein RfC muss folgende Angaben enthalten:

- Name des Antragstellers
- Mailadresse des Antragstellers
- CI-Name
- Änderungsbeschreibung
- Wichtigkeit
- Datum
- . . . .

Formular: Request for Change

RFC Nr. xxxxxxx

RfC Inhalt:

Name des Antragstellers	Max Mustermann
Mailadresse des Antragstellers	Max.Mustermann@xxx.de
CI-Name	AGB0811-3
Änderungsbeschreibung	Anpassung des Druckertreibers auf neuste PS-Version
Wichtigkeit	gering
Datum der Änderung	21.09.

. . . . .

KISS

- soviel beschreiben wie nötig
- sowenig beschreiben wie möglich
- deutliche Anweisungen
- sorgfältige Prüfung, ob alle Vorschriften (Forderungen nach Compliance) in den Anweisungen abgebildet sind

Anmerkung:

Arbeitsanweisungen sind für Mitarbeiter bindend, ein Verstoß kann / muss eine Ermahnung / Abmahnung nach sich ziehen. Dies gilt besonders bei IT-Systemen, die in Fertigungs- und Analysenbereichen der Lebensmittel- und Pharmaindustrie eingesetzt werden. Jedes Audit orientiert sich darüber hinaus an diese bindenden Vorgaben.

10.4 Restrukturierung der Aktivitäten

Nachdem die Rahmendingungen für ein erfolgreiches Projekt erarbeitet sind, kann die Restrukturierung der Ablauforganisation verwirklicht werden. Betrachten wir dazu erneut die beiden „idealisierten Prozesse" und die anstehenden Veränderungen.

Abbildung 52 - Inbetriebnahme von Systemen

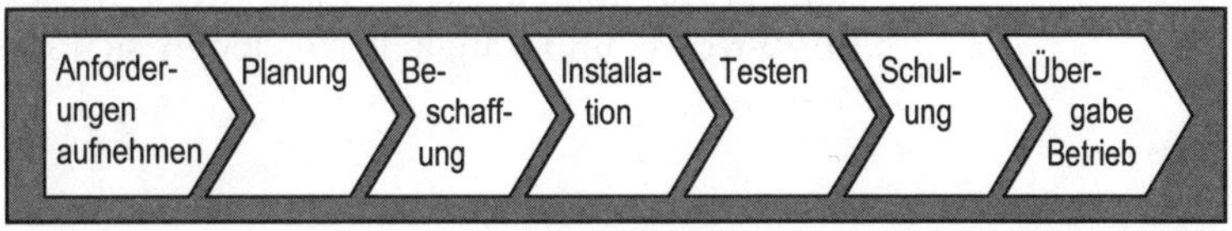

Anforderungen aufnehmen → Planung → Beschaffung → Installation → Testen → Schulung → Übergabe Betrieb

Abbildung 53 - Betrieb von Systemen

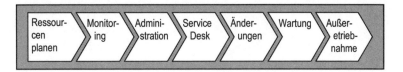

Ressourcen planen → Monitoring → Administration → Service Desk → Änderungen → Wartung → Außerbetriebnahme

10 Implementierung der Geschäftsprozesse

Nach den Prinzipien dieser Schaubilder haben die Mitarbeiter die Systeme in der Vergangenheit betrieben. Inhaltlich führten diese Tätigkeiten zu dem gewünschten Ergebnis bei der Erbringung der Leistungen. Im Folgenden werden diese Tätigkeiten nun in das Management-Framework nach ITIL eingearbeitet. Um dieses effizient zu erreichen sind einige Begriffsdefinitionen erforderlich. In einer ersten Maßnahme müssen die bisherigen Prozesse in die Teilschritte zerlegt werden, die sich mit den Aktivitäten des ITIL-Frameworks decken.

Abbildung 54 - Prozesse und Tätigkeiten

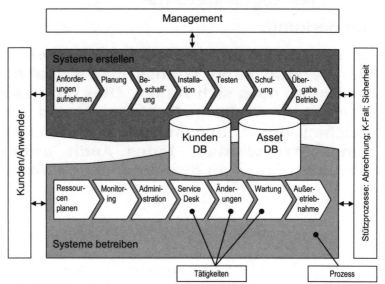

Die Abbildung 54 zeigt die Prozesse, die in die Teilschritte zerlegt sind. Deutlich zu erkennen ist die Ausrichtung auf die Kundenanforderungen. Diese Abbildung illustriert ebenfalls die Begriffe Prozess und Tätigkeit, an denen sich das folgende Mapping orientiert.

10.4 Restrukturierung der Aktivitäten

Abbildung 55 - Mapping "Systeme erstellen"

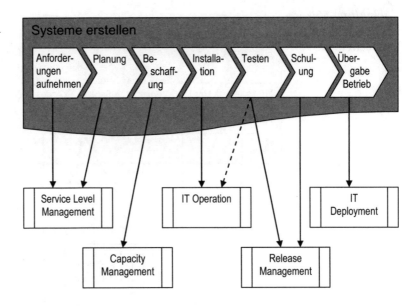

Die Abbildung 55 zeigt die Zuordnung der Aktivitäten des Altprozesses „Systeme erstellen". Die gewählte Form der Visualisierung ist besonders für die Mitarbeiter entscheidend. Deutlich wird herausgestellt, dass die bisherigen Aktivitäten nicht durch andere Abläufe ersetzt, sondern in das ITIL-Framework eingebettet und evtl. durch weitere Aktivitäten ergänzt werden. Das nächste Beispiel zeigt die Aktivitäten des Betriebes (Server-/Applikationsbetrieb) auf.

10 Implementierung der Geschäftsprozesse

Abbildung 56 - Mapping "Systeme betreiben"

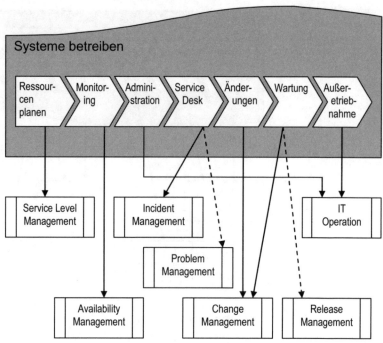

Da unser fiktives Projekt nicht auf der grünen Wiese tätig ist, sondern ein vorhandenes betriebliches Umfeld bearbeitet, existieren natürlich auch Stützprozesse, die wie im Folgenden exemplarisch dargestellt, zugeordnet werden können.

Abbildung 57 - Mapping "Stützprozesse"

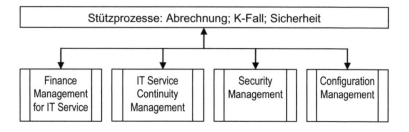

Die Kernaktivitäten der alten Struktur dienen somit als Kernkomponenten für die neuen Prozesse, darüber hinaus wird durch diese Vorgehensweise eine Stabilität bei den Mitarbeitern erzeugt und somit die Ängste vor komplett neuen Abläufen minimiert. In einem letzten Schritt müssen die Kernaktivitäten um die notwendigen elementaren Schritte aus dem ITIL-Framework ergänzt werden.

10.4 Restrukturierung der Aktivitäten

Nun ist es Zeit uns einen Einzelprozess mal genauer anzuschauen. Zu diesem Zweck betrachten wir den Incident Management Prozess. Aus dem Mapping nehmen wir einen Teil der Aktivität „Service Desk" mit in den Prozess auf und gliedern ihn in das Prozessschaubild nach ITIL ein.

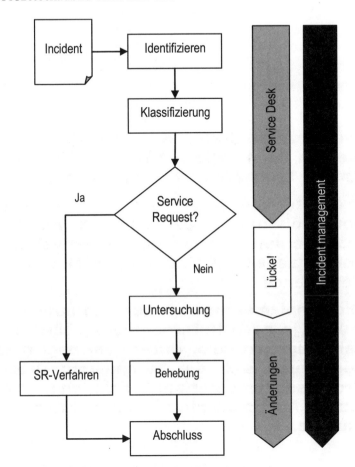

Abbildung 58 - Mapping Service Desk <-> Incident Management

Es ist zu erkennen, dass neben der alten Aktivität „Service Desk" auch weitere Aktivitäten eingebaut werden müssen. Viel wichtiger ist aber die Erkenntnis, dass sich zwischen den etablierten Aktivitäten noch Lücken bzw. Überlappungen befinden. Die sind durch die Implementierung der ITIL-Prozesse zu schließen, bzw. zu bereinigen.

225

10 Implementierung der Geschäftsprozesse

Die optimierten/überarbeiten Prozesse werden zum Abschluss geschult. Der Prozessmanager stellt dabei seinen Prozess dem betroffenen Mitarbeiterkreis vor. Für diese Schulungsveranstaltung ist ein ausreichender Zeitrahmen einzuplanen, da im Rahmen der Schulung bereits erste Hinweise zur Akzeptanz der erarbeiteten Abläufe ersichtlich werden. Meist ergibt sich darüber hinaus die eine oder andere Anregung für mögliche Verbesserungen, die vor der endgültigen Freigabe in den Beschreibungen entsprechend umgesetzt werden müssen.

> **KISS**
>
> **Die Prozesse dürfen erst eingeführt und geschult werden, wenn alle Arbeitsanweisungen, Hilfsmittel und Tools zur Verfügung stehen.**
>
> **Prozesse, die aufgrund fehlender Unterstützung von Tools und Checklisten nicht durchgängig gelebt werden, führen zur Demotivation und sind Fehlerquellen auf dem Weg zu einer angestrebten Compliance.**
>
> **Die Implementierung der optimierten Prozesse sollte (je nach Unternehmensgröße) auf drei pro Jahr begrenzt sein. Unter dem Begriff Einführung summieren sich die Tätigkeiten: Prozessdesign, Prozessdokumentation, Schulung, Veröffentlichung, Audits bis hin zur einer ersten Kennzahlenanalyse.**

10.5 Critical Success Factor - Implementierung

Wie für die Einführung und die Verbesserung der betrachteten Prozesse „Critical Sucess" Faktoren existieren, so gibt es natürlich auch für das Projekt selbst entsprechende Punkte, die berücksichtigt werden müssen. Allen voran ist die Auswirkung des gestarteten Veränderungsprozesses. Da die Einführung keine „binäre" Funktion ist, wird unmittelbar nach der Freigabe des ersten Prozesses eine Auswirkung induziert.

10.5 Critical Success Factor - Implementierung

10.5.1. Auswirkung des Veränderungsprozesses

Betrachten wir insbesondere die Sicht der einzelnen Beteiligten auf die Veränderungen in den Abläufen und warum diese unter Umständen mit Unverständnis auf die vermeintlich perfekte Einführung der ITIL-Prozesse reagieren. Folgende Sichtweisen sind dabei denkbar:

- Sicht der Kunden
- Sicht der Mitarbeiter (innerhalb der Abteilung)
- Sicht der Mitarbeiter (außerhalb der Abteilung)
- Teamleiter, Gruppenleiter und weitere, wichtige Personen (z.B. Management)
- Sicht der Auditoren.

Beginnen wir mit der wichtigsten Wahrnehmung auf die Leistungserbringung.

Sicht der Kunden

Als Dienstleister ist ein IT-Unternehmen in die Geschäftsprozesse der Leistungsnehmer eingebunden. Die Kunden von IT-Dienstleistern unterliegen Zwängen bzgl. externer Prüfungen und wirtschaftlichem Handeln (z.B. Produkthaftungsgesetz). Unvollständigkeiten in den IT-Serviceprozessen oder fehlende erforderliche Dokumentationen werden, ob zu Recht oder nicht kann offen bleiben, in der Regel durch kompensierende Anweisungen seitens der Kunden ausgeglichen. Erfährt das Regelwerk Verschiebungen oder Änderungen hinsichtlich Umfang und Detaillierung der Abläufe, so werden unter Umständen neue Lücken beim Kunden erzeugt oder vorhandene Lücken in den bisherigen Anweisungen geschlossen.

Ein Beispiel:

Durften die Mitarbeiter bisher Änderungen an Systemen ohne abschließende Freigabe durchführen, so wurden in einer GxP pflichtigen Umgebung aller Wahrscheinlichkeit nach, die Freigabe und die damit verbundene Dokumentation durch den Kunden sichergestellt. Ändert man die Anweisung derart ab, dass der

Kunde in den Ablauf der Freigabe durch ein Post Implementation Review eingebunden wird, so ist die Freigabe und die damit verbundene Dokumentation bei dem Kunden nicht mehr erforderlich.

Diese Maßnahme schafft Transparenz, muss jedoch dem Kunden unbedingt mitgeteilt werden, um die Geschäftprozesse des Kunden nicht negativ zu beeinflussen.

Die Sicht der Kunden ist mit Sicherheit die wichtigste Sicht auf die Prozesse, auch wenn weitläufig die Meinung vertreten wird, die Kunden nehmen Produkte und nicht Prozesse wahr. Aber sind es nicht die Prozesse, die einen Mehrwert bieten?

<u>Sicht der Mitarbeiter (innerhalb der Abteilung/Teams)</u>

Die eigenen Mitarbeiter kennen die Prozesse natürlich am besten und erbringen die erforderlichen Aktivitäten meist „blind". Handeln diese wirklich, wie der Prozess es fordert oder eher nach dem Maximalprinzip? „Den höchsten Nutzen erzielen, egal welcher wirtschaftliche Aufwand benötigt wird".

Die Sicht der Mitarbeiter muss überprüft werden. Vielleicht sind diese zu sehr „kundenorientiert". Nach einer stringenten Ausrichtung an der ITIL-Philosophie wird die Leistung eher auf die Anforderungen der Kunden passen. Diese Veränderung führt natürlich zu einer minimalen Leistung gegenüber einem Kunden, da nur die Tätigkeiten erbracht werden, die im SLA vereinbart sind. Dieses Vorgehen birgt jedoch eine latente Gefahr. Wenn z.B. entscheidende Service Keys im SLA übersehen worden sind, kann dies zu einem Verlust des Kunden führen. In der Implementierungsphase können zahlreiche Servicemeetings helfen, diese Schwierigkeiten zu minimieren.

Ferner müssen die Werte der Mitarbeiter und die strategische Ausrichtung geprüft werden – ist diese technisch, fachlich ausgerichtet und auf „Einzelkämpferphilosophie" ausgelegt – oder auf Zusammenarbeit, die methodisch geprägt ist. Erarbeiten die Mitarbeiter Verfahren und Methoden, nach denen evtl. Subunternehmer arbeiten können oder sind die Mitarbeiter namentlich in Betriebsanweisungen aufgeführt und somit „unersetzlich". An dieser Stelle muss überprüft werden, ob die strategische Ausrichtung zu dem Vorgehen der Mitarbeiter passt.

10.5 Critical Success Factor - Implementierung

Sicht der Mitarbeiter (außerhalb der Abteilung)

In vielen Unternehmen sind die Arbeitsabläufe innerhalb einer Abteilung häufig eine „Blackbox" für Außenstehende. Unter Umständen sind hoch integrierte Abläufe der einzige Grund, warum zwei oder mehr Abteilungen mit den gleichen Leistungsinhalten existieren. Häufig unterscheiden sich die Abläufe nur in Nuancen und sind auf die speziellen Wünsche einer bestimmten Kundenklientel ausgerichtet. Durch Transparenz und Ausrichtung an dem ITIL-Framework wird diese Problematik meist sichtbar.

Extrahiert man beispielsweise die Funktion des Incident Managements aus den einzelnen Teams und ordnet diese Funktion in einem Organigramm als eigenständige Organisationseinheit an, so werden alle Mitarbeiter unmittelbar fragen, warum die Funktion vorher in jedem Team vorhanden war, warum unter Umständen drei Ticketsysteme existierten. Die Zusammenführung dieser Funktion liegt auf der Hand – doch die Skeptiker äußern sich häufig wie folgt:

„Das klappt nie - niemals wird man sich auf einen gemeinsamen Ablauf einigen können." – <u>Darf man auch nicht</u>, der Ablauf ist durch die ITIL-Systematik des Incident Management vorgegeben und <u>muss/darf</u> nicht diskutiert werden. Die neue Organisationseinheit heißt somIT-Service Desk und lebt den Incident Managementprozess nach ITIL.

Oder: „Ich brauche die Spezialisten für eine umgehende Beantwortung der Fragestellungen." Diesem Argument widerspricht keiner, aber für eine ordnungsgemäße Dokumentation eines Calls, für eine erste Prüfung (darf der Anwender überhaupt anrufen, ist die Störung bereits bekannt usw.) sind Spezialisten zu teuer. Es wird lediglich ein funktionierendes Call Management mit unmittelbarem Zugriff auf die Spezialisten benötigt.

Teamleiter, Gruppenleiter und weitere wichtige Personen

Diesem Mitarbeiterkreis wird eine besondere, kritische Aufmerksamkeit bei einer Umgestaltung der Ablauforganisation mit der Ausrichtung an dem ITIL-Framework teil. Viele der Personen des angesprochenen Mitarbeiterkreises erhalten meist eine variable Einkommenskomponente, die sich häufig an dem Ergebnis einer Kostenstelle orientiert, Claiming[33] ist in diesem Fall nicht zu vermeiden und eine Ausrichtung an Herstellkosten, Produktkalkulation und Service Leveln wird mehr als nur erschwert. Vermieden werden kann dieser Effekt nur durch ein geeignetes Schulungsprogramm und durch ein Umdenken in der Zieldefinition.

Ein Beispiel:

In der bisherigen Welt führen die Gruppenleiter im Rahmen von „Mammutprozessen" am Anfang die Kundengespräche, sind danach für die Realisierung zuständig und im Folgenden für die Abrechnung der vorhandenen Dienstleistung. Meist sind die Ziele der Inhaber der „Fürstentümer" direkt mit dem Gewinn der Kostenstelle verknüpft. Jeder Euro Gewinn wird mitgenommen – egal mit welchem Aufwand, ungeachtet ob in einem anderen Bereich die gleiche Leistung günstiger erbracht werden kann. Eine Ausrichtung an BWL-Kriterien mit den Themen Projektrentabilität und Produktrentabilität, sowie Deckungsbeiträge wird meist nicht beachtet.

Neben den geeigneten Schulungsmaßnahmen müssen aber seitens der Managements klare Vorgaben existieren. Eine mögliche Vorgabe wäre: *Wenn die Auslastung der Mitarbeiter unter 90% liegt werden alle Aufträge angenommen, bei den die variablen Kosten + 10% als Einnahmen gebucht werden können.*

Mit dieser Entscheidung wird eine klare betriebswirtschaftliche Ausrichtung für alle Personen des unteren Managementkreises deutlich. Darüber hinaus ist zu erkennen, dass ohne eine Kalkulation der Herstellkosten keine Leistungserbringung mehr möglich ist.

Es ist nicht neu, dass Herstellkosten auf Auslastungen basieren und Leerkosten vermieden werden müssen. Hier ist ebenfalls ein Umdenken des unteren Managements gefragt. Es sind keine Sicherheitsreserven und die neuste Technologie gefordert, sondern ein funktionierendes Supplier-Management, dass sich an den

---

[33] Claiming = „Seinen Bereich abstecken"

10.5 Critical Success Factor - Implementierung

Vorgaben des Capacity-Management orientiert. Die Methodenkompetenz und der Willen des unteren Managementkreises beeinflusst den langfristigen Erfolg des Projektes. In diesem Kreis wird entschieden, ob ein kurzfristiges Ziel und eine mögliche Compliance zu hohen Kosten erreicht werden, oder ob sich die Prozesse und die Organisation so entwickeln, dass das vorhandene Potenzial für eine Kosteneinsparung nachhaltig genutzt wird.

Ein weiteres Beispiel:

Der Prozess Problem Management muss querfinanziert werden, ein Team, eine Gruppe, dass diesen Prozess lebt, kann sich nicht über die Leistungserstellung finanzieren. Wird Problem Management nur als verlängerter Arm des Incident Managements gesehen, wird sich nie eine tief greifende Ersparnis einstellen. Hat eine Organisation aber den Weitblick die Auswirkung von wiederkehrenden Problemen, z.B. bei der Lieferantenauswahl, einzubeziehen, ergibt sich ein enormes Einsparpotential. Viele Industriezweige führen dies bereits mit Erfolg durch. Man denke hier nur an die Eingruppierung von A-, B- und C-Lieferanten im Automotive-Sektor.

Interne und externe Auditoren

Begleiten wir einen Auditor durch unser virtuelles Unternehmen, stellen wir uns vor, wie er von Abteilung zu Abteilung geht und bzgl. der Erreichung einer bestimmten Compliance immer die gleichen Fragen stellt. Versuchen sie diese Situation als Film in ihrem Unterbewusstsein abzuspielen. Jede Abteilung in einer Organisationsstruktur hat viel Zeit und leider auch Geld investiert um die eigenen, optimalen Abläufe zu entwickeln. Der Auditor gibt mit seiner Sichtweise Empfehlungen, die eingearbeitet und geschult werden, im Folgejahr wieder vorgestellt werden und dann gibt es wieder Empfehlungen ...usw. Diese Abfolge wiederholt sich jedes Jahr in jeder Abteilung. Diese Problematik potenziert sich mit dem Umfang der Rahmenwerke, die die Basis für die Prüfung darstellen.

10 Implementierung der Geschäftsprozesse

Abbildung 59 - Reifegrade dezentraler Prozesse

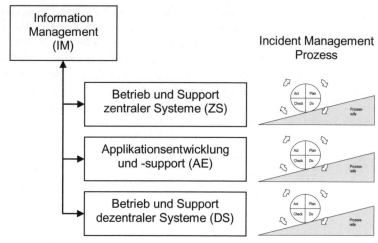

Wie in der Abbildung zu sehen ist, führen die Fragen und Audits in jeder Abteilung zu einer kontinuierlichen Verbesserung. Erfahrungsgemäß sind die benötigten Aktivitäten in jeder Abteilung ein wenig anders beschrieben, aber dennoch im Kern in 1-n Abteilungen dennoch gleich beschrieben. Wenn sie bei diesen Fragen aufmerksam zuhören und die Kernaktivitäten entsprechend isolieren, dann ermöglicht diese Transparenz das Erkennen des Optimierungspotentials. Achtung - versuchen sie auf keinen Fall den Weg der Homogenisierung der identifizierten Prozessabläufe durch die betroffenen Abteilungen/Personen zu realisieren. An diese Stelle muss auf das ITIL-Framework oder ein ähnliches Framework basierend zurückgegriffen werden. Aus den alten Abläufen dürfen nur die Kernaktivitäten übernommen werden, sonst drohen endlose Diskussionen, die oft in „faulen" Kompromiss enden.

10.5 Critical Success Factor - Implementierung

Abbildung 60 - Abgleichung der Reifegrade durch Zentralisierung

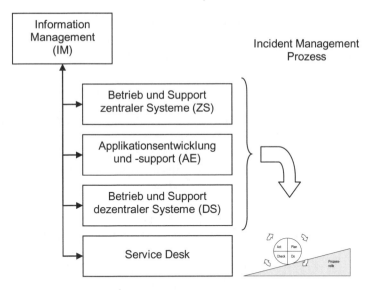

Die Abbildung 60 zeigt die Sicht des Auditors nach der Standardisierung des Incident Managementprozesses. Die Ergebnisse der nachhaltigen Einsparung in der Verbesserung des Prozesses und dem Betrieb eines Incident-Tools liegt auf der Hand.

KISS

Die Abläufe müssen aus allen Sichtweisen betrachtet werden, besonders die Kundensicht ist für die Akzeptanz sehr wichtig.

Das geeignete untere/mittlere Management muss identifiziert werden, damit ein langfristiger Erfolg sichergestellt ist (BWL Kenntnisse sind zwingend erforderlich).

Die Funktion der einzelnen Abteilungen müssen auf einer Skizze extrahiert werden, um mögliches Potential zu identifizieren. Eine Orientierung muss dabei an einem Best Practice Modell erfolgen.

Die Fragen der Auditoren sind eine Chance zur Optimierung der Abläufe.

10.5.2. Prozessschnittstellen

Ein weiterer kritischer Erfolgsfaktor sind die erforderlichen Schnittstellen innerhalb des Frameworks. In einem existierenden Prozessmodell sind die vorhandenen, beschriebenen Schnittstellen häufig an den Team- und Abteilungsgrenzen ausgerichtet. Der Output eines Teams mit einer bestimmten Funktion ist häufig der Input für die nächste Abteilung oder das nächste Team. Nach Einführung oder während der Einführung des ITIL-Frameworks wird offensichtlich, dass die Schnittstellen nicht mehr passen. Folglich kommt es meist zu einer weiteren Zergliederung der vorhandenen Abteilungen oder Teams. Es werden Sub-Teams „erschaffen", die sich um Incident-, Problem-, Release Management etc. kümmern. Diese Sub-Teams sind somit in eine vorhandene Organisationseinheit eingebunden. Bei dieser Vorgehensweise müssen die personellen Problematiken (Schaffung von neuen Teamleiterstellen, Leistungsverantwortlichen etc.) bedacht werden.

Eine deutlich bessere Vorgehensweise ist eine effiziente Anpassung der Organisationstruktur. Identifiziertes Potential z.B. die Funktionalität des Incident Managements muss aus allen Teams in ein Service Desk konsolidiert werden. Weitere organisatorische Aspekte werden in dem Kapitel: 12 vorgestellt.

Detaillieren wir die Betrachtung der Prozessschnittstellen. Ein Blick auf die Prozesslandkarte ergibt eine deutlich höhere Anzahl von Schnittstellen als dies unter Umständen bei den bisherigen Prozessen der Fall war. Dies liegt jedoch nicht daran, dass diese Schnittstellen bisher nicht da, sondern in der Regel nur informell ausgeprägt waren.

Ein Beispiel:

Mitarbeiter A stellt ein Serversystem auf und informiert seinen Kollegen auf dem Gang, dass dieses System nun in die Datensicherung eingebunden werden muss. Mitarbeiter B dokumentiert, dass das entsprechende System in die Datensicherung aufgenommen wurde. Die Schnittstelle Deployment-Operating funktioniert, wenngleich sie nicht in einem Ablaufschema dokumentiert war.

Dies ist ein Beispiel für eine Schnittstelle innerhalb eines Teams, innerhalb einer Gruppe, mögliche Probleme in der Kommunikation werden dabei meist durch gruppendynamische Abläufe eigenständig geregelt. Dieses Vorgehen ist eine Darstellung eines autarken Teams mit einem hochkomplexen Prozess, der sich auf ein funktionierendes Gruppengefüge verlässt. Was passiert, wenn das Gruppengefüge gestört wird? Da keine Regel existiert, wann welche Informationen kommuniziert werden müssen, können die Folgen immens sein. Sind die Schnittstellen dagegen deutlich definiert und werden entsprechend gelebt, dann ist eine Vertretung möglich. Lebt eine Schnittstelle nur durch informelle Kommunikation, die nicht beschrieben ist und evtl. nur deswegen funktioniert, weil die beteiligten Kollegen im gleichen Büro sitzen, dann ist diese Schnittstellen als bedenklich einzustufen.

Tipp: Lauschen sie dem „Flurfunk", den Gesprächen: „Ach, das System kann auch schon gesichert werden?" oder „Wie, die Datenbank ist schon produktiv?".

Sind dagegen die Schnittstellen in Form von Prozessen organisiert und in definierten Schnittstellen beschrieben, dann treten vorhandene Probleme in der Kommunikation offenkundig hervor und können verbessert werden.

11 Zwischenbilanz II

Zwei Drittel des Weges sind geschafft. Ein nachhaltiger Return on Invest wird jedoch nur erzielt, wenn das geschaffene Regelwerk konsequent umgesetzt und permanent optimiert wird. Neben dieser Forderung, die sich durch KPIs belegen und fördern lassen, sind die Mitarbeiter und die benötigten Tools die größte Herausforderung.

Bei den Mitarbeitern muss der Mind Change vom Techniker zum „Service orientierten Dienstleister" in einer IT-Organisation omnipräsent sein.

Abbildung 61 - Fortlauf Projektstrecke

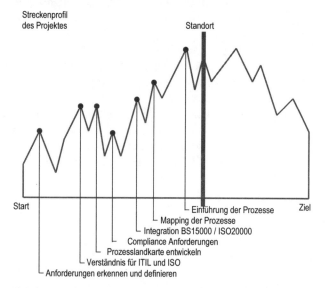

Die Abbildung zeigt die markanten Meilensteine auf, die bereits mit Erfolg gemeistert worden sind. In der zeitlichen Abfolge nehmen die Teilabschnitte:

- Auswahl/Orientierung an einem Best Practice Framework
- Erarbeitung der Inhalte des Best Practice Frameworks
- Feststellung der benötigten Compliance
- Implementierung des Best Practice Frameworks

jedoch den geringsten zeitlichen Umfang ein. Die nachhaltige Verbesserung ist ein permanenter PDCA-Zyklus.

Leitfaden

1. **Verschaffen sie sich einen kurzen Überblick und entscheiden sie sich für ein mögliches Prozessmodell (BS15000/ISO20000, ITIL, COBIT, MOF, etc.).**

2. **Entwickeln sie eine Prozesslandkarte, die die Leistungserstellung komplett abbildet.**

3. **Spiegeln sie die gewählte Prozesslandkarte ausgiebig und optimieren sie diese bei Bedarf, bevor eine Publikation bei den Mitarbeitern erfolgt.**

4. **Listen sie die Anforderungen auf, die ihre Prozesse erfüllen müssen – welche Compliances erreicht werden müssen.**

5. **Entscheiden sie sich für ein Best Practice Modell, dass die Basisprozesse liefern soll – in diesem Buch sind es die ITIL Prozesse**

6. **Ergänzen sie das Prozessmodell um die Managementprozesse, die in ihrem Umfeld entscheidend sind.**

7. **Summieren sie die Ziele in einem Projektplan und starten sie das Implementierungsprojekt – planen sie einen mittelfristigen Zeitrahmen für die Implementierung ein.**

8. **Entscheiden sie sich für ein Managementsystem in dem sie die Dokumente ablegen und verwalten.**

9. Projektmarketing: Mit dem Start des Projektes muss ein intensives Marketing für das Projekt starten.
10. Bewahren sie die funktionierenden Aktivitäten der derzeitigen „alten" Prozessstruktur.
11. Ergänzen sie die Kernaktivitäten der „alten", identifizierten Aktivitäten um die Anforderungen des BS15000/ISO20000 Frameworks.
12. Bilden sie die Anforderungen der benötigten Compliance in den entsprechenden Arbeitsanweisungen ab.
13. Schulen sie die neuen Arbeitsweisungen bei den Mitarbeitern.

12 Nachhaltige Optimierung der Prozesse

12.1 Prozesse festigen

Planst Du für ein Jahr, so säe Korn, planst Du für ein Jahrzehnt, so pflanze Bäume, planst Du für ein Leben, so bilde Menschen.

Kuan Tzu

Lediglich „Begeisterung schaffen" führt zwangsläufig dazu, dass die geschaffene Identifikation mit ITIL kurzfristig ist. Nach einiger Zeit werden sich die Skeptiker durchsetzten und der Standardspruch „ITIL - alter Wein in neuen Schläuchen" wird an der einen oder anderen Stelle in einem Unternehmen zu hören sein. Spätestens an diesem Punkt ist die Zeit gekommen, den dauerhaften Mind Change zu fördern. Nicht die Tatsache einer möglichen Reorganisation sollte gefürchtet werden, sondern mehr die

Tatsache: „Was passiert, wenn sich nichts ändert?". Ansätze für Reorganisationsmaßnahmen werden wir im Folgenden näher erläutern.

Meist haben Mitarbeiter darüber hinaus das Gefühl, dass ein wesentlich höherer administrativer Aufwand notwendig ist, als dies früher der Fall war, evtl. wird diese Meinung ebenfalls von dem Feedback der Kunden gestützt: „Die Abwicklung ist aber kompliziert geworden – wer zahlt eigentlich die Mehrkosten bei diesen komplexen Prozessen?". Nach der Reorganisation der ersten Prozesse und der Einführung des Service Desk als neue funktionale Einheit, muss sich eine Organisation die Zeit nehmen, die Prozesse zu festigen und den Mitarbeitern und Prozessmanagern die Möglichkeit geben, die erstellten Aktivitäten zu optimieren.

In dieser „jungen" Prozessphase sind die Prozessmanager besonders gefordert. Diese dürfen sich keiner Kritik verschließen und müssen alle Anmerkungen aufnehmen, mit den anderen Prozessmanagern abstimmen und kontinuierlich in die Abläufe einfließen lassen. Auf keinen Fall dürfen die Anweisungen jedoch „On the Fly" geändert werden, regelmäßige Reviews und Freigabeworkflows sind erforderlich um ein qualitativ hochwertiges Anweisungssystem zu erreichen.

Die ermittelten Kennzahlen in den Prozessen können darüber hinaus weitere Hinweise aufzeigen, die ersten mit denen die eingeführten Prozesse optimiert werden können.

Wie aus diesen Punkten ersichtlich, ist nach der Freigabe der Prozess- und Arbeitsbeschreibungen, die Arbeit für die Prozess-Teams noch lange nicht erledigt. Dies muss bei der Ressourcenplanung der beteiligten Mitarbeitern entsprechend berücksichtigt werden. Die Erfahrung zeigt, dass nach der ersten Freigabe des Prozesses ein gutes Jahr vergeht bis der Prozess etabliert ist. In dieser Phase sind die Prozessteams und besonders die Prozessmanager zeitlich in die Etablierung des Prozesses eingebunden.

12.2 Prozesse leben

Unmittelbar nach der Einführung einer restrukturierten Prozesslandschaft arbeiten sich die Mitarbeiter in die neuen Prozesse und Rollen ein. Eines der größten Hilfsmittel ist dabei die Prozesslandkarte. In der Anfangszeit dient diese als Grundlage für Diskussionen und zur Lösungsfindung bei Schnittstellenproblemen. Im Laufe der Zeit entwickelt sich jedoch die Transparenz, dass die Mitarbeiter in der täglichen Arbeit in mehrere Prozessen tätig sind und nicht nur einen komplexen Prozess ausüben.

Die Tatsache, dass mehrere Rollen von ein und der gleichen Person wahrgenommen werden, muss herausgearbeitet werden. Es muss ersichtlich sein, dass ein Mitarbeiter in dem einen Moment Change Koordinator sein kann und kurze Zeit später als Release Koordinator ein Release für den benötigten Change vorbereitet.

In der Abbildung 62 sind am Beispiel eines Changes die Sprünge durch die einzelnen Prozesse zu ersehen. Bei der Betrachtung der Darstellung ergibt sich erneut die Fragestellung: „Ist die Detaillierung der Prozesse sinnvoll? Werden die Vorteile eines Best Practice Modell nicht durch die Nachteile des Rollenwechsels aufgezehrt?"

Der Sinn der detaillierten Gliederung ist die deutliche Definition der Schnittstellen, deren Einhaltung durch die entsprechenden Checklisten nachgewiesen wird. Diese Forderung hört sich unter Umständen radikal an, nüchtern betrachtet ist die Maßnahme jedoch äußerst sinnvoll. Im Beispiel der Abbildung 62 schließt ein Release Steckbrief mit vollständiger Dokumentation den Release Prozesse ab und bildet den Rücksprung in das Change Management. Diese Nachvollziehbarkeit und die dazugehörige Dokumentation werden ebenfalls für das Service Desk benötigt, denn dort muss auf Anleitungen zurückgegriffen werden können.

12 Nachhaltige Optimierung der Prozesse

Abbildung 62 - Change-Lifecycle

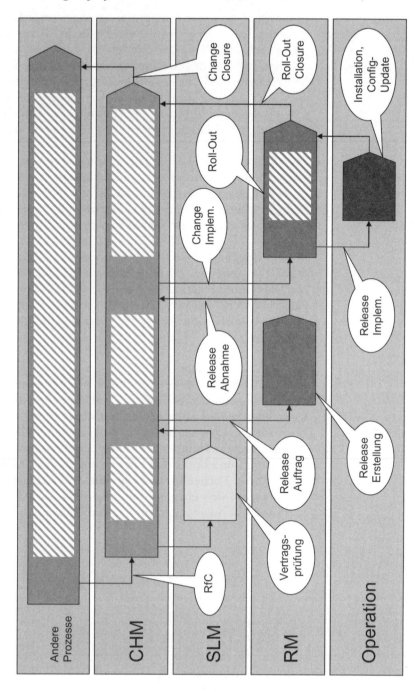

12.3 Aufbauorganisation und Outsourcing

Bedingt durch die höhere Anzahl an Schnittstellen und durch die Anzahl der Rollen, die häufig in Personalunion von ein und dem gleichen Mitarbeiter gelebt werden müssen, sind Änderungen in der Aufbauorganisation meist unvermeidlich.

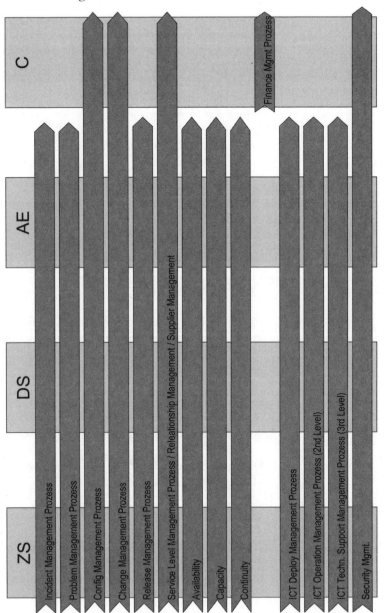

Abbildung 63 - alte Organisationsstruktur

12 Nachhaltige Optimierung der Prozesse

Eine mögliche Reorganisation wird an der erstellten Matrix, (Abbildung 63) erläutert, die aufzeigt, welcher Prozess durch welche fiktive Abteilung bearbeitet wird. Die einzelnen Säulen stellen dabei die Abteilungen dar, die den Prozess abarbeiten müssen.

Gepaart mit der Darstellung aus Abbildung 62 die erste Kenngröße - wie viele Schnittstellen muss ein Mitarbeiter bei den täglichen Aktivitäten abbilden? Nach unserer Erfahrung sollten die täglichen Rollenwechsel auf 3 begrenzt bleiben, um eine höchstmögliche Produktivität zu erreichen. Die zweite Kenngröße ist die augenscheinliche Ähnlichkeit einiger Prozesse. Als Beispiel dazu dienen die Prozesse Incident- und Problem-Management. Im ersten Anschein könnte man diese Prozesse mit der Funktion Service Desk zu einer neuen Abteilung zusammenfassen. Doch sehen wir uns die Ziele genauer an:

Incident Management:

„Das Incident Management dient der *schnellstmöglichen* Wiederherstellung der vereinbarten Leistung bei minimaler Beeinträchtigung des Geschäftsbetriebes."

Problem Management:

„Das Problem Management minimiert die *nachhaltigen* Auswirkungen, die die Incidents für den Geschäftsbetrieb haben. Darüber hinaus verhindert das Problem Management *proaktiv* das Auftreten von Incidents."

Es ist ersichtlich, dass sich die Aussagen „schnellstmöglich" und „nachhaltig - proaktiv" widersprechen und somit nicht zeitgleich von einer Person wahrgenommen werden können.

Dagegen passen die Ziele der Prozesse Change- und Release Management hervorragend zusammen:

Change Management:

„Das Change Management ist für die effiziente und kostengünstige *Implementierung* autorisierter Changes mit minimalem *Risiko* für die bestehende und neue IT-Infrastruktur verantwortlich."

12.3 Aufbauorganisation und Outsourcing

Release Management:

„Das Release Management hat die Aufgabe eine Reihe von zusammenhängend getesteten CIs in die Produktionsumgebung zu *implementieren* und Änderungen an IT-Services *ganzheitlich zu betrachten (Risiko).*"

Bei der Vorstellung der Prozesse ist als Erstes das Gesicht nach Außen geprägt worden, d.h. es ist ein Service Desk gebildet (Anwenderkontakt) und der Kontakt zum Kunden mit dem Business Relationship Management ist sichergestellt worden. Ziel beider Aktivitäten war es, diese Funktionen nicht pro Team abzubilden, sondern zu zentralisieren (One Face to the customer oder auch Single Point of Contact). Deshalb müssen Service Desk und, je nach Größe der Organisation, die drei Prozesse Business Relationship-, Service Level– und Supplier Management als eine eigene Organisationseinheit aufgebaut werden. Durch diesen Schritt werden parallele Aufgaben der einzelnen Funktionsblöcke zusammengefasst und effizienter gestaltet.

Die Bildung eines übergreifenden Service-Foundation-Teams mit den Aktivitäten Availability, Capacity und Continuity ist sinnvoll. Damit wird eine teamübergreifende interne Serviceplanung erreicht, die das Service Level Management unterstützt.

Die Einführung eines Problem-Change-Release-Teams ist zwar nach den Prozesszielen möglich, bei unterschiedlichen technischen Fokussierungen in den meisten Fällen jedoch nicht sinnvoll. Innerhalb der Teams/Abteilungen hingegen schon. In den Teams werden somit die Aufgaben in Projektarbeit/Entwicklung (IT-Deployment, Techn. Support) und Support/Betrieb (Change, Problem, Release und IT-Operating) strukturiert. Nicht jeder Mitarbeiter muss somit jede Schnittstelle leben.

Think Big, Start Small, nach diesem Motto lässt sich eine Umorganisation in zwei Stufen durchführen. Wenn die ersten, beschrieben Schritte realisiert sind und sich die Abläufe in den Köpfen der Mitarbeiter gefestigt haben, können, in Abhängigkeit der Teamgrößen, die „Aufgaben" Projektarbeit/Entwicklung und Betrieb/Support in eigenständige Fachteams transferiert werden. Dies reduziert die Anzahl der Einzelteams erneut und ermöglicht ein selektives Outsourcing.

12 Nachhaltige Optimierung der Prozesse

Übrig bleiben noch das Configuration- und das Security Management, die als Stützprozesse von allen Teams wahrgenommen werden.

Abbildung 64 - neue Organisationsstruktur

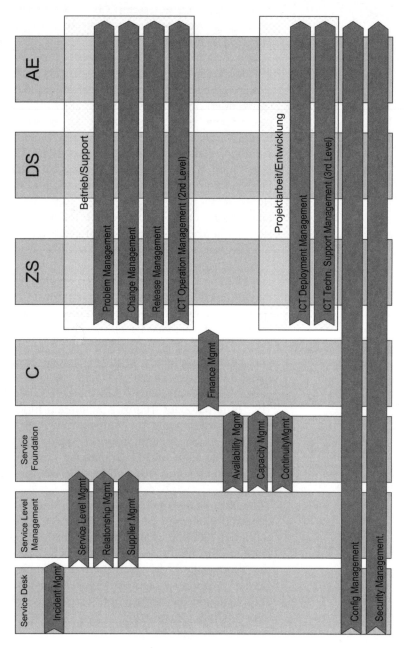

Durch die deutlich definierten Schnittstellen, die geschaffenen Tools und die klare Teamstruktur sind alle Wege für ein Outsourcing geebnet. Mit dem Ziel der Kostenreduzierung können einzelnen Tätigkeiten über ein Outsourcing gezielt vergeben werden. Wie in der Abbildung 64 dargestellt, eignet sich das Service Desk oder der Betrieb/Support für ein Outsourcing. Über das Business Relationship und das Supplier Management ist der Kontakt zu Kunden und Lieferanten sichergestellt. Die Outsourcingpartner können über die Service Keys in den SLAs entsprechend gesteuert werden. Die wichtigste Rahmenbedingung ist, dass die Outsourcingpartner nach den eigenen Prozessen arbeiten und die eigenen Tools nutzen. Das Know-how muss im Unternehmen verbleiben, wichtige Informationen über Anwenderanfragen und Wünsche dürfen das Unternehmen nicht verlassen.

12.4 Dauerhafter Mind Change

Für die nachhaltige Optimierung der Prozesse ist es besonders wichtig, dass die Identifikation mit dem ITIL-Framework sichergestellt wird. Dies gestaltet sich jedoch in den meisten Fällen umso schwieriger, wenn mit der Prozessumstellung auch eine Veränderung der Aufbauorganisation stattfindet.

Auch nach Beendigung der Implementierungsphase müssen die Kommunikationswege des Projektes aufrechterhalten bleiben. Die Erfolge und Informationen aus den regelmäßigen Services Review Meetings mit den Kunden erzeugen Vertrauen und stärken die Identifikation mit der erbrachten Leistung. Ein erstellter Servicekatalog zeigt auf, zu welcher Leistung eine Organisation in der Lage ist.

Verbreitet werden sollten diese Informationen grundsätzlich über zwei Wege:

Proaktiv:

Regelmäßige Informationsmails zeigen den aktuellen Status und den Reifegrad der Prozesse auf. Es wird dokumentiert, dass bereits einiges erreicht worden ist, aber auch aufgezeigt das, dass der Veränderungsprozess noch nicht abgeschlossen ist. Grundsätzlich sollten bereits geklärte Fragen in Form einer Liste von Frequently Asked Questions bekannt gegeben werden.

12   Nachhaltige Optimierung der Prozesse

Auch die „ITIL-Sprechstunden", die bereits in der Implementationsphase eingerichtet worden sind, müssen über einen längeren Zeitraum beibehalten werden. Die Mitarbeiter haben dort einen „Raum" Fragen zu stellen und zu diskutieren. Gerüchte und Ängste über Umstrukturierung können somit entsprechend frühzeitig eingefangen werden.

Neben den konkreten Fragen, die den Mitarbeitern auf der Zunge liegen, eignen sich die Sprechstunden zur Diskussion über die täglichen Aktivitäten. Diese Diskussion sollte anhand der beschriebenen Prozesse geführt werden. „Step by Step" können die einzelnen Tätigkeiten beleuchtet werden, um den Mehrwert, der vielleicht für die einzelne Aktivität nicht sichtbar ist, heraus zu arbeiten. Häufig verstehen die Mitarbeiter nach der Diskussion besser, warum Tätigkeiten in der beschriebenen Verfahrensweise abgewickelt werden müssen. Als Beispiel kann hier die Anfrage im Change Prozess an das Service Level Management Team/Prozess dienen, die erforderlich ist, um die Vertragssituation von Changes zu klären. In der Regel vernachlässigen Mitarbeiter diesen Schritt gerne[34]

Reaktiv:

Die Prozessmanager müssen die Stimmung der Mitarbeiter einfangen. Die Möglichkeit zur Diskussion an beliebten Treffpunkten (Kaffee- oder Pausenräume) muss genutzt werden, um die Widerstände zu erfassen und die meist dort erwähnten „Klippen" in den nächsten Informationsbriefen zu thematisieren oder um diese in einer „ITIL-Sprechstunde" zu diskutieren.

12.5   Optimierung und Zertifizierung BS15000/ISO20000

Die Optimierung der implementierten Prozesse und Zertifizierung nach BS15000/ISO20000 [1-3] gehen miteinander einher. Beide Forderungen verlangen die permanente Verbesserung der eingeführten Prozesslandschaft. Neben der Implementierung <u>SÄMTLICHER</u> Prozesse der Norm muss ein Verfahren zur Verbesserung der Abläufe implementiert sein.

---

[34] Hinweis: Nur dem Kunden, dem schnell geholfen wird ist ein glücklicher Kunde? Eine Kfz-Werkstatt baut jedoch ohne Klärung der vertraglichen Situation keinen neuen Motor ein.

12.5 Optimierung und Zertifizierung BS15000/ISO20000

Aber entscheidender als die Zertifizierung ist der Umstand, dass die Optimierung der Abläufe für die Motivation der Mitarbeiter und für eine langfristige Kosteneinsparung der entscheidenste und wichtigste Schritt in die Zukunft ist. Viele Schlüsselfaktoren verbergen sich hinter der lapidaren Überschrift der „Optimierung der Abläufe".

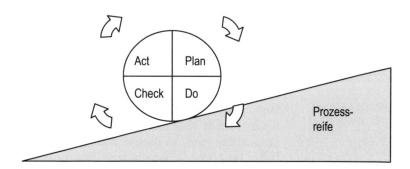

Abbildung 65 - Deming Cycle und Reifegrad

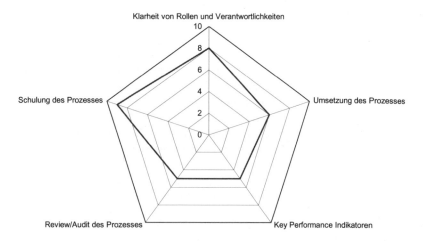

Die Abbildung 65 verdeutlicht die Situation nach der Einführung der neuen Prozesse. Alle Abläufe stehen bzgl. ihres Reifegrades am Anfang. Folgende Punkte sollten betrachtet werden:

- Rollen und Verantwortlichkeiten

- veränderte Betriebssituationen

- Key Performance Indikatoren

249

12 Nachhaltige Optimierung der Prozesse

- Review/Audit der Prozesse
- Reifegrad der Prozesse
- Zertifizierung nach BS15000/ISO20000

Bei der genaueren Betrachtung findet man einige Anhaltspunkte, die in jeder Organisation eine nähere Kontrolle wert sind und die Potential für eine greifbare Verbesserung aufzeigen.

Rollen und Verantwortlichkeiten

Sind die Rollen und Verantwortlichkeiten richtig verteilt? Häufig läuft die Abwicklung der Tätigkeiten nur deswegen unbefriedigend, weil Rollen nicht mit den entsprechenden Kompetenzen ausgestaltet sind. In diesem Fall müssen die Rollen bzgl. der Inhalte und der Kompetenzen überprüft werden. Neben den Pflichten und Kompetenzen muss natürlich auch das Ausbildungsprofil an die entsprechenden Rollen gebunden werden.

Veränderte Betriebssituation

Eine weitere, wichtige Verbesserung ist die Auswertung des Kunden-Feedbacks, das direkt an die Mitarbeiter im Rahmen von Incidents oder Changes gegeben wird. Dies birgt, neben der Möglichkeit neu vom Kunden geforderte Dienstleitungen/Produkte zu erfassen, die Chance überflüssige Arbeitsschritte zu eliminieren. Vielfach werden Dokumentationen, Bestätigungen vom Kunden und Abstimmungen durchgeführt, die in falschem Verständnis von Kundenzufriedenheit abgewickelt werden. Hinterfragt der Kunde dieses jedoch häufiger, ist ein weiterer Schritt zur Kostenreduktion und zur Erhöhung der Kundenzufriedenheit sichtbar.

Key Performance Indikator

Mögliche Key Performance Indikatoren haben wir bei der Betrachtung der einzelnen Prozesse bereits vorgestellt. Richten sie ihr Augenmerk auf diese Indikatoren. Diese eignen sich ausgezeichnet zur Steuerung der Prozesse und somit auch zur Steuerung der Qualitätssicherung. Wenn ihr Unternehmen den MBO[35]

---

[35] Management by Object

12.5 Optimierung und Zertifizierung BS15000/ISO20000

Ansatz verfolgt, eignen sich diese Kennzahlen ideal als die gewünschten „Objects".

Review/Audit der Prozesse

Audit und Reviews sorgen in der Regel für ein unangenehmes Gefühl in der Magengegend. Von den wenigsten Mitarbeitern werden diese als echte Chance und als Bestätigung der eigenen Arbeitsweise gesehen. Bedingt durch die Struktur der Prozessmanager können Audits und Reviews zukünftig deutlich gelassener angegangen werden. Der Prozessmanager kennt seinen Prozess und ist an Verbesserungen ohnehin interessiert. Dieser direkte Ansprechpartner zeigt dem Auditor wiederum, dass die kontinuierliche Verbesserung implementiert und entsprechend gelebt wird. Der Prozessmanager hat zusätzlich den Vorteil, dass er SEINEN Prozess sehr detailliert kennt und auch bei strittigen Punkten die gewählte Vorgehensweise plausibel argumentieren kann.

Ein weiterer Vorteil ist die Vergleichbarkeit der Prozesse. In einem mittelfristigen Zeitraum werden sämtliche Auditoren Grundkenntnisse der ITIL-Philosophie besitzen. Die Audits werden zukünftig mehr auf die Inhalte fokussiert sein, als auf die Gesamtprozesslandschaft. Mussten Auditoren sich in der Vergangenheit damit beschäftigen, welche Prozesse zur Leistungserstellung genutzt wurden, so werden sich diese zukünftig schneller auf die Inhalte und Umsetzung fokussieren können. Gerade in diesem Fall ist es entscheidend kompetente Gesprächspartner für die entsprechenden Prozesse zu haben.

KISS

Einer Auditsituation relaxed begegnen:

- **definierte Prozesse**
- **kompetente, spezialisierte Gesprächspartner**
- **gelebter KVP durch beschriebene Optimierung**
- **kompetente Reaktion durch Prozessmanager**

12 Nachhaltige Optimierung der Prozesse

Reifegrad der Prozesse

Der Reifegrad der Prozesse ist das wesentliche Element in der Verbesserung von Betriebsprozessen und der entsprechenden Ablauforganisation. Eine Messung der Reifegrade kann, vom zeitlichen Ablauf her, natürlich jederzeit durchgeführt werden, bedeutet jedoch in der Regel einen hohen Aufwand in der Erfassung und Auswertung. Da die meisten Organisationen den aktuellen Status in der Regel sehr gut abschätzen können, kann es deutlich effizienter sein, anstehende Veränderungsmaßnahmen durchzuführen und erst im Anschluss in die Systematik der regelmäßigen Reifegradmessung einzusteigen.

Nachfolgend sind einige Beispiele für eine Ermittlung der Prozessreife aufgeführt. Diese Beispiele sind der PD0015:2002 [1] entnommen. Eine erste Reifegradmessung kann als Selfassessment anhand dieses Leitfadens durchgeführt werden. Der Vorteil des PD0015:2002 [1] Leitfadens ist die enge Orientierung an der BS15000 und damit der wichtigste Baustein auf einem Weg zur einer Zertifizierung nach BS15000/ISO20000. Die nachfolgende Abbildung und Information, die [1] entnommen sind, zeigen die entsprechenden Stellen auf, die durch das Selfassessment abgedeckt werden.

Abbildung 66 - Selfassessment

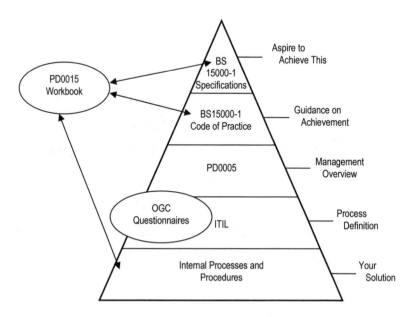

12.5 Optimierung und Zertifizierung BS15000/ISO20000

Das Selfassessment Workbook ist dabei wie folgt strukturiert.

Es werden die Abschnitte:

- Querschnittfunktionen des IT-Service Management
- Service Level Management
- Availability Management
- IT-Service Continuity
- Financial Management
- Capacity Management
- Security Management
- Business Relationship Management
- Supplier Management
- Incident Management
- Problem Management
- Asset and Configuration Management
- Change Management
- Release Management

in einem Fragenkatalog abgearbeitet.

Am Beispiel Service Level Management bedeutet dies z.B.:

- Ist jeder Service definiert, abgestimmt und beschrieben?
- Sind die Serviceverträge von einem Verantwortlichen des Kunden und des Lieferanten unterschrieben?
- etc.

12 Nachhaltige Optimierung der Prozesse

Die entsprechenden Fragen werden jeweils mit <u>Ja</u>, <u>Nein</u>, <u>in Arbeit</u> oder <u>nicht relevant</u> beantwortet. Der Fragenkatalog umfasst allein für den Service Level Managementprozess 30 Fragen, die in die Abschnitte:

- Übersicht des Prozesses
- Umfang des Prozesses
- Aktivitäten im Prozess
- Kontrolle und Berichtswesen

aufgeteilt sind.

Abbildung 67 - Checkliste Prozessumsetzung

	A	B	C
1	**Change Management**		
2			
3	**Aktivität des Prozesses**	**Umsetung**	**Art**
4	Erfassung RfC	JA	Tool
5	Bewertung RfC	JA	Tool
6	Anerkennung RfC	NEIN	Mail
7	Vorplanung Change	JA	Tool
8	Genehmigung Change	JA	Mail
9	Planung der Durchführung	JA	Team
10	Durchführung	JA	Team
11	Dokumentation	JA	Tool
12	Review (PIR)	JA	Team
13	Abschluss	JA	Tool

Für eine regelmäßige Beurteilung der Prozesse und Aktivitäten ist der umfangreiche Fragenkatalog sehr gut geeignet. Jedem Qualitätsbeauftragen wird es leicht fallen den Katalog an den entsprechenden Stellen für z.B. eigene Managementprozesse zu erweitern. Ist eine Zertifizierung geplant, kann das Workbook darüber hinaus genutzt werden, um mit dem Akkreditierungsunternehmen den Umfang und die Vorgehensweise der Akkreditierung abzustimmen.

Neben dem PD0015 [1] Workbook kann eine Beurteilung der Prozessreife auch in Anlehnung des Capability Maturity Modells durchgeführt werden. Dieses Modell vom Software Engineering

Institute (SEI) der Carnegie Mellon University kennt, im Gegensatz zu dem Workbook, eine detailliertere Abstufung des Reifegrades. Diese sieht wie folgt aus:

- nicht existent
- initial/ad hoc
- replizierbar, aber intuitiv
- definierter Prozess
- managed und messbar
- optimiert

Dieses Instrument eignet sich unter anderem für ein Benchmark zur Feststellung der Reife der eigenen Serviceorganisation.

Zertifizierung nach BS15000/ISO20000

Sämtliche Rahmenbedingungen sind durch die beschriebene Vorgehensweise bereits erfüllt, die Prozesse sind beschrieben, geschult und eingeführt. Ein Managementsystem inkl. der Beschreibung der Dokumente ist aufgebaut und Veränderungen an den Dokumenten werden qualitätsgesichert durchgeführt. Ein permanenter Verbesserungsprozess ist etabliert und interne Audits werden durchgeführt. Was liegt also näher, als ein Folgeprojekt durchzuführen, mit dem Ziel den IT-Betrieb BS15000/ISO20000 zertifizieren zu lassen. Mit diesem Folgeprojekt werden die organisatorischen Anstrengungen erneut auf die Verbesserung fokussiert.

12.6 Kontinuierliche Verbesserung

Eine kontinuierliche Verbesserung muss implementiert werden – ohne die Aktivitäten der Prozessmanager ist dieser wichtige Baustein nicht zu realisieren. Die wesentlichen Werkzeuge für eine Optimierung haben wir bereits vorgestellt, die Implementierung eines kontinuierlichen Verbesserungsprozesses ist noch offen.

Der Manager eines Prozesses ist in seiner Rolle für diese kontinuierliche Verbesserung verantwortlich. Nach Beendigung der

Implementierung kann diese Optimierung durch regelmäßige Statusbesprechungen durchgeführt werden. Je geringer der Reifegrad eines Prozesses ist, umso häufiger muss die Besprechung durchgeführt werden. Der optimale Intervall ist unter anderem abhängig von der Anzahl der Mitarbeiter, die den Prozess leben und von dem Prozess selbst. Ein komplexer Change Management Prozess erfordert eine häufigere Abstimmung als ein Problem Management Prozess, der nur von wenigen Mitarbeiter genutzt wird.

An der Statusbesprechung müssen folgende Rollen teilnehmen:

- Abteilungsleiter
- Gruppenleitung
- Prozessmanager
- 1-2 Mitarbeiter des betroffenen Prozesses

12.7 Tools

Viele Consultingunternehmen stellen ITIL meist in dem Zusammenhang mit einem Tool vor. Eine nachhaltige Verbesserung und eine Optimierung der Kostensituation lassen sich natürlich nicht ohne ein Tool erreichen. Generell gilt aber der Merksatz:

A fool with a tool is still a fool.

Die Reihenfolge ist bei der Auswahl entscheidend. Wird die Toolauswahl vor Optimierung der Betriebsprozesse durchgeführt, so müssen sich die Prozesse und Dokumentationen dem Tool anpassen. Entscheidend ist dies besonders bei den Schnittstellen. Beachtet man diesen Umstand nicht, dann werden die Prozesse immer neben dem Tool stehen und unter Umständen nie wirklich gelebt werden. Kosten werden somit nicht optimiert, sondern erzeugt. Seien sie sich dieser Tatsache bewusst, wenn bereits ein Tool vorhanden ist und der Einsatz außer Frage steht. In diesem Fall müssen sich die Prozesse dem Tool anpassen. Optimaler ist es jedoch die eigene Landschaft zu beschreiben, die Prozesse zu identifizieren, die durch ein Tool gestützt werden müssen und dann entsprechend das Tool/die Tools auszuwählen. An den Schnittstellen muss die Interoperabilität durch offene Systeme gewährleistet sein. Grundsätzlich müssen folgende Tools unterschieden werden.

- Abbildung des Managementsystems
- Unterstützung der einzelnen Prozesse

Abbildung des Managementsystems

Es muss ein Tool gewählt werden, dass es ermöglicht eine Übersicht von Prozessen (die Landkarte) und die entsprechenden Prozesse zu modellieren. Das Tool muss in der Lage sein, die erforderlichen Gliederungsebenen (Prozesse, Verfahrensanweisungen, Arbeitsanweisungen und Checklisten) abzubilden. Neben den Rollenbeschreibungen müssen natürlich auch die Schnittstellen zwischen den Prozessen abgebildet werden können. Eine der wichtigsten Anforderungen ist jedoch die Lenkung (Veränderung und Freigabe von Anweisungen) und Präsentation (Ansicht für die Mitarbeiter) von Dokumenten in diesem System. Mögliche Managementsysteme sollten vor einem Einsatz im Rahmen eines Tests intensiv geprüft werden, entscheidet das Handling doch über die Akzeptanz bei den eigenen Mitarbeitern.

Unterstützung des einzelnen Prozesses

Bei den Tools zur Unterstützung der einzelnen Prozesse sind die Prozessmanager gefragt. Diese müssen eine entsprechende Auswahl mit den Prozessteams erarbeiten und die wesentlichen Kriterien in einem Bewertungskatalog prüfen. Punkte sind z.B.:

- Nachweis der Compliances
- Handhabung
- Kosten
- Interoperabilität mit anderen Systemen
- Einbindung von Kunden und Lieferanten

13 Bilanz

Am Ende einer Optimierung der Geschäftsprozesse steht grundsätzlich die Frage nach dem Return on Invest. Zu komplex sind die Kosten, die eine Organisation durch ineffiziente Prozesse verursacht. Dies beginnt bei Bestellungen, die überflüssig sind, weil vielleicht noch Lizenzen im Unternehmen verfügbar sind, geht weiter über die goldenen Systeme, die die Kunden vielleicht gar nicht wollen, bis zum optimal gesicherten System für Kunden, die unter Umständen nur Bewegungsdaten auf einem System ablegen. In der Reegel werden Kosten auch nur kurz- bis mittelfristig betrachten. Ein ROI ergibt sich jedoch bei der Optimierung von Geschäftsprozessen in der Regel nur dann, wenn diese langfristig betrachtet werden und die Optimierung nachhaltig durchgeführt wird. Ein Wechsel des Managements kann an dieser Stelle schon ein kritischer Erfolgsfaktor für einen Veränderungsprozess bedeuten.

Leitfaden

1. Verschaffen sie sich einen kurzen Überblick und entscheiden sie sich für ein mögliches Prozessmodell (BS15000/ISO20000, ITIL, COBIT, MOF, etc.).

2. Entwickeln sie eine Prozesslandkarte, die die Leistungserstellung komplett abbildet.

3. Spiegeln sie die gewählte Prozesslandkarte ausgiebig und optimieren sie diese bei Bedarf, bevor eine Publikation bei den Mitarbeitern erfolgt.

4. Listen sie die Anforderungen auf, die ihre Prozesse erfüllen müssen – welche Compliances erreicht werden müssen.

5. Entscheiden sie sich für ein Best Practice Modell, dass die Basisprozesse liefern soll – in diesem Buch sind es die ITIL Prozesse

6. Ergänzen sie das Prozessmodell um die Managementprozesse, die in ihrem Umfeld entscheidend sind.

7. Summieren sie die Ziele in einem Projektplan und starten sie das Implementierungsprojekt – planen sie einen mittelfristigen Zeitrahmen für die Implementierung ein.

8. Entscheiden sie sich für ein Managementsystem in dem sie die Dokumente ablegen und verwalten

13 Bilanz

9. **Projektmarketing:** Mit dem Start des Projektes muss ein intensives Marketing für das Projekt starten.

10. Bewahren sie die funktionierenden Aktivitäten der derzeitigen „alten" Prozessstruktur.

11. Ergänzen sie die Kernaktivitäten der „alten", identifizierten Aktivitäten um die Anforderungen des BS15000/ISO20000 Frameworks.

12. Bilden sie die Anforderungen der benötigten Compliance in den entsprechenden Arbeitsanweisungen ab.

13. Schulen sie die neuen Arbeitsweisen bei den Mitarbeitern.

14. Etablieren sie eine Kultur, die eine nachhaltige Optimierung der Geschäftsprozesse ermöglicht.

15. Reporten sie regelmäßig die Ergebnisse der einzelnen Prozesse und deren Inhalte.

16. Etablieren sie regelmäßige interne und externe Audits.

Stillstand ist Rückschritt –> Die Prozesse müssen durch namentlich benannte Mitarbeiter permanent/ regelmäßig optimiert werden.

13.1 Expansion der Prozesse

Die Expansion der Prozesse ist eine große Herausforderung für die Zukunft einer Organisation. Das Know-how summiert sich in den Köpfe – nein STOP, dann ist etwas falsch gelaufen – in den Anweisungen und Dokumenten eines Managementsystems. Dieses Wissen lässt sich nun gleich zweifach nutzen um eine Kosteneinsparung zu erreichen.

- Outsourcing
- Übertragung auf andere Organisationseinheiten.

Mit klar definierten Prozessen, Anweisungen und Leistungsinhalten (SLAs) sind die Grundlagen für ein Outsourcing der Betriebsumgebung geschaffen. Durch die Leistungsbeschreibungen ist ausreichend Transparenz möglich, Anbieter zu vergleichen und Make-or-Buy Analysen durchzuführen. Bei einem Outsourcing muss folgendes beachtet werden:

Mitarbeiter oder Unternehmen, die ITIL Know-how haben, sind ohne größere Schwierigkeiten in der Lage in den beschriebenen Prozessen mitzuarbeiten. Auch Tätigkeiten innerhalb einzelner Arbeitsanweisungen und Nachweise können natürlich vergeben werden, nie jedoch die Hoheit über einen kompletten Prozess. Die Gefahr von hohen Folgekosten (Aufwendungen für Abstimmung), Kundenverluste, Verlust von Know How über die eigenen Kunden etc. muss sehr genau bewertet.

Eine weitere Möglichkeit ist die Übertragung der Betriebs- und Geschäftsprozesse auf weitere Organisationseinheiten, die ebenfalls IT-Dienstleistungen erbringen. Vielleicht werden neben Serverleistungen auch Client- oder Applikationsleistungen erbracht. Die innerhalb einer Abteilung erreichten Quick-Wins lassen sich in die anderen Bereiche übertragen und ermöglichen ein weiteres Einsparungspotenzial. Neben dem gemeinsamen Sprachgebrauch sorgen die Prozesse Incident Management mit dem Service Desk, der Change Managementprozess und das Problem Management für eine nahtlose Kundenbetreuung ohne das ein Eingriff in die Entwicklungsprozesse erforderlich ist. Erfahrungsgemäß kommt die Homogenisierung der Prozesse im Supportbereich den Entwicklern ohnehin entgegen. Meist ist eine hohe Qualität der Entwicklungsprozesse implementiert, wogegen die Ausprägung der Supportprozesse eher geringer ausgeprägt ist.

13.2 Marketing/Kundenbindung

Nach einer Optimierung der Prozesse ist eine Organisation in der Regel in der unteren Region des Reifegrades der Prozesse, viele Unternehmen werben an dieser Stelle jedoch trotzdem schon damit, dass man sich an der „Modeerscheinung" ITIL orientiert. Eine Organisation muss an dieser Stelle die Vorteile zu den Kunden und den Lieferanten darstellen und weniger die allgemeine Formulierung: „Wie orientieren uns an der ITIL-Struktur!"

Die Vorteile, die durch die geänderten Prozesse erzielt werden, müssen genutzt werden. Man kann den Kunden durch Einbindung in die regelmäßige Service Review Meetings aufzeigen, dass ein funktionierendes SLM implementiert ist. Bei all diesen Bestrebungen sollten die neu ausgeprägten Kunden-Lieferanten Beziehungen betont werden.

13.3 Fazit

Im Rahmen einer einjährigen Projektlaufzeit sind viele der oben genannten Punkte bearbeitet und durch die entsprechenden Aktionen mit Erfolg umgesetzt worden. Der wichtigste Erfolgsfaktor, es kann nicht oft genug betont werden, ist der Umgang mit der Prozesslandkarte. In der Projektfassung war diese lediglich an dem ITIL-Framework ausgerichtet. Aber wie bereits erwähnt "Stillstand ist Rückschritt", ist die in diesem Buch veröffentlichte Darstellung bereits an der Forderung der Norm BS15000/ISO20000 ausgerichtet (siehe www.prozesse-fuer-it.de/map.html).

Wenn wir das Projekt nochmals durchführen müssten, würden wir noch aktiver im Projektmarketing agieren und die Projektlaufzeit auf einen längeren Zeitraum ausdehnen. Darüber hinaus würden wir die Werkzeuge des Self Assessment Workbooks der PD15000 unmittelbar nach Freigabe und Schulung eines Prozesses und nach Ablauf von 6 Monaten zur Erfassung des tatsächlichen Reifegrades einsetzen.

14 Autorenvorstellung

Helmut Schiefer

Als CIO der Dynevo GmbH ist Herr Schiefer zurzeit verantwortlich für die IT des Unternehmens. Neben einer effizienten und kostengünstigen Infrastruktur hat er dabei die IT-Prozesse des Unternehmens im Blick. Nur mit optimierten Prozessen lässt sich nach seiner Meinung eine komplexe Infrastruktur stabil betreiben.

Als Projektleiter implementierte er im Umfeld der technisch-wissenschaftlichen Systeme das ITIL-Framework bei der Bayer Business Services. Im Vorfeld zu dieser Tätigkeit war Herr Schiefer im Infrastrukturbereich tätig und leitete verschiedene Projekte mit interessanten Themen, wie die Einführung eines heterogen Storage Area Network oder der Konsolidierung von Serverräumen.

Bei seinen bisherigen Aufgaben ist eine kombinierte Ausbildung (Elektrotechniker/Betriebswirt) das Fundament für seine Aktivitäten.

Erik Schitterer

Erik Schitterer ist während der Ausbildung zum Technischen Zeichner das erste Mal mit der IT in Berührung gekommen. Damals war das UNIX noch schwarz/weiß und eine 20 GB Festplatte so groß wie ein Schrank.

Nach Fort- und Weiterbildung in den 90er Jahren stemmte er die ersten IT-Projekte im heterogenen UNIX / Windows CAD-Umfeld. Während der Pro-

jektphase wurde ihm die Wichtigkeit von funktionierenden IT-Prozessen bewusst und die ersten gedanklichen Kontakte zu ITIL geknüpft.

Nach (erfolgreich) überstandenem „Jahr-2000-Wechsel" wechselte er in den IT-Bereich Sever-Support der Bayer AG. Hier begann der unaufhaltsame Weg Richtung ITIL.

Das Ziel hieß und heißt immer noch:

„Restrukturierung und Optimierung der IT-Prozesse"

Von der Ausbildung her, ist Herr Schitterer „Managers Certificate in IT-Service Management (EXIN)". Diese Ausbildung hat er in einem Intensiv-Training von 7 Tagen erlangt. Dieser intensiven und hervorragenden Ausbildung verdankt er sein tiefes Wissen in allen ITL Bereichen.

Sein Ziel, dieses Buch zu schreiben, war die hoffnungslose Suche nach Erfahrungen und Erlebnissen bei der Reorganisation von IT-Prozessen Richtung ITIL. Um Anderen die Suche zu ersparen und zu erleichtern, teilt Herr Schitterer sein Wissen, seine Erfahrungen und Tipps mit ihnen in diesem Buch.

15 Glossar

Begriff	Erklärung
1st Level	Der 1st Level (Support) ist die erste Prozessstufe im Incident Management. Er nimmt eingehende Incidents an und unternimmt einen ersten zeitlich und/oder fachlich begrenzten Service-Wiederherstellungsversuch. Er steht mit den Kunden direkt in Kontakt und stellt die Schnittstelle zu den Know-how Trägern der IT-Organisation dar.
2nd Level	Der 2nd Level (Support) ist die zweite Prozessstufe im Incident Management. Er unternimmt einen zeitlich und/oder fachlich begrenzten Wiederherstellungsversuch bei Incidents, deren Wiederherstellung durch den 1st Level Support nicht gelang. Das heißt, er steht als zweite Instanz bzw. fachliche Eskalation für die Incident-Bearbeitung zur Verfügung.
3rd Level	Der 3rd Level (Support) ist die dritte Prozessstufe im Incident Management. Er unternimmt einen zeitlich und/oder fachlich begrenzten Wiederherstellungsversuch bei Incidents, deren Wiederherstellung durch den 1st und 2nd Level Support nicht gelang. Das heißt, er steht als dritte Instanz bzw. fachliche Eskalation für die Incident-Bearbeitung zur Verfügung. Hier stehen interne und externe Spezialisten zur Verfügung. Eine weitere fachliche Eskalation erfolgt in das Problem Management.
AM	Availability Management
BRM	Business Relationship Management

15 Glossar

Begriff	Erklärung
CAB	Siehe 'C hange Advisory Board'
CAB/EC	Emergency Commitee - Auswahl von mindestens zwei verantwortlichen Personen aus dem CAB
Change Advisory Board (CAB)	Das Change Advisory Board (CAB) wird zu bestimmten Zeiten einberufen, um Änderungen im Rahmen des Change Managements zu beurteilen und zu autorisieren. In der Regel wird dem CAB nur eine Auswahl (schwerwiegender) Änderungen vorgelegt und kann zu diesem Zweck unterschiedlich zusammengesetzt sein. Neben dem CAB gibt es für dringende Änderungen ein EC (Emergency Commitee), um notwendige Entscheidungen zeitnah treffen zu können.
CAM	Capacity Management
CFM	Configuration Management
CHM	Change Management
COM	IT-Service Continuity Management
CI	Siehe 'Config uration Item'
CMDB	Siehe 'Config uration Management Database'
Configuration Item (CI)	Komponente der Infrastruktur und die daraus resultierenden IT-Services, die durch ein Configuration Management in einer CMDB überwacht werden. Durch eine Einteilung in Klassen und Attribute werden verschiedene Arten von CIs zusammengefasst.

15   Glossar

Begriff	Erklärung
Configuration Management Database	Datenbank, die alle relevanten Informationen zu jedem CI enthält, sowie Relationen zwischen den CIs
Definitive Software Library (DSL)	Physikalischer Speicher, in dem genehmigte Versionen der Software CIs gehalten und verwaltet werden. Die Kontrolle erfolgt durch Release- und Change Management.
FM	Finance Management for IT-Services
IM	Incident Management
ITSM	IT-Service Management
Operational Level Agreement (OLA)	Eine interne Vereinbarung über die Bereitstellung von Services durch interne Zulieferer.
PM	Problem Management
RM	Release Management
Service Level Agreement (SLA)	Ein Service Level ist eine schriftlich festgehaltenen Vereinbarung zwischen dem Service Provider und dem Kunden, das einen vereinbarten Level für einen bestimmten Service dokumentiert
Service Level Request	Ein Service Request ist die Anfrage eines Services

267

15 Glossar

Begriff	Erklärung
Service Level Requirement	Service Level Requirements sind vom Kunden formulierte Anforderungen an Service Levels und Ausgangspunkt für SLA-Verhandlungen.
Service Request	Ein Service Request ist ein Incident, der nicht mit einer Störung in der IT-Infrastruktur verbunden ist. In der Regel handelt es sich bei einem Service Request um eine mit dem Kunden vereinbarte Leistung, die bei Bedarf abgerufen werden kann (z. B. Passwort zurücksetzen, Mandantenkopie erstellen).
SLA	Service Level Agreement
SLM	Service Level Management
SuM	Supplier Management
TTT	Trouble Ticket Tool
UC	Siehe 'Underpinning Contract'
Underpinning Contract	Vereinbarung zwischen IT-Dienstleister und externen Lieferanten.

16 Abbildungsverzeichnis

Abbildung 1 - Integriertes Operating 6
Abbildung 2 - Separates Operating 7
Abbildung 3 - Ohne Deployment 7
Abbildung 4 - Mit Deployment 8
Abbildung 5 - ITIL Framework 15
Abbildung 6 - Service Delivery 17
Abbildung 7 - Service Delivery mit Relationship Prozess 17
Abbildung 8 - Service Support 18
Abbildung 9 - Zuordnung von Tätigkeiten 18
Abbildung 10 - ICT - Information Management 19
Abbildung 11 - Application Management 19
Abbildung 12 - Erweitertes ITIL-Framework 21
Abbildung 13 - Die Prozesslandkarte 24
Abbildung 14 - Prozesslandkarte IT-Fabrik® 25
Abbildung 15 - Prozesssichten 26
Abbildung 16 - Prozess-Steckbrief 27
Abbildung 17 - Prozesslandkarte ADOit® 28
Abbildung 18 - Prozessdetaillierung 30
Abbildung 19 - Der Prozessmanager 32
Abbildung 20 - Übersicht „Prozesse nach Außen" 35
Abbildung 21 - Der SLM Prozess 53
Abbildung 22 - Relationship Prozess [2] 64
Abbildung 23 - Einbindung Change und Configuration Management 80
Abbildung 24 - Ermittlung der Priorität eines Changes 83
Abbildung 25 - Kategorisierung eines Changes 84
Abbildung 26 - Übersicht der Stützprozesse 101
Abbildung 27 - Prozesse abrunden 133
Abbildung 28 - Finance Process 134
Abbildung 29 - CRAMM - Component Risk Assessment Management Methodology 153
Abbildung 30 - Fault Tree Analysis 154
Abbildung 31 - Ablaufdiagramm Kontrolle der Availability 155
Abbildung 32 - Bestimmung der Verfügbarkeit 156
Abbildung 33 - Der Security Prozess [8] 172
Abbildung 34 - Management Prozesse 181
Abbildung 35 - Anweisungen 184

16 Abbildungsverzeichnis

Abbildung 36 - Management Prozess "Risikobewertung" 191
Abbildung 37 - Service Management-Sicht BS15000/ ISO20000 [1-4]...................... 194
Abbildung 38 - Details BS15000/ ISO20000 [1-4]... 195
Abbildung 39 - Verbesserung und Prüfung 197
Abbildung 40 - Zwischenbilanz 200
Abbildung 41 - Inbetriebnahme von Systemen 201
Abbildung 42 - Betrieb von Systemen... 201
Abbildung 43 - Aufgliederung der Prozesse 202
Abbildung 44 - Organigramm 203
Abbildung 45 - Mitarbeiterpositionen... 206
Abbildung 46 - Metamorphose 207
Abbildung 47 - Verantwortungen 209
Abbildung 48 - Projektstruktur... 212
Abbildung 49 - ITIL Overview Mindmap 215
Abbildung 50 - Dokumentationspyramide 218
Abbildung 51 - Arbeitsanweisung und zugehörige Checkliste............................... 220
Abbildung 52 - Inbetriebnahme von Systemen 221
Abbildung 53 - Betrieb von Systemen... 221
Abbildung 54 - Prozesse und Tätigkeiten 222
Abbildung 55 - Mapping "Systeme erstellen"... 223
Abbildung 56 - Mapping "Systeme betreiben" 224
Abbildung 57 - Mapping "Stützprozesse" 224
Abbildung 58 - Mapping Service Desk <-> Incident Management.......................... 225
Abbildung 59 - Reifegrade dezentraler Prozesse 232
Abbildung 60 - Abgleichung der Reifegrade durch Zentralisierung........................ 233
Abbildung 61 - Fortlauf Projektstrecke.. 236
Abbildung 62 - Change-Lifecycle.. 242
Abbildung 63 - alte Organisationsstruktur 243
Abbildung 64 - neue Organisationsstruktur 246
Abbildung 65 - Deming Cycle und Reifegrad 249
Abbildung 66 - Selfassessment... 252
Abbildung 67 - Checkliste Prozessumsetzung 254

17 Sachwortverzeichnis

A

Anweisungssystem	218
Application Management	11

B

Backup Management	121
Beschaffung	76
Betriebskontinuität	159
BS15000	194
Bundesdatenschutzgesetz (BDSG)	189
Business Impact Analyse	161

C

CCTA	3
Change Advisory Board (CAB)	85
COBIT	12
Company Level	56
Compliance	182
Configuration Management Database (CMDB)	91
Customer based	56
Customer Level	56

D

Database Management	122
Detaillierungsgrad	93

E

Error Closure	115

I

ICT Infrastructure Management	6
Inbetriebnahme	127
Instandhaltung	120
ISO20000	194

K

Kalkulation	134

Kapazitätsnachfrage	143
Kundenbindung	68
Kundenwünsche	52

L

Lieferantenauswahl/Bewertung	74
Lokaler Service Desk	39

M

Marktbeobachtung	65
Materialwirtschaft	72
MOF	12
Multi Level SLA	56

O

Operational Level Agreements	57
Optimierung der Abläufe	249
Optimierungspotential	232
Outsourcing	243

P

Planning to Implement	9
Post Implementation Review (PIR)	86
Problem Closure	115
Problemanalyse	111
Projektmarketing	212
Prozesslandkarte	13

R

Release-Plan	105
Release-Steckbrief	105
Request for Service	36
Return on Investment (ROI - Gewinnzielerreichung)	136

S

Sarbanes-Oxley Act (SOX)	185

17 Sachwortverzeichnis

Schnittstellen	234
Security	170
Security Management	9
Security Policies	174
Service based	55
Service Delivery	4
Service Desk	35
Service Improvement Programm (SIP)	59
Service Keys	150
Service Level	56
Service Level Agreement (SLA)	55
Service Quality Plan (SQP)	55
Service Review Meetings (SRM)	59
Service Support	5
SPOC	36
Storage Management	122

T

The Business Perspective	10
Total Cost of Ownership (TCO - Investitionsabschätzung)	137

U

Underpinning Contract	57

V

Veränderungsprozess	227
Verfügbarkeit	149
vertraglich vereinbarten Leistung	52
Vertragsgestaltung	51
Virtueller Service Desk	40

Z

Zentraler Service Desk	38

18 Quellenangaben / Literaurnachweise

[1] PD0015:2002 IT-Service Management Self-assessment Workbook

[2] ISO20000/1 IT-Service Management Part1 Specification for service management (Draft)

[3] ISO20000/2 IT-Service Management Part2 Code of practice for Service Management (Draft)

[4] ISO9001:2000 Qualitätsmanagement Systeme Anforderungen

[5] ISO9004:2000 Qualitätsmanagement Systeme Leitfaden zur Leistungsverbesserung

[6] OGC: Service Support - ISBN 0 11 330015 8

[7] OGC: Service Delivery - ISBN 0 11 330017 4

[8] OGC: Security Management - ISBN 0 11 330014 X

[9] OGC: Application Management - ISBN 0 11 330866 3

[10] OGC: The Business Perspective - ISBN 0 11 330894 9

[11] OGC: ICT Infrastructure Management - ISBN 0 11 330865 5

[12] OGC: Planning to Implement - ISBN 0 11 330877 9

[13] itSMF: IT-Service Management - eine Einführung - ISBN 90 806713 5 5

[14] BOC GmbH; www.boc-eu.com

[15] Unilog Avinci; www.unilog-avinci.de

18.1 Onlineservice zum Buch

www.prozesse-fuer-it.de

Mit Sicherheit

Heinrich Kersten/Gerhard Klett
Der IT Security Manager
Expertenwissen für jeden IT Security Manager -
Von namhaften Autoren praxisnah vermittelt
2005. VIII, 213 S. Br. € 49,90   ISBN 3-528-05900-1
Systematik der IT-Sicherheit mit vielen Beispielen - Sicherheitspolitiken - Sicherheitskonzept: Theorie und Praxis - Schwachstellen-Analyse und -Behebung - Technische, organisatorische, personelle und infrastrukturelle Maßnahmen - Praxis des täglichen Sicherheitsmanagements

Klaus-Rainer Müller
IT-Sicherheit mit System
Sicherheitspyramide und Vorgehensmodell - Sicherheitsprozess und Katastrophenvorsorge - Die 10 Schritte zum Sicherheitsmanagement
2., verb. u. erw. Aufl. 2005. XXIII, 328 S. mit Online-Service.
Geb. € 59,90   ISBN 3-528-15838-7
Dreidimensionale Sicherheitspyramide - Von Insellösungen zum Engineering - Von der Sicherheitspolitik bis zu den Maßnahmen - Von Ausfällen bis zur Kontinuität - Von IT-Prozessen bis zu Personal - Compliance-, Identitäts- und Risikomanagement - Firewall, Virenscanner, Datensicherung, USB-Token - Mit Checklisten, Beispielen, Praxistipps

Hans-Peter Königs
IT-Risiko-Management mit System
Von den Grundlagen bis zur Realisierung - Ein praxisorientierter Leitfaden
2005. 296 S. mit Online-Service. Geb. € 49,90   ISBN 3-528-05875-7
Grundlagen erarbeiten - Anforderungen berücksichtigen - IT-Risiken erkennen und bewältigen - Unternehmensprozesse meistern

Abraham-Lincoln-Straße 46
65189 Wiesbaden
Fax 0611.7878-400   Stand 1.7.2006. Änderungen vorbehalten.
www.vieweg.de   Erhältlich im Buchhandel oder im Verlag.

Strategie und Realisierung

Rudolf Fiedler
Controlling von Projekten
Mit fünf konkreten Beispielen aus der Unternehmenspraxis -
Alle Aspekte der Projektplanung, Projektsteuerung und Projektkontrolle
3., überarb. u. erw. Aufl. 2005. XVIII, 329 S. mit 210 Abb., Fallbeispielen
und Online-Service. Br. € 32,90   ISBN 3-528-25740-7
„Controlling von Projekten" ist in kurzer Zeit zu Recht ein „Klassiker"
geworden."   www.projektmagazin.de, 01/2005

Frank Victor/Holger Günther
Optimiertes IT-Management mit ITIL
So steigern Sie die Leistung Ihrer IT-Organisation -
Einführung, Vorgehen, Beispiele
2., durchges. Aufl. 2005. X, 247 S. Br. € 49,90   ISBN 3-528-15894-8
Erfolgreiches IT-Management - ITIL - Siegeszug eines praxisorientierten
Standards - Leitfaden für die erfolgreiche ITIL-Umsetzung in der Praxis -
Positionierung der IT im Unternehmen und Ausrichtung auf das Tages-
geschäft - Referenzprojekte

Marcus Hodel/Alexander Berger/Peter Risi
Outsourcing realisieren
Vorgehen für IT und Geschäftsprozesse zur nachhaltigen Steigerung
des Unternehmenserfolgs
2., verb. u. erw. Aufl. 2006. XVI, 244 S. Br. € 39,90   ISBN 3-8348-0114-3
Grundlagen und Aufgabenstellung - Entscheidungskriterien - Vorgehen,
Phasen, Lifecycle (von der Planung zur Implementierung) - Nachhaltige
Sicherung des Projekterfolgs - Case Studies: Beispiele und Ergebnisse - Jetzt
mit zusätzlichen Übersichtstafeln, Checklisten u.v.m.

vieweg

Abraham-Lincoln-Straße 46
65189 Wiesbaden
Fax 0611.7878-400   Stand 1.7.2006. Änderungen vorbehalten.
www.vieweg.de   Erhältlich im Buchhandel oder im Verlag.

Das Netzwerk der Profis

WIRTSCHAFTSINFORMATIK

Die führende Fachzeitschrift zum Thema Wirtschaftsinformatik.

Das hohe redaktionelle Niveau und der große praktische Nutzen für den Leser wird von über 30 Herausgebern - profilierte Persönlichkeiten aus Wissenschaft und Praxis - garantiert.

Profitieren Sie von der umfassenden Website unter

www.wirtschaftsinformatik.de

- Stöbern Sie im größten **Online-archiv** zum Thema Wirtschaftsinformatik!
- Verpassen Sie mit dem **Newsletter** keine Neuigkeiten mehr!
- Diskutieren Sie im **Forum** und nutzen Sie das Wissen der gesamten Community!
- Sichern Sie sich weitere Fachinhalte durch die **Buchempfehlungen** und Veranstaltungshinweise!
- Binden Sie über **Content Syndication** die Inhalte der Wirtschaftsinformatik in Ihre Homepage ein!
- ... und das alles mit nur **einem Click** erreichbar.

vieweg